南京安盛
广东陈文

新企业所得税纳税申报实务

XIN QIYE SUODESHUI NASHUI SHENBAO SHIWU

高立法／主　编

毛友俊　　陈文卫　　郭延军／副主编

著名财税专家**马靖昊** 鼎力推荐

经济管理出版社
ECONOMY & MANAGEMENT PUBLISHING HOUSE

图书在版编目（CIP）数据

新企业所得税纳税申报实务/高立法主编 . —北京：经济管理出版社，2015.3
ISBN 978 - 7 - 5096 - 3658 - 9

Ⅰ.①新…　Ⅱ.①高…　Ⅲ.①企业所得税—税收管理—中国　Ⅳ.①F812.424

中国版本图书馆 CIP 数据核字（2015）第 050059 号

组稿编辑：魏晨红
责任编辑：魏晨红
责任印制：黄章平
责任校对：超　凡

出版发行：经济管理出版社
　　　　　（北京市海淀区北蜂窝 8 号中雅大厦 A 座 11 层　100038）
网　　　址：www. E - mp. com. cn
电　　　话：(010) 51915602
印　　　刷：北京银祥印刷厂
经　　　销：新华书店
开　　　本：720mm×1000mm/16
印　　　张：15
字　　　数：286 千字
版　　　次：2015 年 3 月第 1 版　　2015 年 3 月第 1 次印刷
书　　　号：ISBN 978 - 7 - 5096 - 3658 - 9
定　　　价：48.00 元

本书编写组

主　　编：高立法　北京科技大学

副 主 编：毛友俊　南京安盛财务顾问有限公司总经理

　　　　　陈文卫　广东陈文卫会计培训学院院长

　　　　　郭延军　《新商务周刊》杂志社

参编人员：高立法　毛友俊　陈文卫　郭延军　刘淑敏

　　　　　阎　莹　杜思瑶　孙　宏　郭银霞　于斌

前　言

新的《企业所得税年度纳税申报表》自 2015 年 1 月 1 日在所有的查账征收的企业、事业、民间非营利组织的纳税单位实行，原报表同时废止。

一、修订申报表的背景

现行申报表已经实施 6 年，对于组织收入，协助纳税人履行纳税义务，强化企业所得税汇算清缴，推进企业所得税科学化、专业化、精细化管理发挥了积极作用。随着新的企业所得税法的深入落实，现行申报表已不能满足纳税人和基层税务机关的需求。一方面，新的政策不断出台，现行申报表没有及时修改，纳税人很难准确履行纳税义务，导致纳税人填报差错率较高，税收风险加大；另一方面，过于简单、结构不合理的表格，导致申报表信息采集量不足，在新形势下难以满足税务机关加强所得税风险管理、后续管理以及税收收入分析等需求，严重制约了税收管理水平的提高。此外，今年税务总局推进便民办税春风行动，转变管理方式，减少和取消行政审批，减少进户执法，税务机关仅通过申报表掌握纳税人涉税信息，从而对申报表的功能提出了更高要求。为此，需要对申报表做出修订和完善。

二、修订后申报表的主要特点

修订后的申报表采取以企业会计核算为基础，对税收与会计差异进行纳税调整的方法。其主要特点有：

（1）架构合理。修订后的申报表采取围绕主表进行填报，主表数据大部分从附表生成，既可以电子申报，又可以手工填写。每张表既能独立体现税收政策或优惠内涵，又与主表相互关联，层级分明，内容清晰，填报便捷。

（2）信息量丰富。申报表中既有会计信息，又有税会差异情况，同时还包括税收优惠、境外所得等信息，有利于进行税收优惠、纳税情况、税收风险等分析提取信息、数据。

（3）注重主体，繁简适度。虽设有 41 张申报表，但纳税人可以根据自身的业务情况选择填报，不涉及的无须填报，充分考虑纳税人规模、业务情况，对于占企业所得税纳税总户 80% 以上的小微企业而言，有的仅需填报 4 ~ 5 张表，比之前更加简化、便捷。

三、申报表修订的主要内容

修订后的申报表共 41 张，其中 1 张基础信息表、1 张主表、6 张收入费用明细表、15 张纳税调整表、1 张亏损弥补表、11 张税收优惠表、4 张境外所得抵免表、2 张汇总纳税表。与现行 16 张表格相比，虽然增加了 25 张，但由于许多表格是选项填报，纳税人有此业务的填报，没有此业务的则不填报。从纳税人试填情况统计、分析，平均每个纳税人填报的表格为 12 张，与现行申报表需填报 16 张相比，略有下降，但信息量却大幅度提高。

1. 基础信息表。

此表反映纳税人的基本信息，包括名称、注册地、行业、注册资本、从业人数、股东结构、会计政策、存货计价方法、对外投资情况等，这些信息，既可以替代企业备案资料（如资产情况及变化、从业人数，据此可以判断纳税人是否属于小微企业，享受优惠政策后，就无须再报送其他资料），也是税务机关进行管理所需要的重要信息依据。

2. 主表。

主表结构与现行报表没有变化，体现企业所得税纳税流程，即在会计利润的基础上，按照税法进行纳税调整，计算应纳税所得额，扣除税收优惠数额，进行境外税收抵免，最后计算应补（退）税款。

3. 收入费用明细表。

收入费用明细表主要反映企业在经营活动中按照会计政策规定所发生的收入、成本和费用等数据，这些情况也是企业进行纳税调整的主要依据。

4. 纳税调整表。

纳税调整是所得税管理的重点和难点，现行申报表中仅 1 张纳税调整表，没有体现政策和调整过程，未能反映税法与会计的差异，税务机关很难判断其合理性及准确性。本次修改后的申报表，将所有的需要调整的税会差异事项，按照收入、成本费用和资产损失等三大类，设计了 15 张表格，通过表格的方式进行计算报告，既方便纳税人填报又便于税务机关纳税评估与分析。

5. 亏损弥补表。

本表反映企业发生亏损后如何结转弥补问题，既准确计算亏损结转年度和限额，又便于税务机关进行审核管理。

6. 税收优惠表。

原有申报表仅设 1 张优惠表，对企业所享受的优惠数额进行汇总，没有体现各项优惠条件的结果及计算过程，不利于税务机关审核。修订后的申报表有 11 张共 39 项，并按照税基、应纳税所得额、税额扣除等进行分类。通过表格的方式计算反映税收优惠的享受情况和过程。

7. 境外所得抵免表。

本表反映企业发生的境外所得税如何抵免以及抵免的具体计算过程。

8. 汇总纳税表。

本表反映汇总纳税企业的总分机构如何分配税额过程及结果。

总之，企业所得税纳税申报表修订与实施，必将推进企业所得税缴纳与征管进入新领域，促进市场经济发展。

本书按照新报表的格式及填报说明，参考了专家文献、结合实践经验编著而成。由于学习理解不够，不足之处请赐教。

作者

2015 年 1 月

目　录

第一章　企业基本信息与申报主表填报

内容提要

填报纳税企业的基本情况：税务识别、单位名称、法人代表对所填报内容声明。所得税申报表单、基础信息表。企业所得税年度纳税申报表等。本章涉及4张表，分四节介绍。

风险提示

搞清41张表的名称，每张表填写的内容，根据发生业务选择需要填报的表单。

选定企业适用的会计制度、会计政策及会计方法，每个单位只能选择与本单位经营性质相同的一种会计准则（制度），不能多选。

认真填好"年度纳税申报表"，它是企业最终确定的数据，是各张表数额的汇总反映，同时，要注意风险、警惕出错、谨慎填报。

第一节 企业所得税年度申报封面填报

中华人民共和国企业所得税年度纳税申报表

（A 类，2014 年版）

税款所属期间： 年 月 日至 年 月 日

纳税人识别号：□□□□□□□□□□□□□□□□□□

纳税人名称：

金额单位：人民币元（列至角分）

谨声明：此纳税申报表是根据《中华人民共和国企业所得税法》、《中华人民共和国企业所得税法实施条例》、有关税收政策以及国家统一会计制度的规定填报的，是真实的、可靠的、完整的。

法定代表人（签章）： 年 月 日

纳税人公章：	代理申报中介机构公章：	主管税务机关受理专用章：
会计主管：	经办人： 经办人执业证件号码：	受理人：
填表日期： 年 月 日	代理申报日期： 年 月 日	受理日期： 年 月 日

国家税务总局监制

《中华人民共和国企业所得税年度纳税申报表（A 类，2014 年版）》封面填报说明

《中华人民共和国企业所得税年度纳税申报表（A 类，2014 年版）》（以下简称申报表）适用于实行查账征收企业所得税的居民纳税人（以下简称纳税人）填报。有关项目填报说明如下：

1. "税款所属期间"：正常经营的纳税人，填报公历当年 1 月 1 日至 12 月 31 日；纳税人年度中间开业的，填报实际生产经营之日至当年 12 月 31 日；纳税人年度中间发生合并、分立、破产、停业等情况的，填报公历当年 1 月 1 日至实际停业或法院裁定并宣告破产之日；纳税人年度中间开业且年度中间又发生合并、分立、破产、停业等情况的，填报实际生产经营之日至实际停业或法院裁定并宣告破产之日。

2. "纳税人识别号"：填报税务机关统一核发的税务登记证号码。

3. "纳税人名称"：填报税务登记证所载纳税人的全称。

4. "填报日期"：填报纳税人申报当日的日期。

5. 纳税人聘请中介机构代理申报的，加盖代理申报中介机构公章，并填报经办人及其执业证件号码等，没有聘请的，填报"无"。

第二节 企业所得税年度纳税申报表表单填报

一、企业所得税年度纳税申报表填报表单

表单编号	表单名称	选择填报情况	
		填报	不填报
A000000	企业基础信息表	√	×
A100000	中华人民共和国企业所得税年度纳税申报表（A 类）	√	×
A101010	一般企业收入明细表	□	□
A101020	金融企业收入明细表	□	□
A102010	一般企业成本支出明细表	□	□
A102020	金融企业支出明细表	□	□
A103000	事业单位、民间非营利组织收入、支出明细表	□	□
A104000	期间费用明细表	□	□
A105000	纳税调整项目明细表	□	□

续表

表单编号	表单名称	选择填报情况	
		填报	不填报
A105010	视同销售和房地产开发企业特定业务纳税调整明细表	☐	☐
A105020	未按权责发生制确认收入纳税调整明细表	☐	☐
A105030	投资收益纳税调整明细表	☐	☐
A105040	专项用途财政性资金纳税调整明细表	☐	☐
A105050	职工薪酬纳税调整明细表	☐	☐
A105060	广告费和业务宣传费跨年度纳税调整明细表	☐	☐
A105070	捐赠支出纳税调整明细表	☐	☐
A105080	资产折旧、摊销情况及纳税调整明细表	☐	☐
A105081	固定资产加速折旧、扣除明细表	☐	☐
A105090	资产损失税前扣除及纳税调整明细表	☐	☐
A105091	资产损失（专项申报）税前扣除及纳税调整明细表	☐	☐
A105100	企业重组纳税调整明细表	☐	☐
A105110	政策性搬迁纳税调整明细表	☐	☐
A105120	特殊行业准备金纳税调整明细表	☐	☐
A106000	企业所得税弥补亏损明细表	☐	☐
A107010	免税、减计收入及加计扣除优惠明细表	☐	☐
A107011	符合条件的居民企业之间的股息、红利等权益性投资收益优惠明细表	☐	☐
A107012	综合利用资源生产产品取得的收入优惠明细表	☐	☐
A107013	金融、保险等机构取得的涉农利息、保费收入优惠明细表	☐	☐
A107014	研发费用加计扣除优惠明细表	☐	☐
A107020	所得减免优惠明细表	☐	☐
A107030	抵扣应纳税所得额明细表	☐	☐
A107040	减免所得税优惠明细表	☐	☐
A107041	高新技术企业优惠情况及明细表	☐	☐
A107042	软件、集成电路企业优惠情况及明细表	☐	☐
A107050	税额抵免优惠明细表	☐	☐
A108000	境外所得税收抵免明细表	☐	☐
A108010	境外所得纳税调整后所得明细表	☐	☐
A108020	境外分支机构弥补亏损明细表	☐	☐
A108030	跨年度结转抵免境外所得税明细表	☐	☐
A109000	跨地区经营汇总纳税企业年度分摊企业所得税明细表	☐	☐
A109010	企业所得税汇总纳税分支机构所得税分配表	☐	☐

说明：企业应当根据实际情况选择需要填报的表单。

二、《企业所得税年度纳税申报表填报表单》填报说明

本表列示申报表全部表单名称及编号。纳税人在填报申报表之前，请仔细阅读这些表单，并根据企业的涉税业务，选择"填报"或"不填报"。选择"填报"的，需完成该表格相关内容的填报；选择"不填报"的，可以不填报该表格。对选择"不填报"的表格，可以不上报税务机关。有关项目填报说明如下：

1.《企业基础信息表》（A000000）。

本表为必填表。主要反映纳税人的基本信息，包括纳税人基本信息、主要会计政策、股东结构和对外投资情况等。纳税人填报申报表时，首先填报此表，为后续申报提供指引。

2.《中华人民共和国企业所得税年度纳税申报表（A类）》（A100000）。

本表为必填表。是纳税人计算申报缴纳企业所得税的主表。

3.《一般企业收入明细表》（A101010）。

本表适用于除金融企业、事业单位和民间非营利组织外的企业填报，反映一般企业按照国家统一会计制度规定取得收入情况。

4.《金融企业收入明细表》（A101020）。

本表仅适用于金融企业（包括商业银行、保险公司、证券公司等金融企业）填报，反映金融企业按照企业会计准则规定取得收入情况。

5.《一般企业成本支出明细表》（A102010）。

本表适用于除金融企业、事业单位和民间非营利组织外的企业填报，反映一般企业按照国家统一会计制度的规定发生成本费用支出情况。

6.《金融企业支出明细表》（A102020）。

本表仅适用于金融企业（包括商业银行、保险公司、证券公司等金融企业）填报，反映金融企业按照企业会计准则规定发生成本支出情况。

7.《事业单位、民间非营利组织收入、支出明细表》（A103000）。

本表适用于事业单位和民间非营利组织填报，反映事业单位、社会团体、民办非企业单位、非营利性组织等按照有关会计制度规定取得收入、发生成本费用支出情况。

8.《期间费用明细表》（A104000）。

本表由纳税人根据国家统一会计制度规定，填报期间费用明细项目。

9.《纳税调整项目明细表》（A105000）。

本表填报纳税人财务、会计处理办法（以下简称会计处理）与税收法律、行政法规的规定（以下简称税法规定）不一致，需要进行纳税调整的项目和

金额。

10.《视同销售和房地产开发企业特定业务纳税调整明细表》（A105010）。

本表填报纳税人发生视同销售行为、房地产企业销售未完工产品、未完工产品转完工产品特定业务，会计处理与税法规定不一致，需要进行纳税调整的项目和金额。

11.《未按权责发生制确认收入纳税调整明细表》（A105020）。

本表填报纳税人发生会计上按照权责发生制确认收入，而税法规定不按照权责发生制确认收入，需要按照税法规定进行纳税调整的项目和金额。

12.《投资收益纳税调整明细表》（A105030）。

本表填报纳税人发生投资收益，会计处理与税法规定不一致，需要进行纳税调整的项目和金额。

13.《专项用途财政性资金纳税调整明细表》（A105040）。

本表填报纳税人发生符合不征税收入条件的专项用途财政性资金，会计处理与税法规定不一致，需要进行纳税调整的金额。

14.《职工薪酬纳税调整明细表》（A105050）。

本表填报纳税人发生的职工薪酬（包括工资薪金、职工福利费、职工教育经费、工会经费、各类基本社会保障性缴款、住房公积金、补充养老保险、补充医疗保险等支出），会计处理与税法规定不一致，需要进行纳税调整的项目和金额。

15.《广告费和业务宣传费跨年度纳税调整明细表》（A105060）。

本表填报纳税人本年发生的广告费和业务宣传费支出，会计处理与税法规定不一致，需要进行纳税调整的金额。

16.《捐赠支出纳税调整明细表》（A105070）。

本表填报纳税人发生捐赠支出，会计处理与税法规定不一致，需要进行纳税调整的项目和金额。

17.《资产折旧、摊销情况及纳税调整明细表》（A105080）。

本表填报纳税人资产折旧、摊销情况及会计处理与税法规定不一致，需要进行纳税调整的项目和金额。

18.《固定资产加速折旧、扣除明细表》（A105081）。

本表填报纳税人符合《财政部 国家税务总局关于完善固定资产加速折旧税收政策有关问题的通知》（财税〔2014〕75号）规定，2014年及以后年度新增固定资产加速折旧及允许一次性计入当期成本费用税前扣除的项目和金额。

19.《资产损失税前扣除及纳税调整明细表》（A105090）。

本表填报纳税人发生资产损失，以及由于会计处理与税法规定不一致，需要进行纳税调整的项目和金额。

20.《资产损失（专项申报）税前扣除及纳税调整明细表》（A105091）。

本表填报纳税人发生的货币资产、非货币资产、投资、其他资产损失，以及由于会计处理与税法规定不一致，需要进行纳税调整的项目和金额。

21.《企业重组纳税调整明细表》（A105100）。

本表填报纳税人发生企业重组所涉及的所得或损失，会计处理与税法规定不一致，需要进行纳税调整的项目和金额。

22.《政策性搬迁纳税调整明细表》（A105110）。

本表填报纳税人发生政策性搬迁所涉及的所得或损失，会计处理与税法规定不一致，需要进行纳税调整的项目和金额。

23.《特殊行业准备金纳税调整明细表》（A105120）。

本表填报保险公司、证券行业等特殊行业纳税人发生特殊行业准备金，会计处理与税法规定不一致，需要进行纳税调整的项目和金额。

24.《企业所得税弥补亏损明细表》（A106000）。

本表填报纳税人以前年度发生的亏损，需要在本年度结转弥补的金额，本年度可弥补的金额以及可继续结转以后年度弥补的亏损额。

25.《免税、减计收入及加计扣除优惠明细表》（A107010）。

本表填报纳税人本年度所享受免税收入、减计收入、加计扣除等优惠的项目和金额。

26.《符合条件的居民企业之间的股息、红利等权益性投资收益优惠明细表》（A107011）。

本表填报纳税人本年度享受居民企业之间的股息、红利等权益性投资收益免税项目和金额。

27.《综合利用资源生产产品取得的收入优惠明细表》（A107012）。

本表填报纳税人本年度发生的综合利用资源生产产品取得的收入减计收入的项目和金额。

28.《金融、保险等机构取得的涉农利息、保费收入优惠明细表》（A107013）。

本表填报纳税人本年度发生的金融、保险等机构取得的涉农利息、保费收入减计收入项目和金额。

29.《研发费用加计扣除优惠明细表》（A107014）。

本表填报纳税人本年度享受研发费加计扣除情况和金额。

30.《所得减免优惠明细表》（A107020）。

本表填报纳税人本年度享受减免所得额（包括农、林、牧、渔项目和国家重点扶持的公共基础设施项目、环境保护、节能节水项目以及符合条件的技术转让项目等）的项目和金额。

31.《抵扣应纳税所得额明细表》（A107030）。

本表填报纳税人本年度享受创业投资企业抵扣应纳税所得额优惠金额。

32.《减免所得税优惠明细表》（A107040）。

本表填报纳税人本年度享受减免所得税（包括小微企业、高新技术企业、民族自治地方企业、其他专项优惠等）的项目和金额。

33.《高新技术企业优惠情况及明细表》（A107041）。

本表填报纳税人本年度享受高新技术企业优惠的情况和金额。

34.《软件、集成电路企业优惠情况及明细表》（A107042）。

本表填报纳税人本年度享受软件、集成电路企业优惠的情况和金额。

35.《税额抵免优惠明细表》（A107050）。

本表填报纳税人本年度享受购买专用设备投资额抵免税额情况和金额。

36.《境外所得税收抵免明细表》（A108000）。

本表填报纳税人本年度来源于或发生于不同国家、地区的所得，按照我国税法规定计算应缴纳和应抵免的企业所得税额。

37.《境外所得纳税调整后所得明细表》（A108010）。

本表填报纳税人本年度来源于或发生于不同国家、地区的所得，按照我国税法规定计算调整后的所得。

38.《境外分支机构弥补亏损明细表》（A108020）。

本表填报纳税人境外分支机构本年度及以前年度发生的税前尚未弥补的非实际亏损额和实际亏损额、结转以后年度弥补的非实际亏损额和实际亏损额。

39.《跨年度结转抵免境外所得税明细表》（A108030）。

本表填报纳税人本年度发生的来源于不同国家或地区的境外所得按照我国税收法律、法规的规定可以抵免的所得税额。

40.《跨地区经营汇总纳税企业年度分摊企业所得税明细表》（A109000）。

本表填报跨地区经营汇总纳税企业总机构，按规定计算总分机构每一纳税年度应缴的企业所得税，总、分机构应分摊的企业所得税。

41.《企业所得税汇总纳税分支机构所得税分配表》（A109010）。

本表填报总机构所属年度实际应纳所得税额以及所属分支机构在所属年度应分摊的所得税额。

三、应关注的风险事项

此表是选项填写，只选与企业有关的项目，说明企业填报多少张申报表，以防止漏报。

第三节　企业基础信息表填报

一、A000000 企业基础信息表

正常申报□	更正申报□	补充申报□
100 基本信息		

101 汇总纳税企业	是（总机构□　按比例缴纳总机构□）　否□		
102 注册资本（万元）		106 境外中资控股居民企业	是□　否□
103 所属行业明细代码		107 从事国家非限制和禁止行业	是□　否□
104 从业人数		108 存在境外关联交易	是□　否□
105 资产总额（万元）		109 上市公司	是（境内□境外□）　否□

200 主要会计政策和估计

201 适用的会计准则或会计制度	企业会计准则（一般企业□　银行□　证券□　保险□　担保□） 小企业会计准则□ 企业会计制度□ 事业单位会计准则（事业单位会计制度□　科学事业单位会计制度□ 　医院会计制度□　高等学校会计制度□　中小学校会计制度□　彩票机构 　会计制度□） 民间非营利组织会计制度□ 村集体经济组织会计制度□ 农民专业合作社财务会计制度（试行）□ 其他□	
202 会计档案的存放地		203 会计核算软件
204 记账本位币	人民币□　其他□	205 会计政策和估计是否发生变化　是□　否□
206 固定资产折旧方法	年限平均法□　工作量法□　双倍余额递减法□　年数总和法□　其他□	
207 存货成本计价方法	先进先出法□　移动加权平均法□　月末一次加权平均法□　个别计价法□ 毛利率法□　零售价法□　计划成本法□　其他□	
208 坏账损失核算方法	备抵法□　直接核销法□	
209 所得税计算方法	应付税款法□　资产负债表债务法□　其他□	

300 企业主要股东及对外投资情况

301 企业主要股东（前 5 位）

股东名称	证件种类	证件号码	经济性质	投资比例	国籍（注册地址）

302 对外投资（前 5 位）

被投资者名称	纳税人识别号	经济性质	投资比例	投资金额	注册地址

二、A000000《企业基础信息表》填报说明

纳税人在填报申报表前，首先填报基础信息表，为后续申报提供指引。基础信息表主要内容包括表头、基本信息、主要会计政策和估计、企业主要股东及对外投资情况等部分。有关项目填报说明如下：

1. 纳税人根据具体情况选择"正常申报"、"更正申报"或"补充申报"。

正常申报：申报期内，纳税人第一次年度申报为"正常申报"；

更正申报：申报期内，纳税人对已申报内容进行更正申报的为"更正申报"；

补充申报：申报期后，由于纳税人自查、主管税务机关评估等发现以前年度申报有误而更改申报为"补充申报"。

2. "101 汇总纳税企业"：纳税人根据情况选择。纳税人为《国家税务总局关于印发〈跨地区经营汇总纳税企业所得税征收管理办法〉的公告》（国家税务总局公告 2012 年第 57 号）规定的跨地区经营企业总机构的，选择"总机构"，选择的纳税人需填报表 A109000 和 A109010；纳税人根据相关政策规定按比例缴纳的总机构，选择"按比例缴纳总机构"；其他纳税人选择"否"。

3. "102 注册资本"：填报全体股东或发起人在公司登记机关依法登记的出资或认缴的股本金额（单位：万元）。

4. "103 所属行业明细代码"：根据《国民经济行业分类》（GB/4754－2011）标准填报纳税人的行业代码。如所属行业代码为 7010 的房地产开发经营企业，可以填报表 A105010 中第 21 行至第 29 行；所属行业代码为 06＊＊至 50＊＊，小型微利企业优惠判断为工业企业；所属行业代码为 66＊＊的银行业，67＊＊的证券和资本投资，68＊＊的保险业，填报表 A101020、A102020。

5. "104 从业人数"：填报纳税人全年平均从业人数，从业人数是指与企业建立劳动关系的职工人数和企业接受的劳务派遣用工人数之和；从业人数指标，按企业全年月平均值确定，具体计算公式如下：

月平均值＝（月初值＋月末值）÷2

全年月平均值＝全年各月平均值之和÷12

全年从业人数＝月平均值×12

年度中间开业或者终止经营活动的，以其实际经营期作为一个纳税年度确定上述相关指标。

6. "105 资产总额"：填报纳税人全年资产总额平均数，依据和计算方法同"从业人数"口径，资产总额单位为万元，小数点后保留 2 位小数。

7. "106 境外中资控股居民企业"：根据《国家税务总局关于境外注册中资控

股企业依据实际管理机构标准认定为居民企业有关问题的通知》（国税发〔2009〕82号）规定，境外中资控股企业被税务机关认定为实际管理机构在中国境内的居民企业选择"是"。其他选择"否"。

8."107 从事国家非限制和禁止行业"：纳税人从事国家非限制和禁止行业，选择"是"，其他选择"否"。

9."108 境外关联交易"：纳税人存在境外关联交易，选择"是"，不存在选择"否"。

10."109 上市公司"：纳税人根据情况，在境内上市的选择"境内"；在境外（含香港）上市的选择"境外"；其他选择"否"。

11."201 适用的会计准则或会计制度"：纳税人根据采用的会计准则或会计制度选择。

12."202 会计档案存放地"：填报会计档案的存放地。

13."203 会计核算软件"：填报会计电算化系统的会计核算软件，如 ERP。

14."204 记账本位币"：纳税人根据实际情况选择人民币或者其他币种。

15."205 会计政策和估计是否发生变化"：纳税人本年会计政策和估计与上年度发生变更的选择"是"，未发生的选择"否"。

16."206 固定资产折旧方法"：纳税人根据实际情况选择，可选择多项。

17."207 存货成本计价方法"：纳税人根据实际情况选择，可选择多项。

18."208 坏账损失核算方法"：纳税人根据实际情况选择。

19."209 所得税会计核算方法"：纳税人根据实际情况选择。

20."301 企业主要股东（前5位）"，填报本企业投资比例前5位的股东情况。包括股东名称，证件种类（税务登记证、组织机构代码证、身份证、护照等），证件号码（纳税人识别号、组织机构代码号、身份证号、护照号等），经济性质（单位投资的，按其登记注册类型填报；个人投资的，填报自然人），投资比例，国籍（注册地址）。

国外非居民企业证件种类和证件号码可不填写。

21."302 对外投资（前5位）"，填报本企业对境内投资金额前5位的投资情况。包括被投资者名称、纳税人识别号、经济性质、投资比例、投资金额、注册地址。

三、应关注的风险事项

根据财政部规定，每个单位只能选择与本单位经营性质相同的会计准则（制度），一经选定不得任意变更，且不准再选用其他制度中的相关规定。

检查企业制定的会计政策及会计估计，是否符合会计准则（制度）的规定，如折旧年限、计价方法等，不符合制度要求的应做调整，企业必须在准则允许范围内制定会计政策、所做会计估计。

第四节　中华人民共和国企业所得税年度纳税申报表（A类）填报

一、A100000 中华人民共和国企业所得税年度纳税申报表（A类）

行次	类别	项　目	金　额
1	利润总额计算	一、营业收入（填写A101010 \ 101020 \ 103000）	
2		减：营业成本（填写A102010 \ 102020 \ 103000）	
3		营业税金及附加	
4		销售费用（填写A104000）	
5		管理费用（填写A104000）	
6		财务费用（填写A104000）	
7		资产减值损失	
8		加：公允价值变动收益	
9		投资收益	
10		二、营业利润（1－2－3－4－5－6－7＋8＋9）	
11		加：营业外收入（填写A101010 \ 101020 \ 103000）	
12		减：营业外支出（填写A102010 \ 102020 \ 103000）	
13		三、利润总额（10＋11－12）	
14	应纳税所得额计算	减：境外所得（填写A108010）	
15		加：纳税调整增加额（填写A105000）	
16		减：纳税调整减少额（填写A105000）	
17		减：免税、减计收入及加计扣除（填写A107010）	
18		加：境外应税所得抵减境内亏损（填写A108000）	
19		四、纳税调整后所得（13－14＋15－16－17＋18）	
20		减：所得减免（填写A107020）	
21		减：抵扣应纳税所得额（填写A107030）	
22		减：弥补以前年度亏损（填写A106000）	
23		五、应纳税所得额（19－20－21－22）	

续表

行次	类别	项 目	金 额
24		税率（25%）	
25		六、应纳所得税额（23×24）	
26		减：减免所得税额（填写 A107040）	
27		减：抵免所得税额（填写 A107050）	
28		七、应纳税额（25－26－27）	
29		加：境外所得应纳所得税额（填写 A108000）	
30	应纳税	减：境外所得抵免所得税额（填写 A108000）	
31	额计算	八、实际应纳所得税额（28＋29－30）	
32		减：本年累计实际已预缴的所得税额	
33		九、本年应补（退）所得税额（31－32）	
34		其中：总机构分摊本年应补（退）所得税额（填写 A109000）	.
35		财政集中分配本年应补（退）所得税额（填写 A109000）	
36		总机构主体生产经营部门分摊本年应补（退）所得税额（填写 A109000）	
37	附列	以前年度多缴的所得税额在本年抵减额	
38	资料	以前年度应缴未缴在本年入库所得税额	

二、A100000《中华人民共和国企业所得税年度纳税申报表（A类）》填报说明

本表为年度纳税申报表主表，企业应该根据《中华人民共和国企业所得税法》及其实施条例（以下简称税法）、相关税收政策，以及国家统一会计制度（企业会计准则、小企业会计准则、企业会计制度、事业单位会计准则和民间非营利组织会计制度等）的规定，计算填报纳税人利润总额、应纳税所得额、应纳税额和附列资料等有关项目。

企业在计算应纳税所得额及应纳所得税时，企业财务、会计处理办法与税法规定不一致的，应当按照税法规定计算。税法规定不明确的，在没有明确规定之前，暂按企业财务、会计规定计算。

（一）有关项目填报说明

1. 表体项目。

本表是在纳税人会计利润总额的基础上，加减纳税调整等金额后计算出"纳税调整后所得"（应纳税所得额）。会计与税法的差异（包括收入类、扣除类、资

产类等差异）通过《纳税调整项目明细表》（A105000）集中填报。

本表包括利润总额计算、应纳税所得额计算、应纳税额计算、附列资料四个部分。

（1）"利润总额计算"中的项目，按照国家统一会计制度口径计算填报。实行企业会计准则、小企业会计准则、企业会计制度、分行业会计制度纳税人其数据直接取自利润表；实行事业单位会计准则的纳税人其数据取自收入支出表；实行民间非营利组织会计制度纳税人其数据取自业务活动表；实行其他国家统一会计制度的纳税人，根据本表项目进行分析填报。

（2）"应纳税所得额计算"和"应纳税额计算"中的项目，除根据主表逻辑关系计算的外，通过附表相应栏次填报。

2. 行次说明。

其中，第1行至第13行参照企业会计准则利润表的说明编写。

（1）第1行"营业收入"：填报纳税人主要经营业务和其他经营业务取得的收入总额。本行根据"主营业务收入"和"其他业务收入"的数额填报。一般企业纳税人通过《一般企业收入明细表》（A101010）填报；金融企业纳税人通过《金融企业收入明细表》（A101020）填报；事业单位、社会团体、民办非企业单位、非营利组织等纳税人通过《事业单位、民间非营利组织收入、支出明细表》（A103000）填报。

（2）第2行"营业成本"项目：填报纳税人主要经营业务和其他经营业务发生的成本总额。本行根据"主营业务成本"和"其他业务成本"的数额填报。一般企业纳税人通过《一般企业成本支出明细表》（A102010）填报；金融企业纳税人通过《金融企业支出明细表》（A102020）填报；事业单位、社会团体、民办非企业单位、非营利组织等纳税人，通过《事业单位、民间非营利组织收入、支出明细表》（A103000）填报。

（3）第3行"营业税金及附加"：填报纳税人经营活动发生的营业税、消费税、城市维护建设税、资源税、土地增值税和教育费附加等相关税费。本行根据纳税人相关会计科目填报。纳税人在其他会计科目核算的本行不得重复填报。

（4）第4行"销售费用"：填报纳税人在销售商品和材料、提供劳务的过程中发生的各种费用。本行通过《期间费用明细表》（A104000）中对应的"销售费用"填报。

（5）第5行"管理费用"：填报纳税人为组织和管理企业生产经营发生的管理费用。本行通过《期间费用明细表》（A104000）中对应的"管理费用"填报。

（6）第6行"财务费用"：填报纳税人为筹集生产经营所需资金等发生的筹资费用。本行通过《期间费用明细表》（A104000）中对应的"财务费用"填报。

（7）第7行"资产减值损失"：填报纳税人计提各项资产准备发生的减值损失。本行根据企业"资产减值损失"科目上的数额填报。实行其他会计准则等的比照填报。

（8）第8行"公允价值变动收益"：填报纳税人在初始确认时划分为以公允价值计量且其变动计入当期损益的金融资产或金融负债（包括交易性金融资产或负债，直接指定为以公允价值计量且其变动计入当期损益的金融资产或金融负债），以及采用公允价值模式计量的投资性房地产、衍生工具和套期业务中公允价值变动形成的应计入当期损益的利得或损失。本行根据企业"公允价值变动损益"科目的数额填报（损失以"－"号填列）。

（9）第9行"投资收益"：填报纳税人以各种方式对外投资确认所取得的收益或发生的损失。根据企业"投资收益"科目的数额计算填报；实行事业单位会计准则的纳税人根据"其他收入"科目中的投资收益金额分析填报（损失以"－"号填列）。实行其他会计准则等的比照填报。

（10）第10行"营业利润"：填报纳税人当期的营业利润。根据上述项目计算填列。

（11）第11行"营业外收入"：填报纳税人取得的与其经营活动无直接关系的各项收入的金额。一般企业纳税人通过《一般企业收入明细表》（A101010）填报；金融企业纳税人通过《金融企业收入明细表》（A101020）填报；实行事业单位会计准则或民间非营利组织会计制度的纳税人通过《事业单位、民间非营利组织收入、支出明细表》（A103000）填报。

（12）第12行"营业外支出"：填报纳税人发生的与其经营活动无直接关系的各项支出的金额。一般企业纳税人通过《一般企业成本支出明细表》（A102010）填报；金融企业纳税人通过《金融企业支出明细表》（A102020）填报；实行事业单位会计准则或民间非营利组织会计制度的纳税人通过《事业单位、民间非营利组织收入、支出明细表》（A103000）填报。

（13）第13行"利润总额"：填报纳税人当期的利润总额。根据上述项目计算填列。

（14）第14行"境外所得"：填报纳税人发生的分国（地区）别取得的境外税后所得计入利润总额的金额。填报《境外所得纳税调整后所得明细表》（A108010）第14列减去第11列的差额。

（15）第15行"纳税调整增加额"：填报纳税人会计处理与税收规定不一致，进行纳税调整增加的金额。本行通过《纳税调整项目明细表》（A105000）"调增金额"列填报。

（16）第16行"纳税调整减少额"：填报纳税人会计处理与税收规定不一

致，进行纳税调整减少的金额。本行通过《纳税调整项目明细表》（A105000）"调减金额"列填报。

（17）第17行"免税、减计收入及加计扣除"：填报属于税法规定免税收入、减计收入、加计扣除金额。本行通过《免税、减计收入及加计扣除优惠明细表》（A107010）填报。

（18）第18行"境外应税所得抵减境内亏损"：填报纳税人根据税法规定，选择用境外所得抵减境内亏损的数额。本行通过《境外所得税收抵免明细表》（A108000）填报。

（19）第19行"纳税调整后所得"：填报纳税人经过纳税调整、税收优惠、境外所得计算后的所得额。

（20）第20行"所得减免"：填报属于税法规定所得减免金额。本行通过《所得减免优惠明细表》（A107020）填报，本行 < 0 时，填写负数。

（21）第21行"抵扣应纳税所得额"：填报根据税法规定应抵扣的应纳税所得额。本行通过《抵扣应纳税所得额明细表》（A107030）填报。

（22）第22行"弥补以前年度亏损"：填报纳税人按照税法规定可在税前弥补的以前年度亏损的数额，本行根据《企业所得税弥补亏损明细表》（A106000）填报。

（23）第23行"应纳税所得额"：金额等于本表第 19 - 20 - 21 - 22 行计算结果。本行不得为负数。本表第 19 行或者按照上述行次顺序计算结果本行为负数，本行金额填零。

（24）第24行"税率"：填报税法规定的税率25%。

（25）第25行"应纳所得税额"：金额等于本表第 23 × 24 行。

（26）第26行"减免所得税额"：填报纳税人按税法规定实际减免的企业所得税额。本行通过《减免所得税优惠明细表》（A107040）填报。

（27）第27行"抵免所得税额"：填报企业当年的应纳所得税额中抵免的金额。本行通过《税额抵免优惠明细表》（A107050）填报。

（28）第28行"应纳税额"：金额等于本表第 25 - 26 - 27 行。

（29）第29行"境外所得应纳所得税额"：填报纳税人来源于中国境外的所得，按照我国税法规定计算的应纳所得税额。本行通过《境外所得税收抵免明细表》（A108000）填报。

（30）第30行"境外所得抵免所得税额"：填报纳税人来源于中国境外所得依照中国境外税收法律以及相关规定应缴纳并实际缴纳（包括视同已实际缴纳）的企业所得税性质的税款（准予抵免税款）。本行通过《境外所得税收抵免明细表》（A108000）填报。

（31）第31行"实际应纳所得税额"：填报纳税人当期的实际应纳所得税额。金额等于本表第28＋29－30行。

（32）第32行"本年累计实际已预缴的所得税额"：填报纳税人按照税法规定本纳税年度已在月（季）度累计预缴的所得税额，包括按照税法规定的特定业务已预缴（征）的所得税额，建筑企业总机构直接管理的跨地区设立的项目部按规定向项目所在地主管税务机关预缴的所得税额。

（33）第33行"本年应补（退）所得税额"：填报纳税人当期应补（退）的所得税额。金额等于本表第31－32行。

（34）第34行"总机构分摊本年应补（退）所得税额"：填报汇总纳税的总机构按照税收规定在总机构所在地分摊本年应补（退）所得税款。本行根据《跨地区经营汇总纳税企业年度分摊企业所得税明细表》（A109000）填报。

（35）第35行"财政集中分配本年应补（退）所得税额"：填报汇总纳税的总机构按照税收规定财政集中分配本年应补（退）所得税款。本行根据《跨地区经营汇总纳税企业年度分摊企业所得税明细表》（A109000）填报。

（36）第36行"总机构主体生产经营部门分摊本年应补（退）所得税额"：填报汇总纳税的总机构所属的具有主体生产经营职能的部门按照税收规定应分摊的本年应补（退）所得税额。本行根据《跨地区经营汇总纳税企业年度分摊企业所得税明细表》（A109000）填报。

（37）第37行"以前年度多缴的所得税额在本年抵减额"：填报纳税人以前纳税年度汇算清缴多缴的税款尚未办理退税、并在本纳税年度抵缴的所得税额。

（38）第38行"以前年度应缴未缴在本年入库所得额"：填报纳税人以前纳税年度应缴未缴在本纳税年度入库所得税额。

（二）表内、表间关系

1. 表内关系。

（1）第10行＝第1－2－3－4－5－6－7＋8＋9行。

（2）第13行＝第10＋11－12行。

（3）第19行＝第13－14＋15－16－17＋18行。

（4）第23行＝第19－20－21－22行。

（5）第25行＝第23×24行。

（6）第28行＝第25－26－27行。

（7）第31行＝第28＋29－30行。

（8）第33行＝第31－32行。

2. 表间关系。

（1）第1行＝表A101010第1行或表A101020第1行或表A103000第2＋3＋

4 + 5 + 6 行或表 A103000 第 11 + 12 + 13 + 14 + 15 行。

（2）第 2 行 = 表 A102010 第 1 行或表 A102020 第 1 行或表 A103000 第 19 + 20 + 21 + 22 行或表 A103000 第 25 + 26 + 27 行。

（3）第 4 行 = 表 A104000 第 25 行第 1 列。

（4）第 5 行 = 表 A104000 第 25 行第 3 列。

（5）第 6 行 = 表 A104000 第 25 行第 5 列。

（6）第 11 行 = 表 A101010 第 16 行或表 A101020 第 35 行或表 A103000 第 9 行或第 17 行。

（7）第 12 行 = 表 A102010 第 16 行或表 A102020 第 33 行或表 A103000 第 23 行或第 28 行。

（8）第 14 行 = 表 A108010 第 10 行第 14 列 – 第 11 列。

（9）第 15 行 = 表 A105000 第 43 行第 3 列。

（10）第 16 行 = 表 A105000 第 43 行第 4 列。

（11）第 17 行 = 表 A107010 第 27 行。

（12）第 18 行 = 表 A108000 第 10 行第 6 列（当本表第 13 – 14 + 15 – 16 – 17 行≥0 时，本行 = 0）。

（13）第 20 行 = 表 A107020 第 40 行第 7 列。

（14）第 21 行 = 表 A107030 第 7 行。

（15）第 22 行 = 表 A106000 第 6 行第 10 列。

（16）第 26 行 = 表 A107040 第 29 行。

（17）第 27 行 = 表 A107050 第 7 行第 11 列。

（18）第 29 行 = 表 A108000 第 10 行第 9 列。

（19）第 30 行 = 表 A108000 第 10 行第 19 列。

（20）第 34 行 = 表 A109000 第 12 + 16 行。

（21）第 35 行 = 表 A109000 第 13 行。

（22）第 36 行 = 表 A109000 第 15 行。

三、应关注的风险事项

（一）面临挑战

新申报表具有面广、表多、衔接难的情况。填报说明中较详细地介绍了税法规定、填报要求、钩稽关系。但对会计制度介绍不足，会计是按会计制度组织核算与报告，而且不同的会计制度（表列示了 8 种）其规定也不完全一致，有些会计规定与税务规定又不一致，如何将多样化的会计数据转化为单一的税务申报表要求的数据是填写中可能遇到的挑战，而其中潜有很多风险，万万不可粗心大意。

（二）分类对待

要填报好申报表，首要任务是认真学习新申报表的内容及要求，弄懂41张表需要填写的内容、把要求吃透。然后与企业实际业务对照，将报表分为需要填报与无须填报两部分。例如，单位是一般企业，对金融企业、事业单位填报的报表就无须考虑。对需要填报部分也要根据其内容的不同分为主要与次要两类。要集中力量把主要报表搞懂。就一般企业而言，主要申报表除前4张共性的以外，还有收入、成本、期间费用、纳税调整及资产损失等表。确保这类报表数字真实可靠。主要报表填好后要经过他人复核。

（三）借助工具

为防止出现错报、漏报的风险，可编制"会计与税务衔接清单"将会计核算数字与纳税申报表项目要求相互对应，发挥"桥"的作用。如下表所示：

会计与税务衔接清单——收入部分

类别	企业会计准则		税务报表		调整事项	
	会计科目及细目	金额	项　目	金额	项目	金额
			一、营业收入			
			（一）主营业务收入			
	主营业务收入		1. 销售商品收入			
			其中：非货币性资产交换收入			
	手续费及佣金收入		2. 提供劳务收入			
	建造合同收入		3. 建造合同收入			
	让渡资产使用权收入		4. 让渡资产使用权收入			
	其他		5. 其他			
			（二）其他业务收入			
	销售材料收入		1. 销售材料收入			
	其中：非货币资产交换收入		其中：非货币性资产交换收入			
	出租固定资产收入		2. 出租固定资产收入			
	出租无形资产收入		3. 出租无形资产收入			
	出租包装物和商品收入		4. 出租包装物和商品收入			
	其他		5. 其他			
			（三）视同销售（营业）收入			
	库存商品、原材料等		1. 非货币性资产交换视同收入			
	销售费用		2. 用于市场推广或销售视同收入			
	销售费用		3. 用于交际应酬视同收入			
	管理费用、销售费用		4. 用于职工奖励或福利视同收入			
	应付股利		5. 用于股息分配视同收入			

续表

类别	企业会计准则		税务报表		调整事项	
	会计科目及细目	金额	项 目	金额	项目	金额
	营业外收入		6. 用于对外捐赠视同收入			
	长期股权投资		7. 用于投资项目视同收入			
	服务成本		8. 提供劳务视同收入			
			9. 其他			
			（四）房地产开发特定项目调整（略）			
	相关科目		（五）未按权责发生制确认调整收入			
	预收账款		1. 跨期收取的租金利息特许使用权			
	预收账款		2. 分期确认收入			
	其他		3. 政府补助递延收入			
	相关科目		4. 其他未按权责发生制确认收入			
			二、非营业收入			
	专项应付款		1. 专项用途财政资金纳税调整收入			
	专项应付款		2. 政策性搬迁纳税调整收入			
	营业收入等科目		3. 免、减、税收入			
	投资收益		4. 股息、红利所得收入			
	其他业务收入		5. 综合利用资源的收入			
			三、营业外收入			
	固定资产清理等		1. 非流动资产处置利得			
	库存商品、原材料		2. 非货币性资产交换利得			
	应付账款		3. 债务重组利得			
	专项应付款		4. 政府补助利得			
	营业外收入、管理费用		5. 盘盈利得			
	营业外收入		6. 捐赠利得			
	营业外收入		7. 罚没利得			
	营业外收入		8. 确实无法偿付的应付款项			
	财务费用		9. 汇总收益			
			10. 其他			

　　注："企业会计准则"部分，是以一般企业为样本填列的，各企业经营性质不同，核算所用科目及二级科目设置也各不相同，有些科目与税务申报表的要求不完全一致。例如，"管理费用"明细项目，哪个单位的明细科目也对不上口径。执行《小企业会计准则》及《非营利组织会计准则》核算用的科目及细目相差更远。故在填报时，以纳税申报表为主，用单位部分科目及细目找对应申报表项目，填写中要做好详细记录，并作为底稿留存，以便复核。按实质重于形式原则，各单位根据需要设计"衔接清单"，有什么项目就填什么项目。本列表仅供参考。

会计与税务衔接清单——成本支出部分

类别	企业会计准则		税务报表		调整事项	
	会计科目及细目	金额	项　目	金额	项目	金额
	一、营业成本		一、营业成本（2＋9）			
	（一）主营业务成本		（一）主营业务成本			
	销售商品成本		1. 销售商品成本			
			其中：非货币性资产交换成本			
	提供劳务成本		2. 提供劳务成本			
	建造合同成本		3. 建造合同成本			
	让渡资产使用权成本		4. 让渡资产使用权成本			
	其他		5. 其他			
	（二）其他业务支出		（二）其他业务成本			
	材料销售成本		1. 材料销售成本			
			其中：非货币性资产交换成本			
	出租固定资产成本		2. 出租固定资产成本			
	出租无形资产成本		3. 出租无形资产成本			
	包装物出租成本		4. 包装物出租成本			
	其他		5. 其他			
	二、视同销售（营业）成本		二、视同销售（营业）成本			
	库存商品		1. 非货币性资产交换视同销售成本			
	销售费用		2. 用于市场推广或销售视同销售成本			
	销售费用、管理费用		3. 用于交际应酬视同销售成本			
	职工薪酬		4. 用于职工奖励或福利视同销售成本			
	应付股利		5. 用于股息分配视同销售成本			
	管理费用		6. 用于对外捐赠视同销售成本			
	库存商品、原材料		7. 用于对外投资项目视同销售成本			
	生产成本		8. 提供劳务视同销售成本			
			9. 其他			
			房地产开发企业特定业务计算的纳税调整额（从略）			
	三、营业外支出		三、营业外支出			
	固定资产处置损失		1. 非流动资产处置损失			
	非货币资产交换损失		2. 非货币性资产交换损失			
	债务重组损失		3. 债务重组损失			
	非常损失		4. 非常损失			
	捐赠支出		5. 捐赠支出			
	赞助支出		6. 赞助支出			
	罚没支出		7. 罚没支出			
	管理费用		8. 坏账损失			
	可供出售金融资产		9. 无法收回的债券、股权投资损失			
			10. 其他			

会计与税务衔接清单——期间费用部分

类别	企业会计准则		税务报表		调整事项	
	会计科目及细目	金额	项　目	金额	项目	金额
	一、销售费用		一、销售费用			
	职工薪酬		1. 职工薪酬			
	劳务费		2. 劳务费			
	咨询顾问费		3. 咨询顾问费			
	业务招待费		4. 业务招待费			
	广告费和业务宣传费		5. 广告费和业务宣传费			
	佣金和手续费		6. 佣金和手续费			
	资产折旧摊销费		7. 资产折旧摊销费			
	财产损耗、盘亏及毁损		8. 财产损耗、盘亏及毁损损失			
	办公费		9. 办公费			
	董事会费		10. 董事会费			
	房租		11. 租赁费			
			12. 诉讼费			
	差旅费		13. 差旅费			
	保险费		14. 保险费			
	运输、仓储费		15. 运输、仓储费			
	修理费		16. 修理费			
	包装费		17. 包装费			
			18. 技术转让费			
			19. 研究费用			
	各项税费		20. 各项税费			
	二、管理费用		二、管理费用			
	职工薪酬		1. 职工薪酬			
			2. 劳务费			
	咨询顾问费		3. 咨询顾问费			
	业务招待费·		4. 业务招待费			
			5. 广告费和业务宣传费			
			6. 佣金和手续费			

续表

类别	企业会计准则		税务报表		调整事项	
	会计科目及细目	金额	项目	金额	项目	金额
	资产折旧摊销费		7. 资产折旧摊销费			
	财产损耗、盘亏及毁损		8. 财产损耗、盘亏及毁损损失			
	办公费		9. 办公费			
	董事会费		10. 董事会费			
	租赁费		11. 租赁费			
	诉讼费		12. 诉讼费			
	差旅费		13. 差旅费			
	保险费		14. 保险费			
			15. 运输、仓储费			
	修理费		16. 修理费			
			17. 包装费			
	技术转让费		18. 技术转让费			
	研发费用		19. 研究费用			
	各项税费		20. 各项税费			
	三、财务费用		三、财务费用			
	利息收支		1. 利息收支			
	汇总损益		2. 汇总损益			
	现金折扣		3. 现金折扣			
	其他		4. 其他			

会计与税务衔接清单——××部分

类别	企业会计准则		税务报表		调整事项	
	会计科目及细目	金额	项目	金额	项目	金额

第二章　收入与成本费用报表填报

内容提要

收入与成本费用类明细表主要反映企业按照会计制度、会计政策的规定，所确认的成本、费用情况。这些数据是企业进行纳税调整的主要数据来源。因此，在填报之前首先要搞清楚企业执行的哪种会计制度、企业制定了哪些会计政策，这些政策是否符合会计制度的要求。其次，复核是否存在不符合会计政策规定的收入与支出。与税法规定不相符的应记录下来作为纳税调整依据。

财政部规定，每个企业只能选择执行一种会计准则，不准相互混用。

风险提示

确认环节：主要风险是：没有按照规定确认企业的收入和费用，混淆业务的性质，用错会计科目；没有严格区分会计期间，混淆会计年度；没有按权责发生制原则确认收入与费用。费用支出凭证手续欠完善，将个人消费混入企业消费。

计量环节：主要风险是：费用性支出与资本性支出区分不清：资产计价、费用支出不实，折旧计算、减值准备、资产现值、债务重组、成本计算等计算不合规。

记录环节：主要风险是：分录做错、科目用错、对专项资金的收支没有按规定进行专户核算，对研发支出、关联企业往来、长期投资等记录错误。

报告环节：资产负债表、利润表、纳税申报表及专项报表，编制程序不清、责任不明、填写不合规……未能及时、正确地对外提供。

调整环节：如何将会计核算数据按税务申报要求转换成申报表数据是关键环节，既涉及账内又涉及账外，既涉及本年又涉及前后年，错综复杂、钩稽关系严谨，错填漏报的风险不可忽视！这一风险涉及以下各章节。

第一节 一般企业收入明细表填报

一、A101010 一般企业收入明细表

行次	项 目	金 额
1	一、营业收入（2＋9）	
2	（一）主营业务收入（3＋5＋6＋7＋8）	
3	1. 销售商品收入	
4	其中：非货币性资产交换收入	
5	2. 提供劳务收入	
6	3. 建造合同收入	
7	4. 让渡资产使用权收入	
8	5. 其他	
9	（二）其他业务收入（10＋12＋13＋14＋15）	
10	1. 销售材料收入	
11	其中：非货币性资产交换收入	
12	2. 出租固定资产收入	
13	3. 出租无形资产收入	
14	4. 出租包装物和商品收入	
15	5. 其他	
16	二、营业外收入（17＋18＋19＋20＋21＋22＋23＋24＋25＋26）	
17	（一）非流动资产处置利得	
18	（二）非货币性资产交换利得	
19	（三）债务重组利得	
20	（四）政府补助利得	
21	（五）盘盈利得	
22	（六）捐赠利得	
23	（七）罚没利得	
24	（八）确实无法偿付的应付款项	
25	（九）汇兑收益	
26	（十）其他	

二、A101010《一般企业收入明细表》填报说明

本表适用于执行除事业单位会计准则、非营利企业会计制度以外的其他国家统一会计制度的非金融居民纳税人填报。纳税人应根据国家统一会计制度的规定，填报"主营业务收入"、"其他业务收入"和"营业外收入"。

（一）有关项目填报说明

1. 第1行"营业收入"：根据主营业务收入、其他业务收入的数额计算填报。

2. 第2行"主营业务收入"：根据不同行业的业务性质分别填报纳税人核算的主营业务收入。

3. 第3行"销售商品收入"：填报从事工业制造、商品流通、农业生产以及其他商品销售的纳税人取得的主营业务收入。房地产开发企业销售开发产品（销售未完工开发产品除外）取得的收入也在此行填报。

4. 第4行"其中：非货币性资产交换收入"：填报纳税人发生的非货币性资产交换按照国家统一会计制度应确认的主营业务收入。

5. 第5行"提供劳务收入"：填报纳税人从事建筑安装、修理修配、交通运输、仓储租赁、邮电通信、咨询经纪、文化体育、科学研究、技术服务、教育培训、餐饮住宿、中介代理、卫生保健、社区服务、旅游、娱乐、加工以及其他劳务活动取得的主营业务收入。

6. 第6行"建造合同收入"：填报纳税人建造房屋、道路、桥梁、水坝等建筑物，以及生产船舶、飞机、大型机械设备等取得的主营业务收入。

7. 第7行"让渡资产使用权收入"：填报纳税人在主营业务收入核算的，让渡无形资产使用权而取得的使用费收入以及出租固定资产、无形资产、投资性房地产取得的租金收入。

8. 第8行"其他"：填报纳税人按照国家统一会计制度核算、上述未列举的其他主营业务收入。

9. 第9行"其他业务收入"：填报根据不同行业的业务性质分别填报纳税人核算的其他业务收入。

10. 第10行"材料销售收入"：填报纳税人销售材料、下脚料、废料、废旧物资等取得的收入。

11. 第11行"其中：非货币性资产交换收入"：填报纳税人发生的非货币性资产交换按照国家统一会计制度应确认的其他业务收入。

12. 第12行"出租固定资产收入"：填报纳税人将固定资产使用权让与承租人获取的其他业务收入。

13. 第 13 行 "出租无形资产收入"：填报纳税人让渡无形资产使用权取得的其他业务收入。

14. 第 14 行 "出租包装物和商品收入"：填报纳税人出租、出借包装物和商品取得的其他业务收入。

15. 第 15 行 "其他"：填报纳税人按照国家统一会计制度核算、上述未列举的其他业务收入。

16. 第 16 行 "营业外收入"：填报纳税人计入本科目核算的与生产经营无直接关系的各项收入。

17. 第 17 行 "非流动资产处置利得"：填报纳税人处置固定资产、无形资产等取得的净收益。

18. 第 18 行 "非货币性资产交换利得"：填报纳税人发生非货币性资产交换应确认的净收益。

19. 第 19 行 "债务重组利得"：填报纳税人发生的债务重组业务确认的净收益。

20. 第 20 行 "政府补助利得"：填报纳税人从政府无偿取得货币性资产或非货币性资产应确认的净收益。

21. 第 21 行 "盘盈利得"：填报纳税人在清查财产过程中查明的各种财产盘盈应确认的净收益。

22. 第 22 行 "捐赠利得"：填报纳税人接受的来自企业、组织或个人无偿给予的货币性资产、非货币性资产捐赠应确认的净收益。

23. 第 23 行 "罚没利得"：填报纳税人在日常经营管理活动中取得的罚款、没收收入应确认的净收益。

24. 第 24 行 "确实无法偿付的应付款项"：填报纳税人因确实无法偿付的应付款项而确认的收入。

25. 第 25 行 "汇兑收益"：填报纳税人取得企业外币货币性项目因汇率变动形成的收益应确认的收入（该项目为执行《小企业会计准则》企业填报）。

26. 第 26 行 "其他"：填报纳税人取得的上述项目未列举的其他营业外收入，包括执行《企业会计准则》纳税人按权益法核算长期股权投资对初始投资成本调整确认的收益，执行《小企业会计准则》纳税人取得的出租包装物和商品的租金收入、逾期未退包装物押金收益等。

（二）表内、表间关系

1. 表内关系。

（1）第 1 行 = 第 2 + 9 行。

（2）第 2 行 = 第 3 + 5 + 6 + 7 + 8 行。

（3）第 9 行 = 第 10 + 12 + 13 + 14 + 15 行。

（4）第 16 行 = 第 17 + 18 + 19 + 20 + 21 + 22 + 23 + 24 + 25 + 26 行。

2. 表间关系。

（1）第 1 行 = 表 A100000 第 1 行。

（2）第 16 行 = 表 A100000 第 11 行。

三、应关注的风险事项

（一）核查事项

要核查企业收入分类是否正确，要特别注意营业收入的确认时间是否正确及会计确认收入与税务确认收入的差异：所得税收入与增值税收入确认的差异、应税收入与非税收入的差异、跨期收入的计量等的确认是否正确等。

要核查计价收入的正确性，有无错计、漏计特别要关注非货币资产应确认收入、无法偿付债务收入等。

建议编制"会计与税务衔接清单"将会计数据转化为税务数据作为底稿保存，对今后工作很有益处。

（二）营业收入税法规定

1. 主营业务收入的确认。

根据国税函〔2008〕875 号规定，企业营业收入的确认必须遵循权责发生制原则和实质重于形式原则。

（1）企业销售商品收入，同时满足下列条件的，应确认收入的实现：

1）商品销售合同已经签订，企业已将商品所有权相关的主要风险和报酬转移给购货方。

2）企业对已售出的商品既没有保留通常与所有权相联系的继续管理权，也没有实施有效控制。

3）收入的金额能够可靠地计量。

4）已发生和将发生的销售成本能够可靠地计量。

（2）符合收入确认条件，采用不同销售方式的，收入实现时间按以下规定确认：

1）销售商品采用托收承付方式的，在办妥托收手续时确认收入。

2）销售商品采取预收款方式的，在发出商品时确认收入。

3）以分期收款方式销售货物的，按照合同约定的收款日期确认收入。

4）采取产品分成方式取得收入的，按照企业分得产品的日期确认收入的实现，其收入额按照产品的公允价值确定。

5）销售商品需要安装和检验的，在购买方接收商品以及安装和检验完毕时确认收入。如果安装程序比较简单，可在发出商品时确认收入。

6）销售商品采用支付手续费方式委托代销的，在收到代销清单时确认收入。

（3）采用售后回购方式销售商品的，销售的商品按售价确认收入，回购的商品作为购进商品处理。有证据表明不符合销售收入确认条件的，如以销售商品方式进行融资，收到的款项应确认为负债，回购价格大于原售价的，差额应在回购期间确认为利息费用。

（4）销售商品以旧换新的，销售商品应当按照销售商品收入确认条件确认收入，回收的商品作为购进商品处理。

（5）发生商业折扣。企业为促进销售在商品价格上给予的价格扣除属于商业折扣，应当按照扣除商业折扣后的金额确定销售商品收入金额。

债权人为鼓励债务人在规定的期限内付款而向债务人提供的债务扣除属于现金折扣，销售商品涉及现金折扣的，应当按扣除现金折扣前的金额确定销售商品收入金额，现金折扣在实际发生时作为财务费用扣除。

企业因售出商品的质量不合格等原因而在售价上给的减让属于销售折让；企业因售出商品质量、品种不符合要求等原因而发生的退货属于销售退回。企业已经确认销售收入售出商品发生销售折让和销售退回，应当在发生当期冲减当期销售商品收入。

（6）买一赠一等方式组合销售。企业以买一赠一等方式组合销售本企业商品的，不属于捐赠，应将销售总额按各项商品的公允价值的比例来分摊确认各项的销售收入。

2. 提供劳务收入的确认。

企业在各个纳税期末，提供劳务交易的结果能够可靠估计的，应采用完工进度（完工百分比）法确认提供劳务收入。

（1）提供劳务交易的结果能够可靠估计，是指同时满足下列条件：

1）收入的金额能够可靠地计量。

2）交易的完工进度能够可靠地确定。

3）交易中已发生的和将发生的成本能够可靠地计量。

（2）企业提供劳务完工进度的确定，可选用下列方法：

1）已完工作的测量。

2）已提供劳务占劳务总量的比例。

3）发生成本占总成本的比例。

（3）企业应按照从接收劳务方已收或应收的合同或协议价款确定劳务收入总额，根据纳税期末提供劳务收入总额乘以完工进度扣除以前纳税年度累计已确认提供劳务收入后的金额，确认为当期劳务收入；同时，按照提供劳务估计总成本乘以完工进度，扣除以前纳税期间累计已确认劳务成本后的金额，结转为当期劳务成本。

（4）下列提供劳务满足收入确认条件的，应按规定确认收入：

1）安装费。应根据安装完工进度确认收入。安装工作是商品销售附带条件的，安装费在确认商品销售实现时确认收入。

2）宣传媒介的收费。应在相关的广告或商业行为出现于公众面前时确认收入。广告的制作费，应根据制作广告的完工进度确认收入。

3）软件费。为特定客户开发软件的收费，应根据开发的完工进度确认收入。

4）服务费。包含在商品售价内可区分的服务费，在提供服务的期间分期确认收入。

5）艺术表演、招待宴会和其他特殊活动的收费。在相关活动发生时确认收入。收费涉及几项活动的，预收的款项应合理分配给每项活动，分别确认收入。

6）会员费。申请入会或加入会员，只允许取得会籍，所有其他服务或商品却要另行收费的，在取得该会员费时确认收入。申请入会或加入会员后，会员在会员期内不再付费就可以得到各种服务或商品，或者以低于非会员的价格销售商品或提供服务的，该会员费应在整个收益期内分期确认收入。

7）特许权费。属于提供设备和其他有形资产的特许权费，在交付资产和转移资产所有权时确认收入；属于提供初始及后续服务的特许权费，在提供服务时确认收入。

8）劳务费。长期为客户提供重复的劳务收取的劳务费，在相关劳务活动发生时确认收入。

3. 建造合同收入。

（1）包括合同初始收入、合同变更收入、索赔款收入、奖励款收入。收入确认可参考提供劳务收入确认。其中合同变更收入必须同时满足下列条件：

1）客户能够认可因变更而增加的收入。

2）该收入能够可靠地计量。

（2）企业受托加工制造大型机械设备、船舶、飞机，以及从事建筑、安装、装配工程或者提供其他劳务等，持续时间超过十二个月的，按照纳税年度内完工进度或者完工的工作量确认收入的实现。

4. 让渡资产使用权收入。

包括金融业利息收入。企业让渡房产、商标权、专利权、专营权、软件、版权等使用权所取得的收入。出租资产的收入确认。按国税函〔2010〕79号文件规定，企业提供固定资产、包装物或者其他有形资产的使用权取得的租金收入，应按交易合同或协议规定的承租人应付租金的日期确认收入的实现。如果交易合同或协议中规定租赁期限跨年度，且租金提前一次性支付的，根据收入与费用配比原则，出租人可对上述已确认的收入，在租赁期内，分期均匀计入相关年度收入。出租方如果是在我国境内设有机构场所且采取据实申报缴纳企业所得税的非居民企业，也按上述规定执行。

5. 企业发生视同销售收入。

企业将货物、财产、劳务用于捐赠、偿债、赞助、集资、广告、样品、职工福利或利润分配等用途的，应当视同销售货物、转让财产或者提供劳务确认收入。

6. 其他业务收入。

其他业务收入包括销售材料收入、出租固定资产收入、出租包装物收入等。

（三）营业外收入税法规定

1. 企业处置资产所得税处理。

根据《关于企业处置资产所得税处理问题的通知》（国税函〔2008〕828号）精神，自2008年1月1日起，企业处置资产所得税处理问题按下列规定执行：

（1）企业发生下列情形的处置资产，除将资产转移至境外以外，由于资产所有权属在形式和实质上均未发生改变，可作为内部处置资产，不视同销售确认收入，相关资产的计税基础延续计算。

1）将资产用于生产、制造、加工另一产品。

2）改变资产形状、结构或性能。

3）改变资产用途（如自建商品房转为自用和经营）。

4）将资产在总机构及其分支机构之间转移。

5）上述两种或两种以上情形的混合。

6）其他不改变资产所有权属的用途。

（2）企业将资产移送他人的下列情形，因资产所有权属已发生改变而不属于内部处置资产，应按规定视同销售确定收入。

1）用于市场推广或销售。

2）用于交际应酬。

3）用于职工奖励或福利。

4）用于股息分配。

5）用于对外捐赠。

6）其他改变资产所有权属的用途。

（3）企业发生上述"（2）"规定情形时，属于企业自制的资产，应按企业同类资产同期对外销售价格确定销售收入；属于外购的资产，可按购入时的价格确定销售收入。

2. 非货币性资产交换。

企业转让非货币性资产，应在交易发生时，按公允价值/销售有关非货币性资产经济业务进行所得税处理，并按规定计算确认资产转让所得或损失。

3. 债务重组利得的确认。

企业发生债务重组，应在债务重组合同或协议生效时确认利得或损失的实现。

4. 股权转让所得的确认和计算。

企业转让股权收入，应于转让协议生效且完成股权变更手续时，确认收入的实现。转让股权收入扣除为取得该股权所发生的成本后，为股权转让所得。企业在计算股份转让所得时，不得扣除被投资企业未分配利润等股东留存收益中按该项股权可能分配的金额。

（1）国家税务总局公告 2011 年第 39 号文件规定，自 2011 年 7 月 1 日起，转让限售股取得收入的企业（包括事业单位、社会团体、民办非企业单位等），为企业所得税的纳税义务人。

（2）企业转让代个人持有的限售股征税问题。因股权分置改革造成原由个人出资而企业代持有的限售股，企业在转让时按以下规定处理：

1）企业转让上述限售股取得的收入，应作为企业应税收入计算纳税。

上述限售股转让收入扣除限售股原值和合理税费后的余额为该限售股转让所得。企业未能提供完整、真实的限售股原值凭证，不能准确计算该限售股原值的，主管税务机关一律按该限售股转让收入的 15%，核定为该限售股原值和合理税费。

依照本条规定完成纳税义务后的限售股转让收入余额转付给实际所有人时不再纳税。

2）依法院判决、裁定等原因，通过证券登记结算公司，企业将其代持的个人限售股直接变更到实际所有人名下的，不视同转让限售股。

（3）企业在限售股解禁前转让限售股征税问题。企业在限售股解禁前将其持有的限售股转让给其他企业或个人（以下简称受让方），其企业所得税问题按以下规定处理：

1）企业应按减持证券登记结算机构登记的限售股取得的全部收入，计入企业当年度应税收入计算纳税。

2）企业持有的限售股在解禁前已签订协议转让给受让方，但未变更股权登记、仍由企业持有的，企业实际减持该限售股取得的收入，依照本条第一项规定纳税后，其余额转付给受让方的，受让方不再纳税。

5. 股息、红利等权益性投资收益的确认。

企业权益性投资取得股息、红利等收入时，应以被投资企业股东会或股东大会作出利润分配和住房补助决定的日期，确定收入的实现。

被投资企业将股权（票）溢价所形成的资本公积转为股本的，不作为投资方企业的股息、红利收入，投资方企业也不得增加该项长期投资的计税基础。

6. 确实无法支付的应付款。

根据企业财务制度规定，企业应当按期偿还各种负债，如确实无法支付的应付款项，应计入营业外收入。

【事例】B公司为了提高能力和资质问题，将下属M分公司的全部资产及债权、债务和劳动力一并转让给总公司A。怎样进行所得税处理？

操作方法：B公司将M分公司的全部资产以及与其相关联的债权、债务和劳动力捆绑打包一起转让。M分公司员工与B公司解除劳动合同，由总公司A与其建立新的劳动关系。对于存货在资产打包转让前，由M分公司销售给总公司A。

总公司A开具增值税专用发票，并按规定缴纳与抵扣增值税。

所得税处理：本次交易是为了提高生产能力和资质的问题，并非出于税收目的，具有合理的商业目的。由于交易为资产与负债一并转让，属于资产重组业务，根据《财政部、国家税务总局关于企业重组业务企业所得税处理若干问题的通知》（财税〔2009〕59号）的规定，股权收购、资产收购重组交易，相关交易应按以下规定处理：

（1）被收购方应确认股权、资产转让所得或损失。

（2）收购取得股权或资产的计税基础应以公允价值为基础确定。

（3）被收购企业的相关所得税事项原则上保持不变。

由于B公司与总公司A就资产与负债一并进行转让，本次交易没有形成所得或损失，因此，不需要缴纳企业所得税。

第二节　金融企业收入明细表填报

一、A101020 金融企业收入明细表

行次	项　目	金　额
1	一、营业收入（2＋18＋27＋32＋33＋34）	
2	（一）银行业务收入（3＋10）	
3	1. 利息收入（4＋5＋6＋7＋8＋9）	
4	（1）存放同业	

续表

行次	项 目	金 额
5	（2）存放中央银行	
6	（3）拆出资金	
7	（4）发放贷款及垫资	
8	（5）买入返售金融资产	
9	（6）其他	
10	2. 手续费及佣金收入（11＋12＋13＋14＋15＋16＋17）	
11	（1）结算与清算手续费	
12	（2）代理业务手续费	
13	（3）信用承诺手续费及佣金	
14	（4）银行卡手续费	
15	（5）顾问和咨询费	
16	（6）托管及其他受托业务佣金	
17	（7）其他	
18	（二）证券业务收入（19＋26）	
19	1. 证券业务手续费及佣金收入（20＋21＋22＋23＋24＋25）	
20	（1）证券承销业务	
21	（2）证券经纪业务	
22	（3）受托客户资产管理业务	
23	（4）代理兑付证券	
24	（5）代理保管证券	
25	（6）其他	
26	2. 其他证券业务收入	
27	（三）已赚保费（28－30－31）	
28	1. 保险业务收入	
29	其中：分保费收入	
30	2. 分出保费	
31	3. 提取未到期责任准备金	
32	（四）其他金融业务收入	
33	（五）汇兑收益（损失以"－"号填列）	
34	（六）其他业务收入	
35	二、营业外收入（36＋37＋38＋39＋40＋41＋42）	
36	（一）非流动资产处置利得	
37	（二）非货币性资产交换利得	
38	（三）债务重组利得	
39	（四）政府补助利得	
40	（五）盘盈利得	
41	（六）捐赠利得	
42	（七）其他	

二、A101020《金融企业收入明细表》填报说明

本表适用于执行企业会计准则的金融企业纳税人填报，包括商业银行、保险公司、证券公司等金融企业。金融企业应根据企业会计准则的规定填报"营业收入"、"营业外收入"。

（一）有关项目填报说明

1. 第1行"营业收入"：填报纳税人提供金融商品服务取得的收入。

2. 第2行"银行业务收入"：填报纳税人从事银行业务取得的收入。

3. 第3行"利息收入"：填报银行存贷款业务等取得的各项利息收入，包括发放的各类贷款（银团贷款、贸易融资、贴现和转贴现融出资金、协议透支、信用卡透支、转贷款、垫款等）、与其他金融机构（中央银行、同业等）之间发生资金往来业务、买入返售金融资产等实现的利息收入等。

4. 第4行"存放同业"：填报纳税人存放于境内、境外银行和非银行金融机构款项取得的利息收入。

5. 第5行"存放中央银行"：填报纳税人存放于中国人民银行的各种款项利息收入。

6. 第6行"拆出资金"：填报纳税人拆借给境内、境外其他金融机构款项的利息收入。

7. 第7行"发放贷款及垫资"：填报纳税人发放贷款及垫资的利息收入。

8. 第8行"买入返售金融资产"：填报纳税人按照返售协议约定先买入再按固定价格返售的票据、证券、贷款等金融资产所融出资金的利息收入。

9. 第9行"其他"：填报纳税人除本表第4行至第8行以外的其他利息收入，包括债券投资利息等收入。

10. 第10行"手续费及佣金收入"：填报银行在提供相关金融业务服务时向客户收取的收入，包括结算与清算手续费、代理业务手续费、信用承诺手续费及佣金、银行卡手续费、顾问和咨询费、托管及其他受托业务佣金等。

11. 第18行"证券业务收入"：填报纳税人从事证券业务取得的收入。

12. 第19行"证券业务手续费及佣金收入"：填报纳税人承销、代理兑付等业务取得的各项手续费、佣金等收入。

13. 第26行"其他证券业务收入"：填报纳税人在国家许可的范围内从事的除经纪、自营和承销业务以外的与证券有关的业务收入。

14. 第27行"已赚保费"：填报纳税人从事保险业务确认的本年实际保费收入。

15. 第28行"保险业务收入"：填报纳税人从事保险业务确认的保费收入。

16. 第29行"分保费收入"：填报纳税人（再保险公司或分入公司）从原保险公司或分出公司分入的保费收入。

17. 第30行"分出保费"：填报纳税人（再保险分出人）向再保险接受人分出的保费。

18. 第31行"提取未到期责任准备金"：填报纳税人（保险企业）提取的非寿险原保险合同未到期责任准备金和再保险合同分保未到期责任准备金。

19. 第32行"其他金融业务收入"：填报纳税人提供除银行业、保险业、证券业以外的金融商品服务取得的收入。

20. 第33行"汇兑收益"：填报纳税人发生的外币交易因汇率变动而产生的汇兑损益，损失以负数填报。

21. 第34行"其他业务收入"：填报纳税人发生的除主营业务活动以外的其他经营活动实现的收入。

22. 第35行"营业外收入"：填报纳税人发生的各项营业外收入，主要包括非流动资产处置利得、非货币性资产交换利得、债务重组利得、政府补助利得、盘盈利得、捐赠利得等。

23. 第36行"非流动资产处置利得"：填报纳税人处置固定资产、无形资产等取得的净收益。

24. 第37行"非货币性资产交换利得"：填报纳税人发生非货币性资产交换应确认的净收益。

25. 第38行"债务重组利得"：填报纳税人发生的债务重组业务确认的净收益。

26. 第39行"政府补助利得"：填报纳税人从政府无偿取得货币性资产或非货币性资产应确认的净收益。

27. 第40行"盘盈利得"：填报纳税人在清查财产过程中查明的各种财产盘盈应确认的净收益。

28. 第41行"捐赠利得"：填报纳税人接受的来自企业、组织或个人无偿给予的货币性资产、非货币性资产捐赠应确认的净收益。

29. 第42行"其他"：填报纳税人取得的上述项目未列举的其他营业外收入，包括执行《企业会计准则》纳税人按权益法核算长期股权投资对初始投资成本调整确认的收益。

（二）表内、表间关系

1. 表内关系。

（1）第1行 = 第2 + 18 + 27 + 32 + 33 + 34行。

（2）第2行 = 第3 + 10行。

（3）第3行＝第4＋5＋…＋9行。

（4）第10行＝第11＋12＋…＋17行。

（5）第18行＝第19＋26行。

（6）第19行＝第20＋21＋…＋25行。

（7）第27行＝第28－30－31行。

（8）第35行＝第36＋37＋…＋42行。

2. 表间关系。

（1）第1行＝表A100000第1行。

（2）第35行＝表A100000第11行。

三、应关注的风险事项

（一）核查事项

核查账簿记录与报表要求是否一致，不一致应做分类整理，确保填报内容真实可靠。关注确认收入期间，特别注意跨期收入是否符合权责发生制原则。

（二）税法相关规定

根据报表填报要求确认填报。

第三节　一般企业成本支出明细表填报

一、A102010 一般企业成本支出明细表

行次	项　目	金　额
1	一、营业成本（2＋9）	
2	（一）主营业务成本（3＋5＋6＋7＋8）	
3	1. 销售商品成本	
4	其中：非货币性资产交换成本	
5	2. 提供劳务成本	
6	3. 建造合同成本	
7	4. 让渡资产使用权成本	
8	5. 其他	
9	（二）其他业务成本（10＋12＋13＋14＋15）	
10	1. 材料销售成本	

续表

行次	项　目	金　额
11	其中：非货币性资产交换成本	
12	2. 出租固定资产成本	
13	3. 出租无形资产成本	
14	4. 包装物出租成本	
15	5. 其他	
16	二、营业外支出（17＋18＋19＋20＋21＋22＋23＋24＋25＋26）	
17	（一）非流动资产处置损失	
18	（二）非货币性资产交换损失	
19	（三）债务重组损失	
20	（四）非常损失	
21	（五）捐赠支出	
22	（六）赞助支出	
23	（七）罚没支出	
24	（八）坏账损失	
25	（九）无法收回的债券股权投资损失	
26	（十）其他	

二、A102010《一般企业成本支出明细表》填报说明

本表适用于执行除事业单位会计准则、非营利企业会计制度以外的其他国家统一会计制度的查账征收企业所得税非金融居民纳税人填报。纳税人应根据国家统一会计制度的规定，填报"主营业务成本"、"其他业务成本"和"营业外支出"。

（一）有关项目填报说明

1. 第1行"营业成本"：填报纳税人主要经营业务和其他经营业务发生的成本总额。本行根据"主营业务成本"和"其他业务成本"的数额计算填报。

2. 第2行"主营业务成本"：根据不同行业的业务性质分别填报纳税人核算的主营业务成本。

3. 第3行"销售商品成本"：填报从事工业制造、商品流通、农业生产以及其他商品销售企业发生的主营业务成本。房地产开发企业销售开发产品（销售未完工开发产品除外）发生的成本也在此行填报。

4. 第4行"其中：非货币性资产交换成本"：填报纳税人发生的非货币性资

产交换按照国家统一会计制度应确认的主营业务成本。

5. 第 5 行"提供劳务成本"：填报纳税人从事建筑安装、修理修配、交通运输、仓储租赁、邮电通信、咨询经纪、文化体育、科学研究、技术服务、教育培训、餐饮住宿、中介代理、卫生保健、社区服务、旅游、娱乐、加工以及其他劳务活动发生的主营业务成本。

6. 第 6 行"建造合同成本"：填报纳税人建造房屋、道路、桥梁、水坝等建筑物，以及生产船舶、飞机、大型机械设备等发生的主营业务成本。

7. 第 7 行"让渡资产使用权成本"：填报纳税人在主营业务成本核算的，让渡无形资产使用权而发生的使用费成本以及出租固定资产、无形资产、投资性房地产发生的租金成本。

8. 第 8 行"其他"：填报纳税人按照国家统一会计制度核算、上述未列举的其他主营业务成本。

9. 第 9 行："其他业务成本"：根据不同行业的业务性质分别填报纳税人按照国家统一会计制度核算的其他业务成本。

10. 第 10 行"材料销售成本"：填报纳税人销售材料、下脚料、废料、废旧物资等发生的成本。

11. 第 11 行"其中：非货币性资产交换成本"：填报纳税人发生的非货币性资产交换按照国家统一会计制度应确认的其他业务成本。

12. 第 12 行"出租固定资产成本"：填报纳税人将固定资产使用权让与承租人形成的出租固定资产成本。

13. 第 13 行"出租无形资产成本"：填报纳税人让渡无形资产使用权形成的出租无形资产成本。

14. 第 14 行"包装物出租成本"：填报纳税人出租、出借包装物形成的包装物出租成本。

15. 第 15 行"其他"：填报纳税人按照国家统一会计制度核算，上述未列举的其他业务成本。

16. 第 16 行"营业外支出"：填报纳税人计入本科目核算的与生产经营无直接关系的各项支出。

17. 第 17 行"非流动资产处置损失"：填报纳税人处置非流动资产形成的净损失。

18. 第 18 行"非货币性资产交换损失"：填报纳税人发生非货币性资产交换应确认的净损失。

19. 第 19 行"债务重组损失"：填报纳税人进行债务重组应确认的净损失。

20. 第 20 行"非常损失"：填报纳税人在营业外支出中核算的各项非正常的

财产损失。

21. 第21行"捐赠支出"：填报纳税人无偿给予其他企业、组织或个人的货币性资产、非货币性资产的捐赠支出。

22. 第22行"赞助支出"：填报纳税人发生的货币性资产、非货币性资产赞助支出。

23. 第23行"罚没支出"：填报纳税人在日常经营管理活动中对外支付的各项罚没支出。

24. 第24行"坏账损失"：填报纳税人发生的各项坏账损失（该项目为使用《小企业会计准则》企业填报）。

25. 第25行"无法收回的债券股权投资损失"：填报纳税人各项无法收回的债券股权投资损失（该项目为使用《小企业会计准则》企业填报）。

26. 第26行"其他"：填报纳税人本期实际发生的在营业外支出核算的其他损失及支出。

（二）表内、表间关系

1. 表内关系。

（1）第1行＝第2+9行。

（2）第2行＝第3+5+6+7+8行。

（3）第9行＝第10+12+13+14+15行。

（4）第16行＝第17+18+…+26行。

2. 表间关系。

（1）第1行＝表A100000第2行。

（2）第16行＝表A100000第12行。

三、应关注的风险事项

（一）核查事项

在收入确定之后成本计算结转正确与否直接关系到应税所得额，应注意销售产品成本结转正确性，检查有无用估计成本替代实际成本，或任意结转成本的行为，在发票未到前暂估成本在发票到达后是否做了调整。成本结转是否与收入相匹配，单位成本计算结转是否符合税法规定。注意非货币资产交换成本及非货币性资产交换损失的确认是否正确。注意与债务重组协议核对。跨年度工程项目房地产、建筑、施工成本结转尤其要注意，这些是涉税深水区，须防范税务风险产生。

建议编制一张"会计与税务衔接明细表"将会计数据转化为税务数据，将换化具体内容列示清晰作为底稿保存，对今后工作很有益处。

（二）税法相关规定

《企业所得税法》规定，企业的成本支出包括营业成本和营业外支出，其中主要是存货成本。

1. 营业成本税法规定。

（1）存货是指企业持有以备出售的产品或者商品、处在生产过程中的在产品、在生产或者提供劳务过程中耗用的材料和物料等。存货的计税基础应按以下方法确定成本。

1）通过支付现金方式取得的存货，以购买价款和支付的相关税费为成本。

2）通过支付现金以外的方式取得的存货，以该存货的公允价值和支付的相关税费为成本。

3）生产性生物资产收获的农产品，以产品或者采收过程中发生的材料、人工费和分摊的间接费用等必要支出为成本。

（2）存货成本计算的有关规定。

1）企业使用或者销售存货的成本计算方法，可以在先进先出法、加权平均法、个别计价法中选用一种。计价方法一经选用，不得随意变更。

2）企业对外投资期间，投资资产的成本在计算应纳税所得额时不得扣除。企业在转让或者处置投资资产时，投资资产的成本才予以扣除。

（3）劳务成本的计算。企业受托加工制造大型机械设备、船舶、飞机，以及从事建筑、安装、装配工程业务或者提供其他劳务等，持续时间超过12个月的，依照纳税年度内完工进度或者完成的工作量确认收入的实现。同时按完工进度或者完成的工作量结转成本和费用。

（4）成本计算应遵循"匹配原则"。不得只计收入不转成本，或只转成本而不计收入。坚持合规、合理原则，不得任意估算结转销售成本，如果发票未到已耗用，可按合同价格、计划价或公允价计算，但年终汇算清缴时、必须按发票实际价格进行调整。

2. 营业外支出税法规定。

（1）非流动资产处置损失包括固定资产处置损失和无形资产出售损失。

（2）债务重组损失是指企业在重组过程中应当在交易发生时确认有关资产的转让所得或者损失，确认相关资产应当按照交易价格，重新确定计税基础。

（3）损失是指企业在生产经营活动中发生的固定资产和存货的盘亏、毁损、报废损失，转让财产损失，呆账损失，坏账损失，自然灾害等不可抗力因素造成的损失以及非季节性的停工损失，罚款支出（赔偿金、违约金等）、捐赠支出、计提固定资产、无形资产、在建工程的减值准备，债务重组损失等，在计算企业应纳所得税时，减除责任人赔偿和保险赔款后的余额（资产的净值）允许扣除。

其中，资产的净值是指有关资产、财产的计税基础减除已经按照规定扣除的折旧、折耗、摊销、准备金等后的余额。

企业已经作为损失处理的资产，在以后纳税年度又全部收回或者部分收回时，应当计入当期收益。

（4）其他支出是指除成本、费用、税金、损失外，企业在生产经营活动中发生的与生产经营活动有关的支出。

第四节　金融企业支出明细表填报

一、A102020 金融企业支出明细表

行次	项　目	金　额
1	一、营业支出（2＋15＋25＋31＋32）	
2	（一）银行业务支出（3＋11）	
3	1. 银行利息支出（4＋5＋6＋7＋8＋9＋10）	
4	（1）同业存放	
5	（2）向中央银行借款	
6	（3）拆入资金	
7	（4）吸收存款	
8	（5）卖出回购金融资产	
9	（6）发行债券	
10	（7）其他	
11	2. 银行手续费及佣金支出（12＋13＋14）	
12	（1）手续费支出	
13	（2）佣金支出	
14	（3）其他	
15	（二）保险业务支出（16＋17－18＋19－20＋21＋22－23＋24）	
16	1. 退保金	
17	2. 赔付支出	
18	减：摊回赔付支出	
19	3. 提取保险责任准备金	
20	减：摊回保险责任准备金	

续表

行次	项　目	金　额
21	4. 保单红利支出	
22	5. 分保费用	
23	减：摊回分保费用	
24	6. 保险业务手续费及佣金支出	
25	（三）证券业务支出（26＋30）	
26	1. 证券业务手续费及佣金支出（27＋28＋29）	
27	（1）证券经纪业务手续费支出	
28	（2）佣金支出	
29	（3）其他	
30	2. 其他证券业务支出	
31	（四）其他金融业务支出	
32	（五）其他业务成本	
33	二、营业外支出（34＋35＋36＋37＋38＋39）	
34	（一）非流动资产处置损失	
35	（二）非货币性资产交换损失	
36	（三）债务重组损失	
37	（四）捐赠支出	
38	（五）非常损失	
39	（六）其他	

二、A102020《金融企业支出明细表》填报说明

本表适用于执行企业会计准则的金融企业纳税人填报，包括商业银行、保险公司、证券公司等金融企业。纳税人根据企业会计准则的规定填报"营业支出"、"营业外支出"。金融企业发生的业务及管理费填报表 A104000《期间费用明细表》第1列"销售费用"相应的行次。

（一）有关项目填报说明

1. 第1行"营业支出"：填报金融企业提供金融商品服务发生的支出。

2. 第2行"银行业务支出"：填报纳税人从事银行业务发生的支出。

3. 第3行"银行利息支出"：填报纳税人经营存贷款业务等发生的利息支出，包括同业存放、向中央银行借款、拆入资金、吸收存款、卖出回购金融资产、发行债券和其他业务利息支出。

4. 第11行"银行手续费及佣金支出"：填报纳税人发生的与银行业务活动

相关的各项手续费、佣金等支出。

5. 第15行"保险业务支出"：填报保险企业发生的与保险业务相关的费用支出。

6. 第16行"退保金"：填报保险企业寿险原保险合同提前解除时按照约定应当退还投保人的保单现金价值。

7. 第17行"赔付支出"：填报保险企业支付的原保险合同赔付款项和再保险合同赔付款项。

8. 第18行"摊回赔付支出"：填报保险企业（再保险分出人）向再保险接受人摊回的赔付成本。

9. 第19行"提取保险责任准备金"：填报保险企业提取的原保险合同保险责任准备金，包括提取的未决赔款准备金、提取的寿险责任准备金、提取的长期健康责任准备金。

10. 第20行"摊回保险责任准备金"：填报保险企业（再保险分出人）从事再保险业务应向再保险接受人摊回的保险责任准备金，包括未决赔款准备金、寿险责任准备金、长期健康险责任准备金。

11. 第21行"保单红利支出"：填报保险企业按原保险合同约定支付给投保人的红利。

12. 第22行"分保费用"：填报保险企业（再保险接受人）向再保险分出人支付的分保费用。

13. 第23行"摊回分保费用"：填报保险企业（再保险分出人）向再保险接受人摊回的分保费用。

14. 第24行"保险业务手续费及佣金支出"：填报保险企业发生的与其保险业务活动相关的各项手续费、佣金支出。

15. 第25行"证券业务支出"：填报纳税人从事证券业务发生的证券手续费支出和其他证券业务支出。

16. 第26行"证券业务手续费及佣金支出"：填报纳税人代理承销、兑付和买卖证券等业务发生的各项手续费、风险结算金、承销业务直接相关的各项费用及佣金支出。

17. 第30行"其他证券业务支出"：填报纳税人从事除经纪、自营和承销业务以外的与证券有关的业务支出。

18. 第31行"其他金融业务支出"：填报纳税人提供除银行业、保险业、证券业以外的金融商品服务发生的相关业务支出。

19. 第32行"其他业务成本"：填报纳税人发生的除主营业务活动以外的其他经营活动发生的支出。

20. 第33行"营业外支出"：填报纳税人发生的各项营业外支出，包括非流动资产处置损失、非货币性资产交换损失、债务重组损失、捐赠支出、非常损失等。

21. 第34行"非流动资产处置损失"：填报纳税人处置非流动资产形成的净损失。

22. 第35行"非货币性资产交换损失"：填报纳税人发生非货币性资产交换应确认的净损失。

23. 第36行"债务重组损失"：填报纳税人进行债务重组应确认的净损失。

24. 第37行"捐赠支出"：填报纳税人无偿给予其他企业、组织或个人的货币性资产、非货币性资产的捐赠支出。

25. 第38行"非常损失"：填报纳税人在营业外支出中核算的各项非正常的财产损失。

26. 第39行"其他"：填报纳税人本期实际发生的在营业外支出核算的其他损失及支出。

（二）表内、表间关系

1. 表内关系。

（1）第1行 = 第2 + 15 + 25 + 31 + 32 行。

（2）第2行 = 第3 + 11 行。

（3）第3行 = 第4 + 5 + … + 10 行。

（4）第11行 = 第12 + 13 + 14 行。

（5）第15行 = 第16 + 17 − 18 + 19 − 20 + 21 + 22 − 23 + 24 行。

（6）第25行 = 第26 + 30 行。

（7）第26行 = 第27 + 28 + 29 行。

（8）第33行 = 第34 + 35 + … + 39 行。

2. 表间关系。

（1）第1行 = 表 A100000 第2 行。

（2）第33行 = 表 A100000 第12 行。

三、应关注的风险事项

（一）核查事项

核查账簿记录与报表要求内容是否相符，不一致的应做分类整理，确保填报内容真实可靠。关注确认支出的期间，特别注意跨期支出是否符合权责发生制原则。

成本结转应坚持匹配与合理原则，严禁人为调节成本，进而调节利润。

（二）税法相关规定

根据报表填报要求参照企业规定确认填报。

第五节 事业单位、民间非营利组织收入、支出明细表填报

一、A103000 事业单位、民间非营利组织收入、支出明细表

行次	项 目	金 额
1	一、事业单位收入（2+3+4+5+6+7）	
2	（一）财政补助收入	
3	（二）事业收入	
4	（三）上级补助收入	
5	（四）附属单位上缴收入	
6	（五）经营收入	
7	（六）其他收入（8+9）	
8	其中：投资收益	
9	其他	
10	二、民间非营利组织收入（11+12+13+14+15+16+17）	
11	（一）接受捐赠收入	
12	（二）会费收入	
13	（三）提供劳务收入	
14	（四）商品销售收入	
15	（五）政府补助收入	
16	（六）投资收益	
17	（七）其他收入	
18	三、事业单位支出（19+20+21+22+23）	
19	（一）事业支出	
20	（二）上缴上级支出	
21	（三）对附属单位补助支出	
22	（四）经营支出	
23	（五）其他支出	
24	四、民间非营利组织支出（25+26+27+28）	
25	（一）业务活动成本	
26	（二）管理费用	
27	（三）筹资费用	
28	（四）其他费用	

二、A103000《事业单位、民间非营利组织收入、支出明细表》填报说明

本表适用于实行事业单位会计准则的事业单位以及执行民间非营利组织会计制度的社会团体、民办非企业单位、非营利性组织等查账征收居民纳税人填报。纳税人应根据事业单位会计准则、民间非营利组织会计制度的规定，填报"事业单位收入"、"民间非营利组织收入"、"事业单位支出"、"民间非营利组织支出"等。

（一）有关项目填报说明

A. 事业单位填报说明

第1行至第9行由执行事业单位会计准则的纳税人填报。

1. 第1行"事业单位收入"：填报纳税人取得的所有收入的金额（包括不征税收入和免税收入），按照会计核算口径填报。

2. 第2行"财政补助收入"：填报纳税人直接从同级财政部门取得的各类财政拨款，包括基本支出补助和项目支出补助。

3. 第3行"事业收入"：填报纳税人通过开展专业业务活动及辅助活动所取得的收入。

4. 第4行"上级补助收入"：填报纳税人从主管部门和上级单位取得的非财政补助收入。

5. 第5行"附属单位上缴收入"：填报纳税人附属独立核算单位按有关规定上缴的收入。包括附属事业单位上缴的收入和附属的企业上缴的利润等。

6. 第6行"经营收入"：填报纳税人开展专业业务活动及其辅助活动之外开展非独立核算经营活动取得的收入。

7. 第7行"其他收入"：填报纳税人取得的除本表第2行至第6行项目以外的收入，包括投资收益、银行存款利息收入、租金收入、捐赠收入、现金盘盈收入、存货盘盈收入、收回已核销应收及预付款项、无法偿付的应付及预收款项等。

8. 第8行"其中：投资收益"：填报在"其他收入"科目中核算的各项短期投资、长期债券投资、长期股权投资取得的投资收益。

9. 第9行"其他"：填报在"其他收入"科目中核算的除投资收益以外的收入。

B. 民间非营利组织填报说明

第10行至第17行由执行民间非营利组织会计制度的纳税人填报。

10. 第10行"民间非营利组织收入"：填报纳税人开展业务活动取得的收入应当包括接受捐赠收入、会费收入、提供服务收入、政府补助收入、投资收益、商品销售收入等主要业务活动收入和其他收入等。

11. 第11行"接受捐赠收入"：填报纳税人接受其他单位或者个人捐赠所取

得的收入。

12. 第12行"会费收入"：填报纳税人根据章程等的规定向会员收取的会费收入。

13. 第13行"提供劳务收入"：填报纳税人根据章程等的规定向其服务对象提供服务取得的收入，包括学费收入、医疗费收入、培训收入等。

14. 第14行"商品销售收入"：填报纳税人销售商品（如出版物、药品等）所形成的收入。

15. 第15行"政府补助收入"：填报纳税人接受政府拨款或者政府机构给予的补助而取得的收入。

16. 第16行"投资收益"：填报纳税人因对外投资取得的投资净收益。

17. 第17行"其他收入"：填报纳税人除上述主要业务活动收入以外的其他收入，如固定资产处置净收入、无形资产处置净收入等。

第18行至第23行由执行事业单位会计准则的纳税人填报。

18. 第18行"事业单位支出"：填报纳税人发生的所有支出总额（含不征税收入形成的支出），按照会计核算口径填报。

19. 第19行"事业支出"：填报纳税人开展专业业务活动及其辅助活动发生的支出。包括工资、补助工资、职工福利费、社会保障费、助学金，公务费、业务费、设备购置费、修缮费和其他费用。

20. 第20行"上缴上级支出"：填报纳税人按照财政部门和主管部门的规定上缴上级单位的支出。

21. 第21行"对附属单位补助支出"：填报纳税人用财政补助收入之外的收入对附属单位补助发生的支出。

22. 第22行"经营支出"：填报纳税人在专业业务活动及其辅助活动之外开展非独立核算经营活动发生的支出。

23. 第23行"其他支出"：填报纳税人除本表第19行至第22行项目以外的支出，包括利息支出、捐赠支出、现金盘亏损失、资产处置损失、接受捐赠（调入）非流动资产发生的税费支出等。

第24行至第28行由执行民间非营利组织会计制度的纳税人填报。

24. 第24行"民间非营利组织支出"：填报纳税人发生的所有支出总额，按照会计核算口径填报。

25. 第25行"业务活动成本"：填报民间非营利组织为了实现其业务活动目标、开展某项目活动或者提供劳务所发生的费用。

26. 第26行"管理费用"：填报民间非营利组织为组织和管理其业务活动所发生的各项费用，包括民间非营利组织董事会（或者理事会或者类似权力机构）

经费和行政管理人员的工资、奖金、津贴、福利费、住房公积金、住房补贴、社会保障费、离退休人员工资与补助，以及办公费、水电费、邮电费、物业管理费、差旅费、折旧费、修理费、无形资产摊销费、存货盘亏损失、资产减值损失、因预计负债所产生的损失、聘请中介机构费和应偿还的受赠资产等。

27. 第27行"筹资费用"：填报民间非营利组织为筹集业务活动所需资金而发生的费用，包括民间非营利组织获得捐赠资产而发生的费用以及应当计入当期费用的借款费用、汇兑损失（减汇兑收益）等。民间非营利组织为了获得捐赠资产而发生的费用包括举办募款活动费，准备、印刷和发放募款宣传资料费以及其他与募款或者争取捐赠有关的费用。

28. 第28行"其他费用"：填报民间非营利组织发生的、无法归属到上述业务活动成本、管理费用或者筹资费用中的费用，包括固定资产处置净损失、无形资产处置净损失等。

（二）表内、表间关系

1. 表内关系。

（1）第1行 = 第2 + 3 + … + 7行。

（2）第7行 = 第8 + 9行。

（3）第10行 = 第11 + 12 + … + 17行。

（4）第18行 = 第19 + 20 + 21 + 22 + 23行。

（5）第24行 = 第25 + 26 + 27 + 28行。

2. 表间关系。

（1）第2 + 3 + 4 + 5 + 6行或第11 + 12 + 13 + 14 + 15行 = 表 A100000 第1行。

（2）第8行或第16行 = 表 A100000 第9行。

（3）第9行或第17行 = 表 A100000 第11行。

（4）第19 + 20 + 21 + 22行或第25 + 26 + 27行 = 表 A100000 第2行。

（5）第23行或第28行 = 表 A100000 第12行。

三、应关注的风险事项

（一）核查事项

应明确单位是按收付实现制还是按权责发生制组织核算，核查账簿记录与报表要求是否一致，如不一致应进行分类整理，确保填报内容真实可靠。关注收入确认期间，专项收入或拨款是否组织专项核算，其内容是否符合规定，有无人为调节因素。特别注意跨期收入与支出是否符合权责发生制与匹配原则。要注意复查手续合规性，各种费用支出凭证手续的完整性，如会议费、差旅费、交通费、薪酬福利等支出。

建议编制一张"会计与税务衔接明细表"将会计数据转化为税务数据，详细列示转化了哪些数据，税务申报表数据来自何处，并作为底稿保存，虽然做起来有些费事，但对今后工作很有益处。

（二）税法相关规定

应根据《企业所得税法》的相关规定，《事业单位、非营利组织会计准则》、《财务准则》规定处理。

第六节　期间费用明细表填报

一、A104000 期间费用明细表

行次	项　目	销售费用	其中：境外支付	管理费用	其中：境外支付	财务费用	其中：境外支付
		1	2	3	4	5	6
1	一、职工薪酬		*		*	*	*
2	二、劳务费					*	*
3	三、咨询顾问费					*	*
4	四、业务招待费		*		*	*	*
5	五、广告费和业务宣传费		*		*	*	*
6	六、佣金和手续费						
7	七、资产折旧摊销费		*		*	*	*
8	八、财产损耗、盘亏及毁损损失		*		*	*	*
9	九、办公费		*		*	*	*
10	十、董事会费		*		*	*	*
11	十一、租赁费					*	*
12	十二、诉讼费		*		*	*	*
13	十三、差旅费		*		*	*	*
14	十四、保险费		*		*	*	*
15	十五、运输、仓储费					*	*
16	十六、修理费					*	*
17	十七、包装费		*		*	*	
18	十八、技术转让费					*	*
19	十九、研究费用					*	*
20	二十、各项税费		*		*	*	*
21	二十一、利息收支	*	*	*	*		
22	二十二、汇兑差额	*	*	*	*		
23	二十三、现金折扣	*	*	*	*		*
24	二十四、其他						
25	合计（1＋2＋3＋…＋24）						

二、A104000《期间费用明细表》填报说明

本表适用于执行企业会计准则、小企业会计准则、企业会计制度、分行业会计制度的查账征收居民纳税人填报。纳税人应根据企业会计准则、小企业会计准则、企业会计制度、分行业会计制度规定，填报"销售费用"、"管理费用"和"财务费用"等项目。

（一）有关项目填报说明

1. 第 1 列"销售费用"：填报在销售费用科目进行核算的相关明细项目的金额，其中金融企业填报在业务及管理费用科目进行核算的相关明细项目的金额。

2. 第 2 列"其中：境外支付"：填报在销售费用科目进行核算的向境外支付的相关明细项目的金额，其中金融企业填报在业务及管理费科目进行核算的相关明细项目的金额。

3. 第 3 列"管理费用"：填报在管理费用科目进行核算的相关明细项目的金额。

4. 第 4 列"其中：境外支付"：填报在管理费用科目进行核算的向境外支付的相关明细项目的金额。

5. 第 5 列"财务费用"：填报在财务费用科目进行核算的有关明细项目的金额。

6. 第 6 列"其中：境外支付"：填报在财务费用科目进行核算的向境外支付的有关明细项目的金额。

7. 第 1 行至第 24 行根据费用科目核算的具体项目金额进行填报，如果贷方发生额大于借方发生额，应填报负数。

8. 第 25 行第 1 列：填报第 1 行至第 24 行第 1 列的合计数。

9. 第 25 行第 2 列：填报第 1 行至第 24 行第 2 列的合计数。

10. 第 25 行第 3 列：填报第 1 行至第 24 行第 3 列的合计数。

11. 第 25 行第 4 列：填报第 1 行至第 24 行第 4 列的合计数。

12. 第 25 行第 5 列：填报第 1 行至第 24 行第 5 列的合计数。

13. 第 25 行第 6 列：填报第 1 行至第 24 行第 6 列的合计数。

（二）表内、表间关系

1. 表内关系。

（1）第 25 行 1 列 = 第 1 列第 1 + 2 + … + 20 + 24 行。

（2）第 25 行 2 列 = 第 2 列第 2 + 3 + 6 + 11 + 15 + 16 + 18 + 19 + 24 行。

（3）第 25 行 3 列 = 第 3 列第 1 + 2 + … + 20 + 24 行。

（4）第 25 行 4 列 = 第 4 列第 2 + 3 + 6 + 11 + 15 + 16 + 18 + 19 + 24 行。

（5）第 25 行第 5 列 = 第 5 列第 6 + 21 + 22 + 23 + 24 行。

（6）第 25 行第 6 列 = 第 6 列第 6 + 21 + 22 + 24 行。

2. 表间关系。

（1）第 25 行第 1 列 = 表 A100000 第 4 行。

（2）第 25 行第 3 列 = 表 A100000 第 5 行。

（3）第 25 行第 5 列 = 表 A100000 第 6 行。

三、应关注的风险事项

（一）核查事项

核查账簿记录与报表项目填报要求是否一致，如不一致应进行分类整理，使填报的相关内容真实可靠。要注意应在专项收入及拨款列支费用是否混入期间费用，专项收入或拨款是否组织专项核算，其内容是否符合规定，有无人为调节因素。须特别注意跨期的支出，是否符合权责发生制与匹配原则。

要注意研究费用列支内容、立项手续的合规性，项目预算与进度、费用跨期结转及其资本化是否合规，数字是否正确等。

要注意复查手续合规性，各种费用支出凭证手续完整性，如会议费、差旅费、交通费、薪酬福利等支出，不合规支出是否提出。

建议编制一张"会计与税务衔接明细表"将会计报表数据转化为税务申报数据，其中既有合并又有分立甚至涉及表外事项，相关文件手续要搜集齐全，填写依据等要记录在案，并作为底稿保存，对今后的工作及风险防范很有益处。

核查账簿记录与报表要求是否一致，不一致应做分类整理，确保填报内容真实可靠。关注确认收入期间，要特别注意跨期收入是否符合权责发生制原则。

（二）税法相关规定

该表将销售费用、管理费用和财务费用合并在一起填报，共 24 项，该表的涉税调整事项将在第四章论述：

1. 销售费用的规定。销售费用是企业为销售商品和材料、提供劳务的过程中发生的各种费用。包括保险费、包装费、展览费和广告费、商品维修费、运输费、装卸费、销售佣金、代销手续费、经营性租赁费及销售部门发生的差旅费、工资、福利费等费用。从事商品流通业务的纳税人购入存货抵达仓库前发生的包装费、运杂费、运输费、运输存储过程中的保险费、装卸费、运输途中的合理损耗和入库前的挑选整理费用等购货费用可直接记入销售费用。从事房地产开发业务的纳税人的销售费用还包括开发产品销售之前的改装修复费、看护费、采暖费等。

2. 管理费用的规定。管理费用是企业行政管理部门等为管理组织经营活动提供各项支援性服务而发生的费用。包括由纳税人统一负担的总部（公司）经费（包括总部行政管理人员的工资薪金、福利费、差旅费、办公费、折旧费、修理费、物料消耗、低值易耗品摊销等）研究开发费（技术开发费）、劳动保护费、业务招待费、工会经费、职工教育费、股东大会和董事会费、开办费摊销、无形资产摊销（含土地使用费、土地损失补偿费）、坏账损失、印花税等税金、消防费、排污费、绿化费、外事费和法律、财务、资料处理及会计事务方面的成本（咨询费、诉讼费、聘请中介机构费、商标注册费等）。

3. 财务费用的规定。财务费用是企业为筹集经营性资金而发生的费用。包括利息净支出、汇兑净损益、金融机构手续费以及其他非资本化利息支出、现金折扣等。

第三章　企业纳税调整表填报

内容提要

纳税调整是所得税管理的重点和难点。所有会计与税务的差异需要调整事项均在本章作调整处理及说明。

《企业所得税法》第二十一条规定：在计算应纳税所得额时，企业财务、会计处理办法与税收法律、行政法规的规定不一致的，应当依照税收法律、行政法规的规定计算。

纳税调整涉及范围广、内容多且杂。本章归类为收入、成本费用、资产调整、特殊与特别五大类，设计了13张表用于纳税调整申报。

风险提示

本章重点及难点体现在会计核算与纳税处理的口径不一致。有些调整项目会计按制度规定分别记入相关科目，而调整事项的税法规定不仅体现《企业所得税法》、《实施细则》、《扣除办法》等文件，还散见于相关的"函件"、"解释""在线解答"。根据形势发展，又补充与修改了相关规定，也废除了一部分文件。因此，应认真学习、认真对待、认真填写。

第一节 纳税调整项目明细表填报

一、A105000 纳税调整项目明细表

行次	项 目	账载金额	税收金额	调增金额	调减金额
		1	2	3	4
1	一、收入类调整项目（2＋3＋4＋5＋6＋7＋8＋10＋11）	＊	＊		
2	（一）视同销售收入（填写 A105010）	＊			＊
3	（二）未按权责发生制原则确认的收入（填写 A105020）				
4	（三）投资收益（填写 A105030）				
5	（四）按权益法核算长期股权投资对初始投资成本调整确认收益	＊	＊	＊	
6	（五）交易性金融资产初始投资调整	＊	＊		＊
7	（六）公允价值变动净损益		＊		
8	（七）不征税收入	＊	＊		
9	其中:专项用途财政性资金（填写 A105040）	＊	＊		
10	（八）销售折扣、折让和退回				
11	（九）其他				
12	二、扣除类调整项目（13＋14＋15＋16＋17＋18＋19＋20＋21＋22＋23＋24＋26＋27＋28＋29）	＊	＊		
13	（一）视同销售成本（填写 A105010）	＊		＊	
14	（二）职工薪酬（填写 A105050）				
15	（三）业务招待费支出				＊
16	（四）广告费和业务宣传费支出（填写 A105060）	＊	＊		
17	（五）捐赠支出（填写 A105070）				＊
18	（六）利息支出				
19	（七）罚金、罚款和被没收财物的损失		＊		＊
20	（八）税收滞纳金、加收利息		＊		＊
21	（九）赞助支出		＊		＊
22	（十）与未实现融资收益相关在当期确认的财务费用				

续表

行次	项　目	账载金额	税收金额	调增金额	调减金额
		1	2	3	4
23	（十一）佣金和手续费支出				*
24	（十二）不征税收入用于支出所形成的费用	*	*		*
25	其中:专项用途财政性资金用于支出所形成的费用（填写 A105040）	*	*		*
26	（十三）跨期扣除项目				
27	（十四）与取得收入无关的支出		*		*
28	（十五）境外所得分摊的共同支出	*	*		*
29	（十六）其他				
30	三、资产类调整项目（31＋32＋33＋34）	*	*		
31	（一）资产折旧、摊销（填写 A105080）				
32	（二）资产减值准备金		*		
33	（三）资产损失（填写 A105090）				
34	（四）其他				
35	四、特殊事项调整项目（36＋37＋38＋39＋40）	*	*		
36	（一）企业重组（填写 A105100）				
37	（二）政策性搬迁（填写 A105110）	*	*		
38	（三）特殊行业准备金（填写 A105120）				
39	（四）房地产开发企业特定业务计算的纳税调整额（填写 A105010）	*			
40	（五）其他	*	*		
41	五、特别纳税调整应税所得	*	*		
42	六、其他	*	*		
43	合计（1＋12＋30＋35＋41＋42）	*	*		

二、A105000《纳税调整项目明细表》填报说明

本表适用于会计处理与税法规定不一致需纳税调整的纳税人填报。纳税人根据税法、相关税收政策，以及国家统一会计制度的规定，填报会计处理、税法规定，以及纳税调整情况。

（一）有关项目填报说明

本表纳税调整项目按照"收入类调整项目"、"扣除类调整项目"、"资产类

调整项目"、"特殊事项调整项目"、"特别纳税调整应税所得"、"其他"六大项分类填报汇总，并计算出纳税"调增金额"和"调减金额"的合计数。

数据栏分别设置"账载金额"、"税收金额"、"调增金额"、"调减金额"四个栏次。"账载金额"是指纳税人按照国家统一会计制度规定核算的项目金额。"税收金额"是指纳税人按照税法规定计算的项目金额。

"收入类调整项目"："税收金额"减"账载金额"后余额为正数的，填报在"调增金额"，余额为负数的，将绝对值填报在"调减金额"。

"扣除类调整项目"、"资产类调整项目"："账载金额"减"税收金额"后余额为正数的，填报在"调增金额"，余额为负数的，将其绝对值填报在"调减金额"。

"特殊事项调整项目"、"其他"分别填报税法规定项目的"调增金额"、"调减金额"。

"特别纳税调整应税所得"：填报经特别纳税调整后的"调增金额"。

对需填报下级明细表的纳税调整项目，其"账载金额"、"税收金额"、"调增金额"，"调减金额"根据相应附表进行计算填报。

1. 收入类调整项目。

（1）第1行"一、收入类调整项目"：根据第2行至第11行进行填报。

（2）第2行"（一）视同销售收入"：填报会计处理不确认为销售收入，税法规定确认应税收入的收入。根据《视同销售和房地产开发企业特定业务纳税调整明细表》（A105010）填报，第2列"税收金额"为表A105010第1行第1列金额；第3列"调增金额"为表A105010第1行第2列金额。

（3）第3行"（二）未按权责发生制原则确认的收入"：根据《未按权责发生制确认收入纳税调整明细表》（A105020）填报，第1列"账载金额"为表A105020第14行第2列金额；第2列"税收金额"为表A105020第14行第4列金额；表A105020第14行第6列，若≥0，填入本行第3列"调增金额"；若<0，将绝对值填入本行第4列"调减金额"。

（4）第4行"（三）投资收益"：根据《投资收益纳税调整明细表》（A105030）填报，第1列"账载金额"为表A105030第10行第1＋8列的金额；第2列"税收金额"为表A105030第10行第2＋9列的金额；表A105030第10行第11列，若≥0，填入本行第3列"调增金额"；若<0，将绝对值填入本行第4列"调减金额"。

（5）第5行"（四）按权益法核算长期股权投资对初始投资成本调整确认收益"：第4列"调减金额"填报纳税人采取权益法核算，初始投资成本小于取得投资时应享有被投资单位可辨认净资产公允价值份额的差额计入取得投资当期的营业外收入的金额。

（6）第 6 行"（五）交易性金融资产初始投资调整"：第 3 列"调增金额"填报纳税人根据税法规定确认交易性金融资产初始投资金额与会计核算的交易性金融资产初始投资账面价值的差额。

（7）第 7 行"（六）公允价值变动净损益"：第 1 列"账载金额"填报纳税人会计核算的以公允价值计量的金融资产、金融负债以及投资性房地产类项目，计入当期损益的公允价值变动金额；第 1 列 <0，将绝对值填入第 3 列"调增金额"；若第 1 列 ≥0，填入第 4 列"调减金额"。

（8）第 8 行"（七）不征税收入"：填报纳税人计入收入总额但属于税法规定不征税的财政拨款、依法收取并纳入财政管理的行政事业性收费以及政府性基金和国务院规定的其他不征税收入。第 3 列"调增金额"填报纳税人以前年度取得财政性资金且已作为不征税收入处理，在 5 年（60 个月）内未发生支出且未缴回财政部门或其他拨付资金的政府部门，应计入应税收入额的金额；第 4 列"调减金额"填报符合税法规定不征税收入条件并作为不征税收入处理，且已计入当期损益的金额。

（9）第 9 行"其中：专项用途财政性资金"：根据《专项用途政财政性资金纳税调整明细表》（A105040）填报。第 3 列"调增金额"为表 A105040 第 7 行第 14 列金额；第 4 列"调减金额"为表 A105040 第 7 行第 4 列金额。

（10）第 10 行"（八）销售折扣、折让和退回"：填报不符合税法规定的销售折扣和折让应进行纳税调整的金额及发生的销售退回因会计处理与税法规定有差异需纳税调整的金额。第 1 列"账载金额"填报纳税人会计核算的销售折扣和折让金额及销货退回的追溯处理的净调整额。第 2 列"税收金额"填报根据税法规定可以税前扣除的折扣和折让的金额及销货退回业务影响当期损益的金额。第 1 列减第 2 列，若余额 ≥0，填入第 3 列"调增金额"；若余额 <0，将绝对值填入第 4 列"调减金额"，第 4 列仅为销货退回影响损益的跨期时间性差异。

（11）第 11 行"（九）其他"：填报其他因会计处理与税法规定有差异需纳税调整的收入类项目金额。若第 2 列 ≥第 1 列，将第 2 - 1 列的余额填入第 3 列"调增金额"，若第 2 列 <第 1 列，将第 2 - 1 列余额的绝对值填入第 4 列"调减金额"。

2. 扣除类调整项目。

（12）第 12 行"二、扣除类调整项目"：根据第 13 行至第 29 行填报。

（13）第 13 行"（一）视同销售成本"：填报会计处理不作为销售核算，税法规定作为应税收入的同时，确认的销售成本金额。根据《视同销售和房地产开发企业特定业务纳税调整明细表》（A105010）填报，第 2 列"税收金额"为表

A105010 第 11 行第 1 列金额；第 4 列 "调减金额" 为表 A105010 第 11 行第 2 列金额的绝对值。

（14）第 14 行 "（二）职工薪酬"：根据《职工薪酬纳税调整明细表》（A105050）填报，第 1 列 "账载金额" 为表 A105050 第 13 行第 1 列金额；第 2 列 "税收金额" 为表 A105050 第 13 行第 4 列金额；表 A105050 第 13 行第 5 列，若 ≥0，填入本行第 3 列 "调增金额"；若 <0，将绝对值填入本行第 4 列 "调减金额"。

（15）第 15 行 "（三）业务招待费支出"：第 1 列 "账载金额" 填报纳税人会计核算计入当期损益的业务招待费金额；第 2 列 "税收金额" 填报按照税法规定允许税前扣除的业务招待费支出的金额，即："本行第 1 列×60%" 与当年销售（营业收入）×5‰的孰小值；第 3 列 "调增金额" 为第 1－2 列金额。

（16）第 16 行 "（四）广告费和业务宣传费支出"：根据《广告费和业务宣传费跨年度纳税调整明细表》（A105060）填报，表 A105060 第 12 行，若 ≥0，填入第 3 列 "调增金额"；若 <0，将绝对值填入第 4 列 "调减金额"。

（17）第 17 行 "（五）捐赠支出"：根据《捐赠支出纳税调整明细表》（A105070）填报。第 1 列 "账载金额" 为表 A105070 第 20 行第 2＋6 列金额；第 2 列 "税收金额" 为表 A105070 第 20 行第 4 列金额；第 3 列 "调增金额" 为表 A105070 第 20 行第 7 列金额。

（18）第 18 行 "（六）利息支出"：第 1 列 "账载金额" 填报纳税人向非金融企业借款，会计核算计入当期损益的利息支出的金额；第 2 列 "税收金额" 填报按照税法规定允许税前扣除的利息支出的金额；若第 1 列 ≥ 第 2 列，将第 1 列减第 2 列余额填入第 3 列 "调增金额"，若第 1 列 < 第 2 列，将第 1 列减第 2 列余额的绝对值填入第 4 列 "调减金额"。

（19）第 19 行 "（七）罚金、罚款和被没收财物的损失"：第 1 列 "账载金额" 填报纳税人会计核算计入当期损益的罚金、罚款和被罚没财物的损失，不包括纳税人按照经济合同规定支付的违约金（包括银行罚息）、罚款和诉讼费；第 3 列 "调增金额" 等于第 1 列金额。

（20）第 20 行 "（八）税收滞纳金、加收利息"：第 1 列 "账载金额" 填报纳税人会计核算计入当期损益的税收滞纳金、加收利息。第 3 列 "调增金额" 等于第 1 列金额。

（21）第 21 行 "（九）赞助支出"：第 1 列 "账载金额" 填报纳税人会计核算计入当期损益的不符合税法规定的公益性捐赠的赞助支出的金额，包括直接向受赠人的捐赠、赞助支出等（不含广告性的赞助支出，广告性的赞助支出在表 A105060 中调整）；第 3 列 "调增金额" 等于第 1 列金额。

（22）第22行"（十）与未实现融资收益相关在当期确认的财务费用"：第1列"账载金额"填报纳税人会计核算的与未实现融资收益相关并在当期确认的财务费用的金额；第2列"税收金额"填报按照税法规定允许税前扣除的金额；若第1列≥第2列，将第1-2列余额填入第3列"调增金额"；若第1列＜第2列，将第1-2列余额的绝对值填入第4列"调减金额"。

（23）第23行"（十一）佣金和手续费支出"：第1列"账载金额"填报纳税人会计核算计入当期损益的佣金和手续费金额；第2列"税收金额"填报按照税法规定允许税前扣除的佣金和手续费支出金额；第3列"调增金额"为第1-2列的金额。

（24）第24行"（十二）不征税收入用于支出所形成的费用"：第3列"调增金额"填报符合条件的不征税收入用于支出所形成的计入当期损益的费用化支出金额。

（25）第25行"其中：专项用途财政性资金用于支出所形成的费用"：根据《专项用途财政性资金纳税调整明细表》（A105040）填报。第3列"调增金额"为表A105040第7行第11列金额。

（26）第26行"（十三）跨期扣除项目"：填报维简费、安全生产费用、预提费用、预计负债等跨期扣除项目调整情况。第1列"账载金额"填报纳税人会计核算计入当期损益的跨期扣除项目金额；第2列"税收金额"填报按照税法规定允许税前扣除的金额；若第1列≥第2列，将第1-2列余额填入第3列"调增金额"；若第1列＜第2列，将第1-2列余额的绝对值填入第4列"调减金额"。

（27）第27行"（十四）与取得收入无关的支出"：第1列"账载金额"填报纳税人会计核算计入当期损益的与取得收入无关的支出的金额。第3列"调增金额"等于第1列金额。

（28）第28行"（十五）境外所得分摊的共同支出"：第3列"调增金额"，为《境外所得纳税调整后所得明细表》（A108010）第10行第16＋17列的金额。

（29）第29行"（十六）其他"：填报其他因会计处理与税法规定有差异需纳税调整的扣除类项目金额。若第1列≥第2列，将第1-2列余额填入第3列"调增金额"；若第1列＜第2列，将第1-2列余额的绝对值填入第4列"调减金额"。

3. 资产类调整项目。

（30）第30行"三、资产类调整项目"：填报资产类调整项目第31至34行的合计数。

（31）第31行"（一）资产折旧、摊销"：根据《资产折旧、摊销情况及纳税调整明细表》（A105080）填报。第1列"账载金额"为表A105080第27行第2

列金额；第2列"税收金额"为表A105080第27行第5+6列金额；表A105080第27行第9列，若≥0，填入本行第3列"调增金额"；若<0，将绝对值填入本行第4列"调减金额"。

（32）第32行"（二）资产减值准备金"：填报坏账准备、存货跌价准备、理赔费用准备金等不允许税前扣除的各类资产减值准备金纳税调整情况。第1列"账载金额"填报纳税人会计核算计入当期损益的资产减值准备金金额（因价值恢复等原因转回的资产减值准备金应予以冲回）；第1列，若≥0，填入第3列"调增金额"；若<0，将绝对值填入第4列"调减金额"。

（33）第33行"（三）资产损失"：根据《资产损失税前扣除及纳税调整明细表》（A105090）填报。第1列"账载金额"为表A105090第14行第1列金额；第2列"税收金额"为表A105090第14行第2列金额；表A105090第14行第3列，若≥0，填入本行第3列"调增金额"；若<0，将绝对值填入本行第4列"调减金额"。

（34）第34行"（四）其他"：填报其他因会计处理与税法规定有差异需纳税调整的资产类项目金额。若第1列≥第2列，将第1-2列余额填入第3列"调增金额"；若第1列<第2列，将第1-2列余额的绝对值填入第4列"调减金额"。

4. 特殊事项调整项目。

（35）第35行"四、特殊事项调整项目"：填报特殊事项调整项目第36行至第40行的合计数。

（36）第36行"（一）企业重组"：根据《企业重组纳税调整明细表》（A105100）填报。第1列"账载金额"为表A105100第14行第1+4列金额；第2列"税收金额"为表A105100第14行第2+5列金额；表A105100第14行第7列，若≥0，填入本行第3列"调增金额"；若<0，将绝对值填入本行第4列"调减金额"。

（37）第37行"（二）政策性搬迁"：根据《政策性搬迁纳税调整明细表》（A105110）填报。表A105110第24行，若≥0，填入本行第3列"调增金额"；若<0，将绝对值填入本行第4列"调减金额"。

（38）第38行"（三）特殊行业准备金"：根据《特殊行业准备金纳税调整明细表》（A105120）填报。第1列"账载金额"为表A105120第30行第1列金额；第2列"税收金额"为表A105120第30行第2列金额；表A105120第30行第3列，若≥0，填入本行第3列"调增金额"；若<0，将绝对值填入本行第4列"调减金额"。

（39）第39行"（四）房地产开发企业特定业务计算的纳税调整额"：根据

《视同销售和房地产开发企业特定业务纳税调整明细表》（A105010）填报。第2列"税收金额"为表A105010第21行第1列金额；表A105010第21行第2列，若≥0，填入本行第3列"调增金额"；若＜0，将绝对值填入本行第4列"调减金额"。

（40）第40行"（五）其他"：填报其他因会计处理与税法规定有差异需纳税调整的特殊事项金额。

5. 特别纳税调整应税所得项目。

（41）第41行"五、特别纳税调整应税所得"：第3列"调增金额"填报纳税人按特别纳税调整规定自行调增的当年应税所得；第4列"调减金额"填报纳税人依据双边预约定价安排或者转让定价相应调整磋商结果的通知，需要调减的当年应税所得。

6. 其他。

（42）第42行"六、其他"：其他会计处理与税法规定存在差异需纳税调整的项目金额。

（43）第43行"合计"：填报第1+12+30+35+41+42行的金额。

（二）表内、表间关系

1. 表内关系。

（1）第1行=第2+3+4+5+6+7+8+10+11行。

（2）第12行=第13+14+15+…+24+26+27+…+29行。

（3）第30行=第31+32+33+34行。

（4）第35行=第36+37+38+39+40行。

（5）第43行=第1+12+30+35+41+42行。

2. 表间关系。

（1）第2行第2列=表A105010第1行第1列；第2行第3列=表A105010第1行第2列。

（2）第3行第1列=表A105020第14行第2列；第3行第2列=表A105020第14行第4列；若表A105020第14行第6列≥0，填入第3行第3列；若表A105020第14行第6列＜0，将绝对值填入第3行第4列。

（3）第4行第1列=表A105030第10行第1+8列；第4行第2列=表A105030第10行第2+9列；若表A105030第10行第11列≥0，填入第4行第3列；若表A105030第10行第11列＜0，将绝对值填入第4行第4列。

（4）第9行第3列=表A105040第7行第14列；第9行第4列=表A105040第7行第4列。

（5）第13行第2列=表A105010第11行第1列；第13行第4列=表

A105010 第 11 行第 2 列的绝对值。

（6）第 14 行第 1 列 = 表 A105050 第 13 行第 1 列；第 14 行第 2 列 = 表 A105050 第 13 行第 4 列；若表 A105050 第 13 行第 5 列 ≥0，填入第 14 行第 3 列；若表 A105050 第 13 行第 5 列 <0，将绝对值填入第 14 行第 4 列。

（7）若表 A105060 第 12 行 ≥0，填入第 16 行第 3 列，若表 A105060 第 12 行 <0，将绝对值填入第 16 行第 4 列。

（8）第 17 行第 1 列 = 表 A105070 第 20 行第 2 +6 列；第 17 行第 2 列 = 表 A105070 第 20 行第 4 列；第 17 行第 3 列 = 表 A105070 第 20 行第 7 列。

（9）第 25 行第 3 列 = 表 A105040 第 7 行第 11 列。

（10）第 31 行第 1 列 = 表 A105080 第 27 行第 2 列；第 31 行第 2 列 = 表 A105080 第 27 行第 5 +6 列；若表 A105080 第 27 行第 9 列 ≥0，填入第 31 行第 3 列，若表 A105080 第 27 行第 9 列 <0，将绝对值填入第 31 行第 4 列。

（11）第 33 行第 1 列 = 表 A105090 第 14 行第 1 列；第 33 行第 2 列 = 表 A105090 第 14 行第 2 列；若表 A105090 第 14 行第 3 列 ≥0，填入第 33 行第 3 列，若表 A105090 第 14 行第 3 列 <0，将绝对值填入第 33 行第 4 列。

（12）第 36 行第 1 列 = 表 A105100 第 14 行第 1 +4 列；第 36 行第 2 列 = 表 A105100 第 14 行第 2 +5 列；若表 A105100 第 14 行第 7 列 ≥0，填入第 36 行第 3 列，若表 A105100 第 14 行第 7 列 <0，将绝对值填入第 36 行第 4 列。

（13）若表 A105110 第 24 行 ≥0，填入第 37 行第 3 列，若表 A105110 第 24 行 <0，将绝对值填入第 37 行第 4 列。

（14）第 38 行第 1 列 = 表 A105120 第 30 行第 1 列；第 38 行第 2 列 = 表 A105120 第 30 行第 2 列；若表 A105120 第 30 行第 3 列 ≥0，填入第 38 行第 3 列，若表 A105120 第 30 行第 3 列 <0，将绝对值填入第 38 行第 4 列。

（15）第 39 行第 2 列 = 表 A105010 第 21 行第 1 列；若表 A105010 第 21 行第 2 列 ≥0，填入第 39 行第 3 列，若表 A105010 第 21 行第 2 列 <0，将绝对值填入第 39 行第 4 列。

（16）第 43 行第 3 列 = 表 A100000 第 15 行；第 43 行第 4 列 = 表 A100000 第 16 行。

（17）第 28 行第 3 列 = 表 A108010 第 10 行第 16 +17 列。

三、应关注的风险事项

本表中的一部分是由调整事项表汇总而来，各部分具体调整事项在以下相关表中说明；另一部分是直接填入，应根据规定找有关资料，审核无误后填写。

1. 不合规发票的支出在申报中不得所得税扣除。

《中华人民共和国发票管理办法》（国函［1993］174 号）规定如下：

第二十条　销售商品、提供劳务以及从事其他经营活动的单位和个人，对外发生经营业务收取款项，收款方应当向付款方开具发票；特殊情况下由付款方向收款方开具发票。

第二十一条　所有单位和从事生产、经营活动的个人在购买商品、接受服务以及从事其他经营活动支付款项时，应当向收款方取得发票。取得发票时，不得要求变更品名和金额。

第二十二条　不符合规定的发票，不得作为财务报销凭证，任何单位和个人有权拒收。

2. 不得扣除的支出。

《企业所得税法》第十条规定：在计算应纳税所得额时，下列支出不得扣除：

(1)向投资者支付的股息、红利等权益性投资收益款项。

(2)企业所得税税款。

(3)税收滞纳金。

(4)罚金、罚款和被没收财物的损失。

(5)本法第九条规定以外的捐赠支出。

(6)赞助支出。

(7)未经核定的准备金支出。

(8)与取得收入无关的其他支出。

(9)企业对外投资期间，投资资产的成本在计算应纳税所得额时不得扣除。

(10)企业之间支付的管理费、企业内营业机构之间支付的租金和特许权使用费，以及非银行企业内营业机构之间支付的利息，不得扣除。

3. 限额费用扣除。

企业发生的与生产经营活动有关的业务招待费支出，按照发生的60%扣除，但最高不得超过当年销售（营业）收入的5‰。

企业发生的符合条件的广告和业务宣传费支出，除国务院、财政、税务主管部门另有规定外，不超过当年销售（营业）收入15%的部分，准予扣除超过部分，准予在以后纳税年度结转扣除。

汇兑损失扣除。《实施条例》第39条规定，企业在货币交易中以及纳税年度终了时，将人民币以外的货币性资产、负债按照期末即期人民币汇率中间价折算为人民币时产生的汇兑损失，除已经计入有关资产成本以及与向所有者进行利润分配相关的部分外，准予扣除。

借款费用支出的扣除。第37条规定，企业在生产经营活动中发生的合理的不需要资本化的借款费用、准予扣除；企业为购置、建造固定资产、无形资产和经过12个月以上的建造才能达到预定可销售状态的存货发生借款的，在有关资产购置、建造期间发生的合理的借款费用，应当作为资本性支出计入有关资产的成本，并依照《实施条例》的规定扣除。

企业向除有关联关系的自然人以外的内部职工或其他人员借款的利息支出，其借款情况同时符合企业与个人之间的借款是真实、合法、有效的，并且不具有非法集资目的或其他违反法律、法规行为，企业与个人之间签订了借款合同这样两个条件的，并且利息支出实际发生且与取得收入有关、合理，则此利息支出在不超过按照金融企业同期同类贷款利率计算的数额的部分，准予扣除。

企业佣金支出。财产保险企业按当年全部保费收入扣除退保金等后余额的15%（含本数）计算限额；人身保险企业按当年全部保费收入扣除退保金等后余额的10%计算限额。其他企业，按与具有合法经营资格中介服务机构或个人（不含交易双方及其他雇员、代理人和代表人等）所签订服务协议或合同确认的收入金额的5%计算限额。

第二节　视同销售和房地产开发企业特定业务纳税调整明细表填报

一、A105010 视同销售和房地产开发企业特定业务纳税调整明细表

行次	项　目	税收金额	纳税调整金额
		1	2
1	一、视同销售（营业）收入（2＋3＋4＋5＋6＋7＋8＋9＋10）		
2	（一）非货币性资产交换视同销售收入		
3	（二）用于市场推广或销售视同销售收入		
4	（三）用于交际应酬视同销售收入		
5	（四）用于职工奖励或福利视同销售收入		
6	（五）用于股息分配视同销售收入		
7	（六）用于对外捐赠视同销售收入		
8	（七）用于对外投资项目视同销售收入		
9	（八）提供劳务视同销售收入		
10	（九）其他		
11	二、视同销售（营业）成本（12＋13＋14＋15＋16＋17＋18＋19＋20）		

行次	项 目	税收金额	纳税调整金额
		1	2
12	（一）非货币性资产交换视同销售成本		
13	（二）用于市场推广或销售视同销售成本		
14	（三）用于交际应酬视同销售成本		
15	（四）用于职工奖励或福利视同销售成本		
16	（五）用于股息分配视同销售成本		
17	（六）用于对外捐赠视同销售成本		
18	（七）用于对外投资项目视同销售成本		
19	（八）提供劳务视同销售成本		
20	（九）其他		
21	三、房地产开发企业特定业务计算的纳税调整额（22－26）		
22	（一）房地产企业销售未完工开发产品特定业务计算的纳税调整额（24－25）		
23	1. 销售未完工产品的收入		*
24	2. 销售未完工产品预计毛利额		
25	3. 实际发生的营业税金及附加、土地增值税		
26	（二）房地产企业销售的未完工产品转完工产品特定业务计算的纳税调整额（28－29）		
27	1. 销售未完工产品转完工产品确认的销售收入		*
28	2. 转回的销售未完工产品预计毛利额		
29	3. 转回实际发生的营业税金及附加、土地增值税		

二、A105010《视同销售和房地产开发企业特定业务纳税调整明细表》填报说明

本表适用于发生视同销售、房地产开发企业特定业务纳税调整项目的纳税人填报。纳税人根据税法、《国家税务总局关于企业处置资产所得税处理问题的通知》（国税函〔2008〕828号）、《国家税务总局关于印发〈房地产开发经营业务企业所得税处理办法〉的通知》（国税发〔2009〕31号）等相关规定，以及国家统一企业会计制度，填报视同销售行为、房地产开发企业销售未完工产品、未完工产品转完工产品特定业务的税法规定及纳税调整情况。

（一）有关项目填报说明

1. 第 1 行"一、视同销售（营业）收入"：填报会计处理不确认销售收入，而税法规定确认为应税收入的金额，本行为第 2 行至第 10 行小计数。第 1 列"税收金额"填报税收确认的应税收入金额；第 2 列"纳税调整金额"等于第 1 列"税收金额"。

2. 第 2 行"（一）非货币性资产交换视同销售收入"：填报发生非货币性资产交换业务，会计处理不确认销售收入，而税法规定确认为应税收入的金额。第 1 列"税收金额"填报税收确认的应税收入金额；第 2 列"纳税调整金额"等于第 1 列"税收金额"。

3. 第 3 行"（二）用于市场推广或销售视同销售收入"：填报发生将货物、财产用于市场推广、广告、样品、集资、销售等，会计处理不确认销售收入，而税法规定确认为应税收入的金额。填列方法同第 2 行。

4. 第 4 行"（三）用于交际应酬视同销售收入"：填报发生将货物、财产用于交际应酬，会计处理不确认销售收入，而税法规定确认为应税收入的金额。填列方法同第 2 行。

5. 第 5 行"（四）用于职工奖励或福利视同销售收入"：填报发生将货物、财产用于职工奖励或福利，会计处理不确认销售收入，而税法规定确认为应税收入的金额。企业外购资产或服务不以销售为目的，用于替代职工福利费用支出，且购置后在一个纳税年度内处置的，可以按照购入价格确认视同销售收入。填列方法同第 2 行。

6. 第 6 行"（五）用于股息分配视同销售收入"：填报发生将货物、财产用于股息分配，会计处理不确认销售收入，而税法规定确认为应税收入的金额。填列方法同第 2 行。

7. 第 7 行"（六）用于对外捐赠视同销售收入"：填报发生将货物、财产用于对外捐赠或赞助，会计处理不确认销售收入，而税法规定确认为应税收入的金额。填列方法同第 2 行。

8. 第 8 行"（七）用于对外投资项目视同销售收入"：填报发生将货物、财产用于对外投资，会计处理不确认销售收入，而税法规定确认为应税收入的金额。填列方法同第 2 行。

9. 第 9 行"（八）提供劳务视同销售收入"：填报发生对外提供劳务，会计处理不确认销售收入，而税法规定确认为应税收入的金额。填列方法同第 2 行。

10. 第 10 行"（九）其他"：填报发生除上述列举情形外，会计处理不作为销售收入核算，而税法规定确认为应税收入的金额。填列方法同第 2 行。

11. 第 11 行"二、视同销售（营业）成本"：填报会计处理不确认销售收入，税法规定确认为应税收入的同时，确认的视同销售成本金额。本行为第12行至第20行小计数。第1列"税收金额"填报予以税前扣除的视同销售成本金额；将第1列税收金额以负数形式填报第2列"纳税调整金额"。

12. 第12行"（一）非货性资产交换视同销售成本"：填报发生非货币性资产交换业务，会计处理不确认销售收入，税法规定确认为应税收入所对应的予以税前扣除视同销售成本金额。第1列"税收金额"填报予以扣除的视同销售成本金额；将第1列税收金额以负数形式填报第2列"纳税调整金额"。

13. 第13行"（二）用于市场推广或销售视同销售成本"：填报发生将货物、财产用于市场推广、广告、样品、集资、销售等，会计处理不确认销售收入，税法规定确认为应税收入时，其对应的予以税前扣除视同销售成本金额。填列方法同第12行。

14. 第14行"（三）用于交际应酬视同销售成本"：填报发生将货物、财产用于交际应酬，会计处理不确认销售收入，税法规定确认为应税收入时，其对应的予以税前扣除视同销售成本金额。填列方法同第12行。

15. 第15行"（四）用于职工奖励或福利视同销售成本"：填报发生将货物、财产用于职工奖励或福利，会计处理不确认销售收入，税法规定确认为应税收入时，其对应的予以税前扣除视同销售成本金额。填列方法同第12行。

16. 第16行"（五）用于股息分配视同销售成本"：填报发生将货物、财产用于股息分配，会计处理不确认销售收入，税法规定确认为应税收入时，其对应的予以税前扣除视同销售成本金额。填列方法同第12行。

17. 第17行"（六）用于对外捐赠视同销售成本"：填报发生将货物、财产用于对外捐赠或赞助，会计处理不确认销售收入，税法规定确认为应税收入时，其对应的予以税前扣除视同销售成本金额。填列方法同第12行。

18. 第18行"（七）用于对外投资项目视同销售成本"：填报发生将货物、财产用于对外投资，会计处理不确认销售收入，税法规定确认为应税收入时，其对应的予以税前扣除视同销售成本金额。填列方法同第12行。

19. 第19行"（八）提供劳务视同销售成本"：填报发生对外提供劳务，会计处理不确认销售收入，税法规定确认为应税收入时，其对应的予以税前扣除视同销售成本金额。填列方法同第12行。

20. 第20行"（九）其他"：填报发生除上述列举情形外，会计处理不确认销售收入，税法规定确认为应税收入的同时，予以税前扣除视同销售成本金额。填列方法同第12行。

21. 第21行"三、房地产开发企业特定业务计算的纳税调整额"：填报房地产企业发生销售未完工产品、未完工产品结转完工产品业务，按照税法规定计算的特定业务的纳税调整额。第1列"税收金额"填报第22行第1列减去第26行第1列的余额;第2列"纳税调整金额"等于第1列"税收金额"。

22. 第22行"(一)房地产企业销售未完工开发产品特定业务计算的纳税调整额":填报房地产企业销售未完工开发产品取得销售收入,按税收规定计算的纳税调整额。第1列"税收金额"填报第24行第1列减去第25行第1列的余额;第2列"纳税调整金额"等于第1列"税收金额"。

23. 第23行"1. 销售未完工产品的收入":第1列"税收金额"填报房地产企业销售未完工开发产品,会计核算未进行收入确认的销售收入金额。

24. 第24行"2. 销售未完工产品预计毛利额":第1列"税收金额"填报房地产企业销售未完工产品取得的销售收入按税法规定预计计税毛利率计算的金额;第2列"纳税调整金额"等于第1列"税收金额"。

25. 第25行"3. 实际发生的营业税金及附加、土地增值税":第1列"税收金额"填报房地产企业销售未完工产品实际发生的营业税金及附加、土地增值税,且在会计核算中未计入当期损益的金额;第2列"纳税调整金额"等于第1列"税收金额"。

26. 第26行"(二)房地产企业销售的未完工产品转完工产品特定业务计算的纳税调整额":填报房地产企业销售的未完工产品转完工产品,按税法规定计算的纳税调整额。第1列"税收金额"填报第28行第1列减去第29行第1列的余额;第2列"纳税调整金额"等于第1列"税收金额"。

27. 第27行"1. 销售未完工产品转完工产品确认的销售收入":第1列"税收金额"填报房地产企业销售的未完工产品,此前年度已按预计毛利额征收所得税,本年度结转为完工产品,会计上符合收入确认条件,当年会计核算确认的销售收入金额。

28. 第28行"2. 转回的销售未完工产品预计毛利额":第1列"税收金额"填报房地产企业销售的未完工产品,此前年度已按预计毛利额征收所得税,本年结转完工产品,会计核算确认为销售收入,转回原按税法规定预计计税毛利率计算的金额;第2列"纳税调整金额"等于第1列"税收金额"。

29. 第29行"3. 转回实际发生的营业税金及附加、土地增值税":填报房地产企业销售的未完工产品结转完工产品后,会计核算确认为销售收入,同时将对应实际发生的营业税金及附加、土地增值税转入当期损益的金额;第2列"纳税调整金额"等于第1列"税收金额"。

(二)表内、表间关系

1. 表内关系。

(1)第1行=第2+3+…+10行。

（2）第 11 行 = 第 12 + 13 + … + 20 行。

（3）第 21 行 = 第 22 - 26 行。

（4）第 22 行 = 第 24 - 25 行。

（5）第 26 行 = 第 28 - 29 行。

2. 表间关系。

（1）第 1 行第 1 列 = 表 A105000 第 2 行第 2 列。

（2）第 1 行第 2 列 = 表 A105000 第 2 行第 3 列。

（3）第 11 行第 1 列 = 表 A105000 第 13 行第 2 列。

（4）第 11 行第 2 列的绝对值 = 表 A105000 第 13 行第 4 列。

（5）第 21 行第 1 列 = 表 A105000 第 39 行第 2 列。

（6）第 21 行第 2 列，若≥0，填入表 A105000 第 39 行第 3 列；若＜0，将绝对值填入表 A105000 第 39 行第 4 列。

三、应关注的风险事项

（一）核查事项

1. 应注意核查企业"库存商品"、"自制半成品"、"生产成本"等支出对应的"在建工程"、"应付职工薪酬"、"管理费用"、"销售费用"、"其他应付款"等账户。核查有无将自制产品用于管理部门、非生产机构、集资、广告、赞助、样品、职工奖励等，发生后直接计入费用及相关科目的情况。如有应作为视同销售处理。

2. 房地产开发企业发生的特定业务是否按税法规定进行了纳税调整。

（二）税法相关规定

1. 视同销售收入确定。根据《关于确认企业所得税收入若干问题的通知》（国税函〔2008〕875 号）规定：企业将资产移送他人的下列情形，该资产所有权属已发生改变而不属于内部处置资产，应按规定视同销售确定收入。

（1）用于市场推广或销售。

（2）用于交际应酬。

（3）用于职工奖励或福利。

（4）用于股息分配。

（5）用于对外捐赠。

（6）其他改变资产所有权属的用途。

企业发生上述规定视同销售收入情形时，属于企业自制的资产，应按企业同类资产同期对外销售价而确定销售收入；属于外购的资产，按购入时的价格确定销售收入。

2. 视同销售成本确定。存货按以下方法确定成本：

（1）通过支付现金方式取得的存货，以购买价款和支付的相关税费为成本。

（2）通过支付现金以外的方式取得的存货，以该存货的公允价值和支付的相关税费为成本。

（3）生产性生物资产收获的农产品，以产品或者采收过程中发生的材料费、人工费和分摊的间接费用等必要支出为成本。

视同销售存货成本的计算方法，可以在先进先出法、加权平均法、个别计价法中选用一种。计价方法一经选用，不得随意变更。

3. 房地产开发企业特定业务计算的纳税调整。依据《国家税务总局关于房地产开发企业所得税预缴问题的通知》（国税函［2008］299号），以及《北京市国家税务局、北京市地方税务局转发国家税务总局关于房地产开发企业所得税预缴问题的通知》（京国税发［2008］138号）规定，房地产开发企业（从事房地产开发经营业务的居民纳税人）按当年实际利润据实分季（或月）预缴企业所得税的，对开发、建造的住宅、商业用房以及其他建筑物、附着物、配套设施等开发产品，在未完工前采取预售方式销售取得的预售收入，按照规定的预计利润率分季（或月）计算出预计利润额，计入利润总额预缴企业所得税，开发产品完工、结算计税成本后按照实际利率再行调整。

北京市行政区域内的房地产开发企业，其经济适用房开发项目的预计利润率暂按3%；非经济适用房开发项目的预计利润率暂按20%。

房地产开发企业对经济适用房项目的预售收入进行初始纳税申报时，须向其主管税务机关附报由北京市发展和改革委员会及北京市建设委员会等相关部门批准其经济适用房项目立项的文件和其他相关证明材料。凡不符合规定和未附送有关部门的批准文件以及其他相关证明材料的，一律按销售非经济适用房的规定执行。

4. 建筑企业所得税征管的有关问题。根据国税函［2010］39号通知精神，跨地区经营建筑企业所得税征收管理问题有如下规定：

（1）实行总、分机构体制的跨地区经营建筑企业应严格执行国税发［2008］28号文件规定，按照"统一计算、分级管理、就地预缴、汇总清算、财政调库"的办法计算缴纳企业所得税。

（2）建筑企业跨地区设立的不符合二级分支机构条件的项目经理部（包括与项目经理部性质相同的工程指挥部、合同段等），应汇总到总机构或二级分支机构统一计算，按照国税发［2008］28号文件规定的办法计算缴纳企业所得税。

【事例】某钢铁公司将生产的钢材5万元（成本价）用于修盖临时仓库，从销售费用列支，这样处理可以吗？

A公司生产销售饮料产品，每年5～10月为销售旺季，为了促进销售，该企业无偿提供一定数量的产品给各门店和经销单位作为样品展示。还有一部分分给投资者饮用，在进行财务处理时，该企业将这部分样品作为销售费用——广告宣传费，在所得税前扣除。这样处理是否存在税务风险？应如何处理？

<h1 style="text-align:center">第三节 未按权责发生制确认收入纳税
调整明细表填报</h1>

一、A105020 未按权责发生制确认收入纳税调整明细表

行次	项 目	合同金额 （交易金额） 1	账载金额		税收金额		纳税调整 金额
			本年 2	累计 3	本年 4	累计 5	6 (4-2)
1	一、跨期收取的租金、利息、特许权使用费收入（2+3+4）						
2	（一）租金						
3	（二）利息						
4	（三）特许权使用费						
5	二、分期确认收入（6+7+8）						
6	（一）分期收款方式销售货物收入						
7	（二）持续时间超过12个月的建造合同收入						
8	（三）其他分期确认收入						
9	三、政府补助递延收入（10+11+12）						
10	（一）与收益相关的政府补助						
11	（二）与资产相关的政府补助						
12	（三）其他						
13	四、其他未按权责发生制确认收入						
14	合计（1+5+9+13）						

二、A105020《未按权责发生制确认收入纳税调整明细表》填报说明

本表适用于会计处理按权责发生制确认收入、税法规定未按权责发生制确认收入需纳税调整项目的纳税人填报。纳税人根据税法、《国家税务总局关于贯彻落实企业所得税法若干税收问题的通知》（国税函〔2010〕79号）、《国家税务

总局关于确认企业所得税收入若干问题的通知》（国税函〔2008〕875 号）等相关规定，以及国家统一企业会计制度，填报会计处理按照权责发生制确认收入、税法规定未按权责发生制确认收入的会计处理、税法规定，以及纳税调整情况。符合税法规定不征税收入条件的政府补助收入，本表不作调整，在《专项用途财政性资金纳税调整明细表》（A105040）中纳税调整。

（一）有关项目填报说明

1. 第 1 列"合同金额（或）交易金额"：填报会计处理按照权责发生制确认收入、税法规定未按权责发生制确认收入的项目的合同总额或交易总额。

2. 第 2 列"账载金额—本年"：填报纳税人会计处理按权责发生制在本期确认金额。

3. 第 3 列"账载金额—累计"：填报纳税人会计处理按权责发生制历年累计确认金额。

4. 第 4 列"税收金额—本年"：填报纳税人按税法规定未按权责发生制本期确认金额。

5. 第 5 列"税收金额—累计"：填报纳税人按税法规定未按权责发生制历年累计确认金额。

6. 第 6 列"纳税调整金额"：填报纳税人会计处理按权责发生制确认收入、税法规定未按权责发生制确认收入的差异需纳税调整金额，为第 4 – 2 列的余额。

（二）表内、表间关系

1. 表内关系。

（1）第 1 行 = 第 2 + 3 + 4 行。

（2）第 5 行 = 第 6 + 7 + 8 行。

（3）第 9 行 = 第 10 + 11 + 12 行。

（4）第 14 行 = 第 1 + 5 + 9 + 13 行。

（5）第 6 列 = 第 4 – 2 列。

2. 表间关系。

（1）第 14 行第 2 列 = 表 A105000 第 3 行第 1 列。

（2）第 14 行第 4 列 = 表 A105000 第 3 行第 2 列。

（3）第 14 行第 6 列，若 ≥0，填入表 A105000 第 3 行第 3 列；若 <0，将绝对值填入表 A105000 第 3 行第 4 列。

三、应关注的风险事项

企业应纳税所得额的计算，以权责发生制为原则，属于当期的收入和费用，不论款项是否收付，均作为当期的收入和费用；不属于当期的收入和费用，即使款项已经在当期收付，均不作为当期的收入和费用。同时参照销售收入、其他业务收入等确认时间等规定，检查本企业有无不合规业务的存在。

企业未按上述规定进行处理的收入应进行调整。

第四节　投资收益纳税调整明细表填报

一、A105030 投资收益纳税调整明细表

行次	项　目	持有收益			处置收益							纳税调整金额
		账载金额	税收金额	纳税调整金额	会计确认的处置收入	税收计算的处置收入	处置投资的账面价值	处置投资的计税基础	会计确认的处置所得或损失	税收计算的处置所得	纳税调整金额	
		1	2	3 (2-1)	4	5	6	7	8 (4-6)	9 (5-7)	10 (9-8)	11 (3+10)
1	一、交易性金融资产											
2	二、可供出售金融资产											
3	三、持有至到期投资											
4	四、衍生工具											
5	五、交易性金融负债											
6	六、长期股权投资											
7	七、短期投资											
8	八、长期债券投资											
9	九、其他											
10	合计(1+2+3+4+5+6+7+8+9)											

二、A105030《投资收益纳税调整明细表》填报说明

本表适用于发生投资收益纳税调整项目的纳税人填报。纳税人根据税法、

《国家税务总局关于贯彻落实企业所得税法若干税收问题的通知》(国税函[2010]79号)等相关规定,以及国家统一企业会计制度,填报投资收益的会计处理、税法规定,以及纳税调整情况。发生持有期间投资收益,并按税法规定为减免税收入的(如国债利息收入等),本表不作调整。处置投资项目按税法规定确认为损失的,本表不作调整,在《资产损失税前扣除及纳税调整明细表》(A105090)进行纳税调整。

(一)有关项目填报说明

1. 第1列"账载金额":填报纳税人持有投资项目,会计核算确认的投资收益。

2. 第2列"税收金额":填报纳税人持有投资项目,按照税法规定确认的投资收益。

3. 第3列"纳税调整金额":填报纳税人持有投资项目,会计核算确认投资收益与税法规定投资收益的差异需纳税调整金额,为第2-1列的余额。

4. 第4列"会计确认的处置收入":填报纳税人收回、转让或清算处置投资项目,会计核算确认的扣除相关税费后的处置收入金额。

5. 第5列"税收计算的处置收入":填报纳税人收回、转让或清算处置投资项目,按照税法规定计算的扣除相关税费后的处置收入金额。

6. 第6列"处置投资的账面价值":填报纳税人收回、转让或清算处置投资项目,会计核算的投资处置成本的金额。

7. 第7列"处置投资的计税基础":填报纳税人收回、转让或清算处置投资项目,按税法规定计算的投资处置成本的金额。

8. 第8列"会计确认的处置所得或损失":填报纳税人收回、转让或清算处置投资项目,会计核算确认的处置所得或损失,为第4-6列的余额。

9. 第9列"税收计算的处置所得":填报纳税人收回、转让或清算处置投资项目,按照税法规定计算的处置所得,为第5-7列的余额,税收计算为处置损失的,本表不作调整,在《资产损失税前扣除及纳税调整明细表》(A105090)进行纳税调整。

10. 第10列"纳税调整金额":填报纳税人收回、转让或清算处置投资项目,会计处理与税法规定不一致需纳税调整金额,为第9-8列的余额。

11. 第11列"纳税调整金额":填报第3+10列金额。

(二)表内、表间关系

1. 表内关系。

(1)第10行=第1+2+3+4+5+6+7+8+9行。

(2)第3列=第2-1列。

(3)第8列=第4-6列。

（4）第 9 列 = 第 5 − 7 列。

（5）第 10 列 = 第 9 − 8 列。

（6）第 11 列 = 第 3 + 10 列。

2. 表间关系。

（1）第 10 行 1 + 8 列 = 表 A105000 第 4 行第 1 列。

（2）第 10 行 2 + 9 列 = 表 A105000 第 4 行第 2 列。

（3）第 10 行第 11 列，若 ≥0，填入表 A105000 第 4 行第 3 列；若 <0，将绝对值填入表 A105000 第 4 行第 4 列。

三、应关注的风险事项

（一）核查事项

（1）核查投资收益（股息、红利等）是否按照被投资方作出利润分配决定的日期确认收入的实现。有无将分得利息与红利计入其他负债项目或直接计入利润分配等科目。

（2）从被投资企业取得的非货币性资产的投资收益，是否按有关资产的公允价值确定投资收益。

（3）对外投资的核算采用成本法或权益法，在计税基础等方面是否按公允价值计量，与税法规定不一致的，应按税法进行调整。

（二）税法的相关规定

1. 投资资产的税务处理。

（1）投资资产按以下方法确定成本：①通过支付现金方式取得的投资资产，以购买价款为成本；②通过支付现金以外的方式取得的投资资产，以该资产的公允价值和支付的相关税费为成本。

（2）投资成本按以下方法计算扣除：①企业对外投资期间，投资资产的成本在计算应纳税所得额时不得扣除；②企业在转让或者处置投资资产时，投资资产的成本准予扣除。

（3）国税总局公告 2010 年第 19 号规定：企业取得财产（包括各类资产、股权、债权等）转让收入、债务重组收入、接受捐赠收入、无法偿付的应付款收入等时，不分是以货币形式还是非货币形式体现，除另有规定外，均应一次性计入确认收入的年度计算缴纳企业所得税。

2. 股权转让所得确认和计算。

企业转让股权收入，应于转让协议生效且完成股权变更手续时，确认收入的实现。转让股权收入扣除为取得该股权所发生的成本后，为股权转让所得。企业在计算股权转让所得时，不得扣除被投资企业未分配利润等股东留存收益中按该项股权所可能分配的金额。

3. 股息、红利等权益性投资收益收入确认。

企业权益性投资取得股息、红利等收入，应以被投资企业股东会或股东大会作出利润分配和转股决定的日期，确认收入的实现。

被投资企业将股权（票）溢价所形成的资本公积转为股本的，不能作为投资方企业的股息、红利收入，投资方企业也不得增加该项长期投资的计税基础。

4. 混合性投资业务计算。

根据国家税务总局公告2013年第41号第一条规定，企业混合性投资业务，是指兼具权益和债权双重特性的投资业务。同时符合下列条件的混合性投资业务，按本公告进行企业所得税处理：

（1）被投资企业接受投资后，需要按投资合同或协议约定的利率定期支付利息（或定期支付保底利息、固定利润、固定股息，下同）；

（2）有明确的投资期限和特定的投资条件，并在出资期满或者满足特定投资条件后，被投资企业需要赎回投资或偿还本金；

（3）投资企业对被投资企业净资产不拥有所有权；

（4）投资企业不具有选举权和被选举权；

（5）投资企业不参与被投资企业日常生产经营活动。

该公告第二条规定，符合本公告第一条规定的混合性投资业务，按下列规定进行企业所得税处理：①对于被投资企业支付的利息，投资企业应于被投资企业应付利息的日期，确认收入的实现并计入当期应纳税所得额；被投资企业应于应付利息的日期，确认利息支出，应按税法和《国家税务总局关于企业所得税若干问题的公告》（2011年第34号）第一条的规定，进行税前扣除。②对于被投资企业赎回的投资，投资双方应于赎回时将赎价与投资成本之间的余额确认为债务重组损益，分别计入当期应纳税所得额。

企业转让上市公司限售股取得的收入，应作为企业应税收入计算纳税。

【事例】大华公司为增值税一般纳税人，2013年5月以银行存款2500万元、旧设备（系2008年5月购入，原值2000万元，已提折旧1000万元，含税作价1500万元）、自产产品1000万元（含税作价1500万元）投资于A企业。该投资行为如何确认应纳税所得额？

第五节 专项用途财政性资金纳税调整明细表填报

一、A105040 专项用途财政性资金纳税调整明细表

行次	项目	取得年度	财政性资金	其中：符合不征税收入条件的财政性资金		以前年度支出情况					本年支出情况		本年结余情况	
				金额	其中：计入本年损益的金额	前五年度	前四年度	前三年度	前二年度	前一年度	支出金额	其中：费用化支出金额	结余金额	其中：上缴财政金额	应计入本年应税收入金额
		1	2	3	4	5	6	7	8	9	10	11	12	13	14
1	前五年度														
2	前四年度					*									
3	前三年度					*	*								
4	前二年度					*	*	*							
5	前一年度					*	*	*	*						
6	本年					*	*	*	*	*					
7	合计（1+2+3+4+5+6）	*				*	*	*	*	*					

二、A105040《专项用途财政性资金纳税调整明细表》填报说明

本表适用于发生符合不征税收入条件的专项用途财政性资金纳税调整项目的纳税人填报。纳税人根据税法、《财政部 国家税务总局关于专项用途财政性资金企业所得税处理问题的通知》（财税〔2011〕70号）等相关规定，以及国家统一

企业会计制度，填报纳税人专项用途财政性资金会计处理、税法规定，以及纳税调整情况。本表对不征税收入用于支出形成的费用进行调整，资本化支出，通过《资产折旧、摊销情况及纳税调整明细表》（A105080）进行纳税调整。

（一）有关项目填报说明

1. 第1列"取得年度"：填报取得专项用途财政性资金的公历年度。第5行至第1行依次从6行往前倒推，第6行为申报年度。

2. 第2列"财政性资金"：填报纳税人相应年度实际取得的财政性资金金额。

3. 第3列"其中：符合不征税收入条件的财政性资金"：填报纳税人相应年度实际取得的符合不征税收入条件且已作不征税收入处理的财政性资金金额。

4. 第4列"其中：计入本年损益的金额"：填报第3列"其中：符合不征税收入条件的财政性资金"中，会计处理时计入本年（申报年度）损益的金额。本列第7行金额为《纳税调整项目明细表》（A105000）第9行"其中：专项用途财政性资金"的第4列"调减金额"。

5. 第5列至第9列"以前年度支出情况"：填报纳税人作为不征税收入处理的符合条件的财政性资金，在申报年度以前的5个纳税年度发生的支出金额。前一年度，填报本年的上一纳税年度，以此类推。

6. 第10列"支出金额"：填报纳税人历年作为不征税收入处理的符合条件的财政性资金，在本年（申报年度）用于支出的金额。

7. 第11列"其中：费用化支出金额"：填报纳税人历年作为不征税收入处理的符合条件的财政性资金，在本年（申报年度）用于支出计入本年损益的费用金额，本列第7行金额为《纳税调整项目明细表》（A105000）第25行"其中：专项用途财政性资金用于支出所形成的费用"的第3列"调增金额"。

8. 第12列"结余金额"：填报纳税人历年作为不征税收入处理的符合条件的财政性资金，减除历年累计支出（包括费用化支出和资本性支出）后尚未使用的不征税收入余额。

9. 第13列"其中：上缴财政金额"：填报第12列"结余金额"中向财政部门或其他拨付资金的政府部门缴回的金额。

10. 第14列"应计入本年应税收入金额"：填报企业以前年度取得财政性资金且已作为不征税收入处理后，在5年（60个月）内未发生支出且未缴回财政部门或其他拨付资金的政府部门，应计入本年应税收入的金额。本列第7行金额为《纳税调整项目明细表》（A105000）第9行"其中：专项用途财政性资金"的第3列"调增金额"。

（二）表内、表间关系

1. 表内关系。

（1）第 1 行第 12 列 = 第 1 行第 3 – 5 – 6 – 7 – 8 – 9 – 10 列。

（2）第 2 行第 12 列 = 第 2 行第 3 – 6 – 7 – 8 – 9 – 10 列。

（3）第 3 行第 12 列 = 第 3 行第 3 – 7 – 8 – 9 – 10 列。

（4）第 4 行第 12 列 = 第 3 行第 3 – 8 – 9 – 10 列。

（5）第 5 行第 12 列 = 第 3 行第 3 – 9 – 10 列。

（6）第 6 行第 12 列 = 第 6 行第 3 – 10 列。

（7）第 7 行 = 第 1 + 2 + 3 + 4 + 5 + 6 行。

2. 表间关系。

（1）第 7 行第 4 列 = 表 A105000 第 9 行第 4 列。

（2）第 7 行第 11 列 = 表 A105000 第 25 行第 3 列。

（3）第 7 行第 14 列 = 表 A105000 第 9 行第 3 列。

三、应关注的风险事项

（一）关注核查项目

企业是否将专项用途资金用于其他方面，通过专项拨款科目记录进行核查。

（二）税法相关规定

根据财税〔2011〕70 号文件规定，自 2011 年 1 月 1 日起，企业从县级以上各级人民政府财政部门及其他部门取得的应计入收入总额的财政性资金，凡同时符合下列条件的，可以不作为征税收入，在计算应纳税所得额时从收入总额中减除：

（1）企业能够提供规定资金专项用途的资金拨付文件。

（2）财政部门或其他拨付资金的政府部门对该资金有专门的资金管理办法或具体管理要求。

（3）企业对该资金以及以该资金发生的支出单独进行核算。

上述不征税收入用于支出所形成的费用，不得在计算应纳税所得额时扣除；用于支出所形成的资产，其计算的折旧、摊销也不得在计算应纳税所得额时扣除。

上述财政性资金作不征税收入处理后，在 5 年（60 个月）内未发生支出且未缴回财政部门或其他拨付资金的政府部门的部分，应计入取得该资金第六年的应税收入总额；计入应税收入总额的财政性资金发生的支出，允许在计算应纳税所得额时扣除。

第六节 职工薪酬纳税调整明细表填报

一、A105050 职工薪酬纳税调整明细表

行次	项 目	账载金额	税收规定扣除率	以前年度累计结转扣除额	税收金额	纳税调整金额	累计结转以后年度扣除额
		1	2	3	4	5 (1－4)	6 (1＋3－4)
1	一、工资薪金支出		*	*			*
2	其中：股权激励		*	*			*
3	二、职工福利费支出			*			*
4	三、职工教育经费支出		*				
5	其中：按税收规定比例扣除的职工教育经费						
6	按税收规定全额扣除的职工培训费用			*			*
7	四、工会经费支出			*			*
8	五、各类基本社会保障性缴款		*	*			*
9	六、住房公积金		*	*			*
10	七、补充养老保险			*			*
11	八、补充医疗保险			*			*
12	九、其他		*				
13	合计（1＋3＋4＋7＋8＋9＋10＋11＋12）		*				

二、A105050《职工薪酬纳税调整明细表》填报说明

本表适用于发生职工薪酬纳税调整项目的纳税人填报。纳税人根据税法、《国家税务总局关于企业工资薪金及职工福利费扣除问题的通知》（国税函〔2009〕3 号）、《财政部 国家税务总局关于扶持动漫产业发展有关税收政策问题的通知》（财税〔2009〕65 号）、《财政部 国家税务总局 商务部 科技部 国家发展改革委关于技术先进型服务企业有关企业所得税政策问题的通知》（财税〔2010〕65 号）、

《财政部 国家税务总局关于进一步鼓励软件产业和集成电路产业发展企业所得税政策的通知》（财税〔2012〕27号）等相关规定，以及国家统一企业会计制度，填报纳税人职工薪酬会计处理、税法规定，以及纳税调整情况。

（一）有关项目填报说明

1. 第1行"一、工资薪金支出"：第1列"账载金额"填报纳税人会计核算计入成本费用的职工工资、奖金、津贴和补贴金额；第4列"税收金额"填报按照税法规定允许税前扣除的金额；第5列"纳税调整金额"为第1-4列的余额。

2. 第2行"其中：股权激励"：第1列"账载金额"填报纳税人按照国家有关规定建立职工股权激励计划，会计核算计入成本费用的金额；第4列"税收金额"填报行权时按照税法规定允许税前扣除的金额；第5列"纳税调整金额"为第1-4列的余额。

3. 第3行"二、职工福利费支出"：第1列"账载金额"填报纳税人会计核算计入成本费用的职工福利费的金额；第2列"税收规定扣除率"填报税法规定的扣除比例（14%）；第4列"税收金额"填报按照税法规定允许税前扣除的金额，按第1行第4列"工资薪金支出-税收金额"×14%的孰小值填报；第5列"纳税调整金额"为第1-4列的余额。

4. 第4行"三、职工教育经费支出"：根据第5行或者第5+6行之和填报。

5. 第5行"其中：按税收规定比例扣除的职工教育经费"：适用于按照税法规定职工教育经费按比例税前扣除的纳税人填报。第1列"账载金额"填报纳税人会计核算计入成本费用的金额，不包括第6行可全额扣除的职工培训费用金额；第2列"税收规定扣除率"填报税法规定的扣除比例；第3列"以前年度累计结转扣除额"填报以前年度累计结转准予扣除的职工教育经费支出余额；第4列"税收金额"填报按照税法规定允许税前扣除的金额，按第1行第4列"工资薪金支出-税收金额"×扣除比例与本行第1+3列之和的孰小值填报；第5列"纳税调整金额"，为第1-4列的余额；第6列"累计结转以后年度扣除额"，为第1+3-4列的余额。

6. 第6行"按税收规定全额扣除的职工培训费用"：适用于按照税法规定职工培训费用允许全额税前扣除的纳税人填报。第1列"账载金额"填报纳税人会计核算计入成本费用，且按税法规定允许全额扣除的职工培训费用金额；第2列"税收规定扣除率"填报税法规定的扣除比例（100%）；第4列"税收金额"填报按照税法规定允许税前扣除的金额；第5列"纳税调整金额"为第1-4列的余额。

7. 第7行"四、工会经费支出"：第1列"账载金额"填报纳税人会计核算计入成本费用的工会经费支出金额；第2列"税收规定扣除率"填报税法规定的扣除比例（2%）；第4列"税收金额"填报按照税法规定允许税前扣除的补充医疗保险的金额，按第1行第4列"工资薪金支出－税收金额"×2%与本行第1列的孰小值填报；第5列"纳税调整金额"为第1－4列的余额。

8. 第8行"五、各类基本社会保障性缴款"：第1列"账载金额"填报纳税人会计核算的各类基本社会保障性缴款的金额；第4列"税收金额"填报按照税法规定允许税前扣除的各类基本社会保障性缴款的金额。第5列"纳税调整金额"为第1－4列的余额。

9. 第9行"六、住房公积金"：第1列"账载金额"填报纳税人会计核算的住房公积金金额；第4列"税收金额"填报按照税法规定允许税前扣除的住房公积金金额；第5列"纳税调整金额"为第1－4列的余额。

10. 第10行"七、补充养老保险"：第1列"账载金额"填报纳税人会计核算的补充养老保险金额；第4列"税收金额"填报按照税法规定允许税前扣除的补充养老保险的金额，按第1行第4列"工资薪金支出－税收金额"×5%与本行第1列的孰小值填报；第5列"纳税调整金额"为第1－4列的余额。

11. 第11行"八、补充医疗保险"：第1列"账载金额"填报纳税人会计核算的补充医疗保险金额；第4列"税收金额"填报按照税法规定允许税前扣除的补充医疗保险的金额，按第1行第4列"工资薪金支出－税收金额"×5%与本行第1列的孰小值填报；第5列"纳税调整金额"为第1－4列的余额。

12. 第12行"九、其他"：填报其他职工薪酬支出会计处理、税法规定情况及纳税调整金额。

13. 第13行"合计"：填报第1＋3＋4＋7＋8＋9＋10＋11＋12行的金额。

（二）表内、表间关系

1. 表内关系。

（1）第4行＝第5行或第5＋6行。

（2）第13行＝第1＋3＋4＋7＋8＋9＋10＋11＋12行。

（3）第5列＝第1－4列。

（4）第6列＝第1＋3－4列。

2. 表间关系。

（1）第13行第1列＝表A105000第14行第1列。

（2）第13行第4列＝表A105000第14行第2列。

（3）第13行第5列，若≥0，填入表A105000第14行第3列；若＜0，将其绝对值填入表A105000第14行第4列。

三、应关注的风险事项

（一）核查事项

（1）工资薪金核算及分配列支渠道是否符合制度规定。

（2）职工福利费、职工教育费、工会经费的列支手续是否符合要求。

（3）为职工缴纳的五险一金是否按规定缴纳，缴纳的比例是否符合规定。

（二）工资薪金支出扣除的税法规定

《企业所得税实施条例》（以下简称《实施条例》）第34条明确规定，企业发生的合理的工资薪金支出，准予扣除。

所称工资薪金支出是指企业每一纳税年度支付给在本企业任职或者受雇的员工的所有现金形式或者非现金形式的劳动报酬，包括基本工资、奖金、津贴、补贴、年终加薪、加班工资，以及与员工任职或者受雇有关的其他支出。

所称"合理的工资薪金"是指企业按照股东大会、董事会、薪酬委员会或者相关管理机构制订的工资薪金制度规定实际发放给员工的工资薪金。税务机关在对工资薪金进行合理性确认时，可以按以下原则掌握：

（1）企业制订了较为规范的员工工资薪金制度。

（2）企业所制订的工资薪金制度符合行业及地区水平。

（3）企业在一定时期所发放的工资薪金是相对固定的，工资薪金的调整是有序进行的。

（4）企业对实际发放的工资薪金，已依法履行了代扣代缴个人所得税义务。

（5）有关工资薪金的安排，不以减少或逃避税款为目的。

（三）职工福利费支出、工会经费支出、职工教育经费支出扣除的规定

1. 职工福利费支出。

企业发生的职工福利费支出，不超过工资薪金总额14%的部分，准予扣除。依照税务机关的规定，企业职工福利费包括以下内容：

（1）尚未实行分离办社会职能的企业，其内设福利部门所发生的设备、设施和人员费用，包括职工食堂、职工浴室、理发室、医务室、托儿所、疗养院等集体福利部门的设备、设施及维修保养费用和福利部门工作人员的工资薪金、社会保险费、住房公积金、劳务费等。

（2）为职工卫生保健、生活、住房、交通等所发放的各项补贴和非货币性福利，包括企业向职工发放的因公外地就医费用、未实行医疗统筹企业职工医疗费用、职工供养直系亲属医疗补贴、供暖费补贴、职工防暑降温费、职工困难补贴、救济费、职工食堂经费补贴、职工交通补贴等。

（3）按照其他规定发生的其他职工福利费，包括丧葬补助费、抚恤费、安

家费、探亲假路费等。

企业发生的职工福利费，应该单独设置账册，进行准确核算。没有单独设置账册准确核算的，税务机关应责令企业在规定的期限内进行改正。逾期仍未改正的，税务机关可对其发生的职工福利费进行合理的核定。

"工资薪金总额"是指企业按照规定实际发放的工资薪金总额，不包括企业的职工福利费、职工教育经费、工会经费以及养老保险费、医疗保险费、失业保险费、工伤保险费、生育保险费等社会保险费和住房公积金。属于国有性质的企业，其工资薪金，不得超过政府有关部门给予的限定数额；超过部分，不得计入企业工资薪金总额，也不得在计算应纳税所得额时扣除。

2. 工会经费支出。

企业拨缴的工会经费，不超过工资薪金总额2%的部分，准予扣除。

3. 职工教育经费支出。

除国务院财政、税务主管部门另有规定外，企业发生的职工教育经费支出，不超过工资薪金总额2.5%的部分，准予扣除；超过部分，准予在以后纳税年度结转扣除。

职工教育经费支出是指企业为提高其职工工作技能，为企业带来更多的经济利益流入，而通过各种形式提升职工素质，提高职工工作能力等方面的教育所发生的交易费，具体的范围由国务院财政、税务主管部门具体认定。

软件生产企业发生的职工教育经费中的职工培训费用，根据规定可以全额在企业所得税前扣除。软件生产企业应准确划分职工教育经费中的职工培训费支出，对于不能准确划分的，以及准确划分后职工教育经常费中扣除职工培训费用后的余额，不超过工资薪酬总额的2.5%的部分，准予扣除；超过部分准予在以后年度结转扣除。

（四）保险费用支出的扣除规定

（1）《实施条例》第35条规定：企业依照国务院有关主管部门和省级人民政府规定的范围和标准为职工缴纳的基本养老保险费、基本医疗保险费、失业保险费、工伤保险费、生育保险费等基本社会保险费和住房公积金，准予扣除。

企业为投资者或者职工支付的补充养老金保险费、补充医疗保险费，在国务院财政、税务主管部门规定的范围和标准以内，准予扣除。

注：根据财税［2009］27号文件规定，企业根据国家有关政策规定，为在本企业任职或者受雇的全体员工支付的补充养老保险费、补充医疗保险费，分别在不超过职工工资总额5%标准以内的部分，在计算应纳税所得额准予扣除；超过的部分，不予扣除。

（2）除企业依照国家有关规定为特殊工种职工支付的人身安全保险费和国

务院财政、税务主管部门规定可以扣除的其他商业保险费外，企业为投资者或者职工支付的商业保险费，不得扣除。

(3)《实施条例》第46条规定：企业参加财产保险，按照规定缴纳的保险费，准予扣除。

【事例】华诚公司直接按会计账上的应付职工薪酬金额提取了五险一金，这样计提对吗？

该公司由于没有食堂，2014年每月发给内部职工每人200元的中餐补助，将其作为职工福利费列支，是否可以在所得税前扣除？

该公司自2014年起，每人每月可凭票报销200元通信费，有的票据是个人抬头，在办公费列支，该项支出是否可以在所得税前扣除？

第七节 广告费和业务宣传费跨年度纳税调整明细表填报

一、A105060 广告费和业务宣传费跨年度纳税调整明细表

行次	项 目	金额
1	一、本年广告费和业务宣传费支出	
2	减：不允许扣除的广告费和业务宣传费支出	
3	二、本年符合条件的广告费和业务宣传费支出（1-2）	
4	三、本年计算广告费和业务宣传费扣除限额的销售（营业）收入	
5	税收规定扣除率	
6	四、本企业计算的广告费和业务宣传费扣除限额（4×5）	
7	五、本年结转以后年度扣除额（3>6，本行=3-6；3≤6，本行=0）	
8	加：以前年度累计结转扣除额	
9	减：本年扣除的以前年度结转额（3>6，本行=0；3≤6，本行=8或（6-3）孰小值）	
10	六、按照分摊协议归集至其他关联方的广告费和业务宣传费（10≤3或6孰小值）	
11	按照分摊协议从其他关联方归集至本企业的广告费和业务宣传费	
12	七、本年广告费和业务宣传费支出纳税调整金额（3>6，本行=2+3-6+10-11；3≤6，本行=2-9+10-11）	
13	八、累计结转以后年度扣除额（7+8-9）	

二、A105060《广告费和业务宣传费跨年度纳税
调整明细表》填报说明

本表适用于发生广告费和业务宣传费纳税调整项目的纳税人填报。纳税人根据税法、《财政部 国家税务总局关于广告费和业务宣传费支出税前扣除政策的通知》（财税〔2012〕48号）等相关规定，以及国家统一企业会计制度，填报广告费和业务宣传费会计处理、税法规定，以及跨年度纳税调整情况。

（一）有关项目填报说明

1. 第1行"一、本年广告费和业务宣传费支出"：填报纳税人会计核算计入本年损益的广告费和业务宣传费用金额。

2. 第2行"减：不允许扣除的广告费和业务宣传费支出"：填报税法规定不允许扣除的广告费和业务宣传费支出金额。

3. 第3行"二、本年符合条件的广告费和业务宣传费支出"：填报第1－2行的余额。

4. 第4行"三、本年计算广告费和业务宣传费扣除限额的销售（营业）收入"：填报按照税法规定计算广告费和业务宣传费扣除限额的当年销售（营业）收入。

5. 第5行"税收规定扣除率"：填报税法规定的扣除比例。

6. 第6行"四、本企业计算的广告费和业务宣传费扣除限额"：填报第4×5行的金额。

7. 第7行"五、本年结转以后年度扣除额"：若第3行＞第6行，填报第3－6行的余额；若第3行≤第6行，填0。

8. 第8行"加：以前年度累计结转扣除额"：填报以前年度允许税前扣除但超过扣除限额未扣除、结转扣除的广告费和业务宣传费的金额。

9. 第9行"减：本年扣除的以前年度结转额"：若第3行＞第6行，填0；若第3行≤第6行，填报第6－3行或第8行的孰小值。

10. 第10行"六、按照分摊协议归集至其他关联方的广告费和业务宣传费"：填报签订广告费和业务宣传费分摊协议（以下简称分摊协议）的关联企业的一方，按照分摊协议，将其发生的不超过当年销售（营业）收入税前扣除限额比例内的广告费和业务宣传费支出归集至其他关联方扣除的广告费和业务宣传费，本行应≤第3行或第6行的孰小值。

11. 第11行"按照分摊协议从其他关联方归集至本企业的广告费和业务宣传费"：填报签订广告费和业务宣传费分摊协议（以下简称分摊协议）的关联企业的一方，按照分摊协议，从其他关联方归集至本企业的广告费和业务宣传费。

12. 第12行"七、本年广告费和业务宣传费支出纳税调整金额"：若第3行＞第6行，填报第2＋3－6＋10－11行的金额；若第3行≤第6行，填报第2＋10－11－9行的金额。

13. 第13行"八、累计结转以后年度扣除额"：填报第7＋8－9行的金额。

（二）表内、表间关系

1. 表内关系。

（1）第3行＝第1－2行。

（2）第6行＝第4×5行。

（3）若第3＞6行，第7行＝第3－6行；若第3≤6行，第7行＝0。

（4）若第3＞6行，第9行＝0；若第3≤6行，第9行＝第8行或第6－3行的孰小值。

（5）若第3＞6行，第12行＝2＋3－6＋10－11行；若第3≤6行，第12行＝第2－9＋10－11行。

（6）第13行＝第7＋8－9行。

2. 表间关系。

第12行，若≥0，填入表A105000第16行第3列，若＜0，将第12行的绝对值填入表A105000第16行第4列。

三、应关注的风险事项

（一）查核事项

1. 查核发生的广告费和业务宣传费中是否混有赞助费，混入的赞助费支出不得税前扣除。广告费和业务宣传费形式多样，除直接支付广告费、宣传费外，以特约商户优惠价销售补贴、赠送礼品等多种方式出现的，是否计入管理费用中的其他明细科目而少计入广告费和业务宣传费。

2. 查核发生的广告费和业务宣传费（即广告是通过工商部门批准的专门机构制作的，已实际支付费用，并已取得相应发票，通过一定的媒体传播），是否有不符合规定条件的。

3. 核查广告合同载明的金额与期限，掌握企业广告费用的计量情况，检查企业有无将预付的以后年度广告费和业务宣传费支出提前列入费用支出、有无赞助费支出。

（二）政策规定

1.《实施条例》第44条规定：企业发生的符合条件的广告费和业务宣传费支出，除国务院财政、税务主管部门另有规定外，不超过当年销售（营业）收入15%的部分，准予扣除；超过部分，准予在以后纳税年度结转扣除。

2. 财税〔2009〕72号规定：对化妆品制造、医药制造和饮料制造（不含酒类制造，下同）企业发生的广告费和业务宣传费支出，不超过当年销售（营业）收入30%的部分，准予扣除；超过部分，准予在以后纳税年度结转扣除。

3. 对采取特许经营模式的饮料制造企业，饮料品牌使用方发生的不超过当年销售（营业）收入30%的广告费和业务宣传费支出可以在本企业扣除，也可以将其中的部分或全部归集至饮料品牌持有方或管理方，由饮料品牌持有方或管理方作为销售费用据实在企业所得税前扣除。饮料品牌持有方或管理方在计算本企业广告费和业务宣传费支出企业所得税前扣除限额时，可将饮料品牌使用方归集至本企业的广告费和业务宣传费剔除。饮料品牌持有方或管理方应当将上述广告费和业务宣传费单独核算，并将品牌使用方当年销售（营业）收入数据资料以及广告费和业务宣传费支出的证明材料专案保存以备检查。

前款所称饮料企业特许经营模式指由饮料品牌持有方或管理方授权品牌使用方在指定地区生产及销售其产成品，并将可以由双方共同为该品牌产品承担的广告费及业务宣传费用统一归集至品牌持有方或管理方承担的营业模式。

4. 烟草企业的烟草广告费和业务宣传费支出，一律不得在计算应纳税所得额时扣除。

【事例】雅利化妆品公司年销售收入5000万元。本年度在当地电视台举办的户外活动投放广告支出100万元。同时为扩大宣传效果，又大量赠送试用袋装的化妆品10万元给主办方工作人员，此次活动的广告宣传费用应如何计算？

该公司为开拓市场，赞助600万元取得其地方电视节目的冠名权，该公司列入广告宣传费，该项支出可以税前扣除吗？

第八节 捐赠支出纳税调整明细表填报

一、A105070 捐赠支出纳税调整明细表

行次	受赠单位名称	公益性捐赠				非公益性捐赠	纳税调整金额
		账载金额	按税收规定计算的扣除限额	税收金额	纳税调整金额	账载金额	
	1	2	3	4	5 (2−4)	6	7 (5+6)
1			*	*	*		*
2			*	*	*		*
3			*	*	*		*
4			*	*	*		*
5			*	*	*		*
6			*	*	*		*
7			*	*	*		*
8			*	*	*		*
9			*	*	*		*
10			*	*	*		*
11			*	*	*		*
12			*	*	*		*
13			*	*	*		*
14			*	*	*		*
15			*	*	*		*
16			*	*	*		*
17			*	*	*		*
18			*	*	*		*
19			*	*	*		*
20	合计						

二、A105070《捐赠支出纳税调整明细表》填报说明

本表适用于发生捐赠支出纳税调整项目的纳税人填报。纳税人根据税法、《财政部、国家税务总局关于公益性捐赠税前扣除有关问题的通知》（财税〔2008〕160号）等相关规定，以及国家统一企业会计制度，填报捐赠支出会计处理、税法

规定，以及纳税调整情况。税法规定予以全额税前扣除的公益性捐赠不在本表填报。

（一）有关项目填报说明

1. 第1列"受赠单位名称"：填报捐赠支出的具体受赠单位，按受赠单位进行明细填报。

2. 第2列"公益性捐赠－账载金额"：填报纳税人会计核算计入本年损益的公益性捐赠支出金额。

3. 第3列"公益性捐赠－按税收规定计算的扣除限额"：填报年度利润总额×12%。

4. 第4列"公益性捐赠－税收金额"：填报税法规定允许税前扣除的公益性捐赠支出金额，不得超过当年利润总额的12%，按第2列与第3列孰小值填报。

5. 第5列"公益性捐赠－纳税调整金额"：填报第2－4列的金额。

6. 第6列"非公益性捐赠－账载金额"：填报会计核算计入本年损益的税法规定公益性捐赠以外其他捐赠金额。

7. 第7列"纳税调整金额"：填报第5＋6列的金额。

（二）表内、表间关系

1. 表内关系。

（1）第20行第5列＝第20行第2－4列。

（2）第20行第7列＝第20行第5＋6列。

2. 表间关系。

（1）第20行第2＋6列＝表A105000第17行第1列。

（2）第20行第4列＝表A105000第17行第2列。

（3）第20行第7列＝表A105000第17行第3列。

三、应关注的风险事项

（一）核查事项

检查"管理费用"、"营业外支出"等明细账簿中的捐赠支出是否符合税法规定扣除的规定及标准，被捐赠的单位是否符合规定条件，手续是否完善。

除税法规定的公益性捐赠支出外，其他捐赠支出不得税前扣除。

（二）政策规定

《企业所得税法》第9条规定，企业发生的公益性捐赠支出，在年度利润总额12%以内部分，准予在计算应纳所得时扣除。

利润总额是指企业依照国家统一会计制度的规定计算的年度会计利润。

公益性捐赠是指企业通过公益性社会团体或者县级以上人民政府及其部门，用于《中华人民共和国公益事业捐赠法》规定的公益事业的捐赠。

公益性社会团体，是指同时符合下列条件的基金会、慈善组织等社会团体：

1. 依法登记，具有法人资格。

2. 以发展公益事业为宗旨，且不以营利为目的。

3. 全部资产及其增值为该法人所有。

4. 收益和营运结余主要用于符合该法人设立目的的事业。

5. 终止后的剩余财产不归属任何个人或者营利组织。

6. 不经营与其设立目的无关的业务。

7. 有健全的财务会计制度。

8. 捐赠者不以任何形式参与社会团体财产的分配。

9. 国务院财政、税务主管部门会同国务院民政部门等登记管理部门规定的其他条件。

【事例】大东生物制药企业，为提高社会声誉和吸引人才，在京医药大学内援建了一栋实验楼，共耗资金760万元，该企业当年实现利润920万元。考虑到捐赠支出未超过当年利润的12%，已在税前扣除，请问这样处理是否合规？

第九节 资产折旧、摊销情况及纳税调整明细表填报

一、A105080 资产折旧、摊销情况及纳税调整明细表

行次	项 目	账载金额			税收金额					纳税调整	
		资产账载金额	本年折旧、摊销额	累计折旧、摊销额	资产计税基础	按税收一般规定计算的本年折旧、摊销额	本年加速折旧额	其中：2014年及以后年度新增固定资产加速折旧额（填写A105081）	累计折旧、摊销额	金额	调整原因
		1	2	3	4	5	6	7	8	9 (2 - 5 - 6)	10
1	一、固定资产 (2+3+4+5+6+7)										
2	（一）房屋、建筑物										
3	（二）飞机、火车、轮船、机器、机械和其他生产设备										
4	（三）与生产经营活动有关的器具、工具、家具等										

续表

行次	项目	账载金额			税收金额					纳税调整	
		资产账载金额	本年折旧、摊销额	累计折旧、摊销额	资产计税基础	按税收一般规定计算的本年折旧、摊销额	本年加速折旧额	其中：2014年及以后年度新增固定资产加速折旧额（填写A105081）	累计折旧、摊销额	金额	调整原因
		1	2	3	4	5	6	7	8	9（2-5-6）	10
5	（四）飞机、火车、轮船以外的运输工具										
6	（五）电子设备										
7	（六）其他										
8	二、生产性生物资产（9+10）							*			
9	（一）林木类							*			
10	（二）畜类							*			
11	三、无形资产（12+13+14+15+16+17+18）						*	*			
12	（一）专利权						*	*			
13	（二）商标权						*	*			
14	（三）著作权						*	*			
15	（四）土地使用权						*	*			
16	（五）非专利技术						*	*			
17	（六）特许权使用费						*	*			
18	（七）其他						*	*			
19	四、长期待摊费用（20+21+22+23+24）						*	*			
20	（一）已足额提取折旧的固定资产的改建支出						*	*			
21	（二）租入固定资产的改建支出						*	*			
22	（三）固定资产的大修理支出						*	*			
23	（四）开办费						*	*			
24	（五）其他						*	*			
25	五、油气勘探投资						*	*			
26	六、油气开发投资						*	*			
27	合计（1+8+11+19+25+26）										

二、A105080《资产折旧、摊销情况及纳税调整明细表》填报说明

本表适用于发生资产折旧、摊销及存在资产折旧、摊销纳税调整的纳税人填报。纳税人根据税法、《国家税务总局关于企业固定资产加速折旧所得税处理有关问题的通知》（国税发〔2009〕81号）、《国家税务总局关于融资性售后回租业务中承租方出售资产行为有关税收问题的公告》（国家税务总局公告2010年第13号）、《国家税务总局关于企业所得税若干问题的公告》（国家税务总局公告2011年第34号）、《国家税务总局关于发布〈企业所得税政策性搬迁所得税管理办法〉的公告》（国家税务总局公告2012年第40号）、《国家税务总局关于企业所得税应纳税所得额若干问题的公告》（国家税务总局公告2014年第29号）等相关规定，以及国家统一企业会计制度，填报资产折旧、摊销的会计处理、税法规定，以及纳税调整情况。

（一）有关项目填报说明

1. 第1列"资产账载金额"：填报纳税人会计处理计提折旧、摊销的资产原值（或历史成本）的金额。

2. 第2列"本年折旧、摊销额"：填报纳税人会计核算的本年资产折旧、摊销额。

3. 第3列"累计折旧、摊销额"：填报纳税人会计核算的历年累计资产折旧、摊销额。

4. 第4列"资产计税基础"：填报纳税人按照税法规定据以计算折旧、摊销的资产原值（或历史成本）的金额。

5. 第5列"按税收一般规定计算的本年折旧、摊销额"：填报纳税人按照税法一般规定计算的允许税前扣除的本年资产折旧、摊销额，不含加速折旧部分。

对于不征税收入形成的资产，其折旧、摊销额不得税前扣除。第5列至第8列税收金额应剔除不征税收入所形成资产的折旧、摊销额。

6. 第6列"本年加速折旧额"：填报纳税人按照税法规定的加速折旧政策计算的折旧额。

7. 第7列"其中：2014年及以后年度新增固定资产加速折旧额"：根据《固定资产加速折旧、扣除明细表》（A105081）填报，为表A105081相应固定资产类别的金额。

8. 第8列"累计折旧、摊销额"：填报纳税人按照税法规定计算的历年累计资产折旧、摊销额。

9. 第9列"金额"：填报第2－5－6列的余额。

10. 第10列"调整原因"：根据差异原因进行填报，A. 折旧年限，B. 折旧

方法，C. 计提原值，对多种原因造成差异的，按实际原因可多项填报。

（二）表内、表间关系

1. 表内关系。

（1）第 1 行 = 第 2 + 3 + … + 7 行。

（2）第 8 行 = 第 9 + 10 行。

（3）第 11 行 = 第 12 + 13 + … + 18 行。

（4）第 19 行 = 第 20 + 21 + … + 24 行。

（5）第 27 行 = 第 1 + 8 + 11 + 19 + 25 + 26 行。

（6）第 9 列 = 第 2 − 5 − 6 列。

2. 表间关系。

（1）第 27 行第 2 列 = 表 A105000 第 31 行第 1 列。

（2）第 27 行第 5 + 6 列 = 表 A105000 第 31 行第 2 列。

（3）第 27 行第 9 列，若 ≥ 0，填入表 A105000 第 31 行第 3 列；若 < 0，将绝对值填入表 A105000 第 31 行第 4 列。

（4）第 1 行第 7 列 = 表 A105081 第 1 行第 18 列。

（5）第 2 行第 7 列 = 表 A105081 第 1 行第 2 列。

（6）第 3 行第 7 列 = 表 A105081 第 1 行第 5 列。

（7）第 4 行第 7 列 = 表 A105081 第 1 行第 8 列。

（8）第 5 行第 7 列 = 表 A105081 第 1 行第 11 列。

（9）第 6 行第 7 列 = 表 A105081 第 1 行第 14 列。

三、应关注的风险事项

（一）核查事项

1. 税法规定与会计制度规定可计提折旧资产的范围存在差异。税法规定"房屋、建筑物以外未使用的固定资产"和与"经营活动无关的固定资产"不得计提折旧。

2. 要关注固定资产范围、计税基础、折旧计算等与税法规定的差异。

3. 要关注无形资产计价基础及摊销方法等与税法规定的差异。

4. 要关注长期待摊费用的会计核算与税法规定的差异。

购买固定资产的价款超过正常信用条件延期支付，税法按购买价和相关税费作为计价基础；会计则以购买价的现值为基础确定固定资产的成本，实际支付的价款与购买价款的现值之间的差额，除应予资本化的以外，在信用期间内计入当期损益。故两者有差异。

（二）税法相关规定

固定资产是指企业为生产产品、提供劳务、出租或者经营管理而持有的、使用时间超过 12 个月的非货币性资产，包括房屋、建筑物、机器、机械、运输工具以及其他与生产经营活动有关的设备、器具、工具等。

1. 固定资产计税基础。

《实施条例》第 58 条规定：

（1）外购的固定资产，以购买价款和支付的相关税费以及直接归属于使该资产达到预定用途发生的其他支出为计税基础。

（2）自行建造的固定资产，竣工结算前发生的支出为计税基础。

（3）融资租入的固定资产，以租赁合同约定的付款总额和承租人在签订租赁合同过程中发生的相关费用为计税基础，租赁合同未约定付款总额的，以该资产的公允价值和承租人在签订租赁合同过程中发生的相关费用为计税基础。

（4）盘盈的固定资产，以同类固定资产的重置完全价值为计税基础。

（5）通过捐赠、投资、非货币性资产交换、债务重组等方式取得的固定资产，以该资产的公允价值和支付的相关税费为计税基础。

会计规定：通过非货币性资产交换取得的固定资产以换出资产的账面价值和应支付的相关税费作为换入资产的成本。

（6）改建的固定资产，除《企业所得税法》第十三条第（一）和（二）规定外，以改建过程中发生的改建支出增加计税基础。

特别规定：按国税函〔2010〕79 号文件规定，企业固定资产投入使用后，由于工程款项尚未结清未取得全额发票的，可暂按合同规定的金额计入固定资产计税基础计提折旧，待发票取得后进行调整。但该项调整应在固定资产投入使用后 12 个月内进行。

2. 固定资产折旧范围。

《企业所得税法》第十一条规定：下列固定资产不得计算折旧扣除：

（1）房屋、建筑物以外未投入使用的固定资产。

（2）以经营租赁方式租入的固定资产。

（3）以融资租赁方式租出的固定资产。

（4）以足额提取折旧仍继续使用的固定资产。

（5）与经营活动无关的固定资产。

（6）单独估价作为固定资产入账的土地。

（7）其他不得计算折旧扣除的固定资产。

3. 固定资产折旧的计提方法与年限。

（1）固定资产按照直线法计算的折旧，准予扣除。企业的固定资产由于技术进步及产品更新换代，以及常年处于强震动、高腐蚀状态，确需加速折旧的，可以缩短折旧年限或者采取加速折旧的方法。

采取缩短折旧年限方法的，最低折旧年限不得低于本条例第六十条规定折旧年限的60%；采取加速折旧方法的，可采取双倍余额递减法或年数总和法。

折旧时间从投入使用的次月起计算折旧，停止使用的次月起停止计算折旧。

（2）固定资产折旧的最低年限：房屋及建筑物为20年；飞机、火车、轮船为5年；机器、机械和其他生产设备为10年；与生产经营活动有关的器具、工具、家具等为5年；飞机、火车、轮船以外的运输工具为4年；电子设备为3年。

4. 减值准备处理。

根据会计准则规定的，企业持有固定资产期间，可以计提减值准备及公允价值变动损益，并计入当年损益。税法规定已计入当年损益的减值准备及公允价值变动损益，不得税前扣除，应按税法规定进行纳税调整。

5. 生物资产的税务处理。

（1）生产性生物资产的计税基础。①外购的固定资产，以购买价款和支付的相关税费为计税基础；②通过捐赠、投资、非货币性资产交换、债务重组等方式取得的生产性生物资产，以该资产的公允价值和支付的相关税费为计税基础。

（2）生产性生物资产折旧计提的方法及年限。①采用直线法计提折旧，准予扣除。②折旧年限：林木类生产性生物资产为10年；畜类生产性生物资产为3年。

6. 无形资产的税务处理。

（1）无形资产计税基础。①外购的无形资产，以购买价款和支付的相关税费以及直接归属于使该资产达到预定用途前发生的其他支出为计税基础；②自行开发的无形资产，以开发过程中该资产符合资本化条件后至达到预定用途前发生的支出为计税基础；③通过捐赠、投资、非货币性资产交换、债务重组等方式取得的无形资产，以该资产的公允价值和支付的相关税费为计税基础。

（2）无形资产摊销范围。按规定计算的无形资产摊销费用，准予扣除。但下列资产不得摊销扣除：

1）自行开发的支出已在计算应纳税所得额时扣除的无形资产。

2）自创商誉。

3）与经营活动无关的无形资产。

4）其他不得计算摊销费用扣除的无形资产。

（3）无形资产摊销方法及年限。①无形资产按照直线法计算摊销费用，准予扣除。②无形资产的摊销年限不得低于10年；作为投资或者受让的无形资产，有关法律规定或者合同约定了使用年限的，按规定使用年限分期摊销；外购商誉的支出，在企业整体转让或者清算时，准予扣除。

（4）按会计制度规定，无形资产可以计提减值准备及公允价值变动损益并计入当年损益，而税法规定不得税前扣除，应作纳税调整。

7. 长期待摊费用的税务处理。

（1）下列长期待摊费用，按照规定摊销的，准予扣除。

1）已足额提取折旧的固定资产改建支出，按照预计尚可使用年限分期摊销。

2）租入固定资产的改建支出，按照合同约定的剩余租赁期限分期摊销。

3）企业拥有可利用资产，通过改建支出将增加固定资产的价值或延长固定资产的使用年限，其性质属于资本化投入，应计入固定资产原值，按规定提取折旧后进行扣除，而不是作为长期待摊费用摊销。

（2）固定资产大修理支出的税务处理。

1）固定资产的大修理是指同时符合下列两条的支出。一是修理支出达到取得固定资产时计税基础50%以上；二是修理后固定资产的使用年限延长两年以上。

2）大修理支出按照固定资产尚可使用年限分期摊销。

3）其他应当作为长期待摊费用的支出。从发生次月起分期摊销。摊销期不得低于3年。

【事例】大华公司2012年1月1日购入专用技术990万元，另发生相关税费10万元。使用年限为8年，税法规定为10年。因资产减值2013年12月31日计提减值准备150万元。请问，从纳税调整角度讲，2014年度是否做纳税调整？如调整应调增多少？

8. 固定资产加速折旧有关规定。

（1）根据《实施条件》第98条规定，企业拥有并用于生产经营的主要或关键性的固定资产，由于以下原因确需加速折旧的，可以缩短折旧年限或者采取加速折旧的方法：①由于技术进步，产品更新换代较快的；②常年处于强震动、高腐蚀状态的。

（2）企业拥有并使用的固定资产符合第1条规定的，可按以下情况分别处理：

1）企业过去没有使用过与该项固定资产功能相同或类似的固定资产，但有充分的证据证明该固定资产的预计使用年限短于《实施条例》规定的计算折旧最低年限的，企业可根据该固定资产的预计使用年限和本通知的规定，对该固定资产采取缩短折旧年限或者加速折旧的方法。

2）企业在原有的固定资产未达到《实施条件》规定的最低折旧年限前，使用功能相同或类似的新固定资产替代旧固定资产的，企业可根据旧固定资产的实际使用年限和本通知的规定，对新替代的固定资产采取缩短折旧年限或者加速折旧的方法。

（3）企业采取缩短折旧年限方法的，对其购置的新固定资产，最低折旧年限不得低于《实施条例》第 60 条规定的折旧年限的 60% ；若为购置已使用过的固定资产，其最低折旧年限不得低于《实施条例》规定的最低折旧年限减去已使用年限后剩余年限的 60% 。最低折旧年限一经确定，一般不得变更。

（4）企业拥有并使用符合上述第 1 条规定条件的固定资产采取加速折旧方法的，可以采用双倍余额递减法或者年数总和法。加速折旧方法一经确定，一般不得变更。

1）双倍余额递减法，是指在不考虑固定资产预计净残值的情况下，根据每期期初固定资产原值减去累计折旧后的金额和双倍的直线法折旧率计算固定资产折旧的一种方法。应用这种方法计算折旧额时，由于每年年初固定资产净值没有减去预计净残值，所以在计算固定资产折旧额时，应在其折旧年限到期前的两年期间，将固定资产净值减去预计净残值后的余额平均摊销。计算公式如下：

年折旧率 = 2 ÷ 预计使用寿命（年）× 100%

月折旧率 = 年折旧率 ÷ 12

月折旧额 = 月初固定资产账面净值 × 月折旧率

2）年数总和法又称年限合计法，是指将固定资产的原值减去预计净残值后的余额，乘以一个以固定资产尚可使用寿命为分子、以预计使用寿命逐年数字之和为分母的逐年递减的分数计算每年的折旧额。计算公式如下：

年折旧率 = 尚可使用年限 ÷ 预计使用寿命的年数总和 × 100%

月折旧率 = 年折旧率 ÷ 12

月折旧额 = （固定资产原值 – 预计净残值）× 月折旧率

（5）企业确需对固定资产采取缩短折旧年限或者加速折旧方法的，应在取得该固定资产后 1 个月内，向其企业所得税主管税务机关（以下简称主管税务机关）备案，并报送以下资料：

1）固定资产的功能、预计使用年限短于《实施条例》规定计算折旧的最低年限的理由、证明资料及有关情况的说明；

2）被替代的旧固定资产的功能、使用及处置等情况的说明；

3）固定资产加速折旧拟采用的方法和折旧额的说明；

4）主管税务机关要求报送的其他资料。

企业主管税务机关应在企业所得税年度纳税评估时，对企业采取加速折旧的固定资产的使用环境及状况进行实地核查。对不符合加速折旧规定条件的，主管税务机关有权要求企业停止该项固定资产加速折旧。

（6）对于采取缩短折旧年限的固定资产，足额计提折旧后继续使用而未进行处置（包括报废等情形）超过 12 个月的，今后对其更新替代、改造改建后形成的功能相同或者类似的固定资产，不得再采取缩短折旧年限的方法。

（7）对于企业采取缩短折旧年限或者采取加速折旧方法的，主管税务机关应设立相应的税收管理台账，并加强监督，实施跟踪管理。对发生不符合《实施条例》第98条等规定的，主管税务机关要及时责令企业进行纳税调整。

（8）适用总、分机构汇总纳税的企业，对其所属分支机构使用的符合《实施条件》第98条及本通知规定情形的固定资产采取缩短折旧年限或者采取加速折旧方法的，由其总机构向其所在地主管税务机关备案。分支机构所在地主管税务机关应负责配合总机构所在地主管税务机关实施跟踪管理。

北京市关于企业固定资产加速折旧所得税处理问题特别强调了如下几点（京国税发〔2009〕101号）：

（1）企业采取缩短折旧年限或者加速折旧方法（以下简称"采取加速折旧"）的固定资产，必须是其拥有并用于生产经营的主要或关键的固定资产。采取加速折旧的固定资产应服务于企业主营业务且属于关键性或主要的设备，凡是企业用于生产经营的辅助性的固定资产，不得采取加速折旧。

（2）企业采取加速折旧的固定资产是指企业2008年1月1日后通过购买、非货币性资产交换、接受捐赠、融资租赁、实物投资、债务重组等形式取得的资产。

（3）企业确需对固定资产采取加速折旧的，应在取得该固定资产后1个月内，向其企业所得税主管税务机关备案。除应按照国税发〔2009〕81号第5条规定报送相关资料外，企业所得税归属国家税务局管理的，还应按照《北京市国家税务局关于进一步加强企业所得税减免税管理工作的通知》（京国税发〔2009〕47号）第2条的规定执行；企业所得税归属地方税务局管理的，还应按照《北京市地方税务局关于印发企业所得税减免税管理规定（试行）》的通知（京地税企〔2009〕50号）的有关规定执行。

（4）凡是对固定资产采取加速折旧的企业，在年度企业所得税纳税申报时，应同时附送企业备案时主管税务机关出具的已备案的相关资料的复印件。

（5）主管税务机关应在企业所得税年度纳税评估时，对企业采取加速折旧的固定资产的使用环境及状况进行实地核查，并填写《固定资产加速折旧实地核查情况表》。实地核查后，对不符合加速折旧规定条件的，应要求企业停止该项固定资产加速折旧，并通知企业在20个工作日内，对其相关年度的企业所得税纳税申报情况进行纳税调整，并按照《征管法》有关规定处理。

（6）主管税务机关应在企业年度汇算清缴结束后及时填写《企业固定资产加速折旧税收管理台账》，并加强监督实施跟踪管理。

【事例】大华公司2012年1月1日购入专用技术990万元，另发生相关税费10万元。使用年限为8年，税法规定为10年。因资产减值2013年12月31日计提减值准备150万元。请问，从纳税调整角度讲，2014年度是否做纳税调整？

第十节　固定资产加速折旧、扣除明细表填报

一、A105081 固定资产加速折旧、扣除明细表

行次	项目	房屋、建筑物			飞机、火车、轮船、机器、机械和其他生产设备			与生产经营活动有关的器具、工具、家具			飞机、火车、轮船以外的运输工具			电子设备			合计				
		原值	本期折旧（扣除）额	累计折旧（扣除）额	原值	本期折旧（扣除）额	累计折旧（扣除）额	原值	本期折旧（扣除）额	累计折旧（扣除）额	原值	本期折旧（扣除）额	累计折旧（扣除）额	原值	本期折旧（扣除）额	累计折旧（扣除）额	原值	本期折旧（扣除）额 正常折旧额	本期折旧（扣除）额 加速折旧额	累计折旧（扣除）额 正常折旧额	累计折旧（扣除）额 加速折旧额
		1	2	3	4	5	6	7	8	9	10	11	12	13	14	15	16	17	18	19	20
1	一、六大行业固定资产																				
2	（一）生物药品制造业																				
3	（二）专用设备制造业																				
4	（三）铁路、船舶、航空航天和其他运输设备制造业																				
5	（四）计算机、通信和其他电子设备制造业																				
6	（五）仪器仪表制造业																				

续表

行次	项目	房屋、建筑物			飞机、火车、轮船、机器、机械和其他生产设备			与生产经营活动有关的器具、工具、家具			飞机、火车、轮船以外的运输工具			电子设备			合计				
		原值	本期折旧（扣除）额	累计折旧（扣除）额	原值	本期折旧（扣除）额	累计折旧（扣除）额	原值	本期折旧（扣除）额	累计折旧（扣除）额	原值	本期折旧（扣除）额	累计折旧（扣除）额	原值	本期折旧（扣除）额	累计折旧（扣除）额	原值	本期折旧（扣除）额		累计折旧（扣除）额	
																		正常折旧额	加速折旧额	正常折旧额	加速折旧额
		1	2	3	4	5	6	7	8	9	10	11	12	13	14	15	16	17	18	19	20
7	（六）信息传输、软件和信息技术服务业																				
8	（七）其他行业																				
9	二、允许一次性扣除的固定资产																				
10	（一）单位价值不超过100万元的研发仪器、设备																				
11	其中：六大行业小型微利企业研发和生产经营共用的仪器、设备																				
12	（二）单位价值不超过5000元的固定资产																				
13	总计																				

二、A105081《固定资产加速折旧、扣除明细表》填报说明

本表适用于按照《财政部 国家税务总局关于完善固定资产加速折旧税收政策有关问题的通知》(财税〔2014〕75号)规定,六大行业固定资产加速折旧、缩短折旧年限,以及其他企业研发仪器、设备,单项固定资产价值低于5000元的一次性扣除等,享受税收优惠政策的统计情况。

《国家税务总局关于企业固定资产加速折旧所得税处理有关问题的通知》(国税发〔2009〕81号)规定的固定资产加速折旧,不填报本表。

为统计加速折旧、扣除政策的优惠数据,固定资产填报按以下情况分别填报:

一是会计处理采取正常折旧方法,税法规定采取缩短年限方法的,按税法规定折旧完毕后,该项固定资产不再填写本表。

二是会计处理采取正常折旧方法,税法规定采取年数总和法、双倍余额递减法的,从按税法规定折旧金额小于按会计处理折旧金额的年度起,该项固定资产不再填写本表。

三是会计处理、税法规定均采取加速折旧方法的,合计栏项下"正常折旧额",按该类固定资产税法最低折旧年限和直线法估算"正常折旧额",与税法规定的"加速折旧额"的差额,填报加速折旧的优惠金额。

税法规定采取缩短年限方法的,在折旧完毕后,该项固定资产不再填写本表。税法规定采取年数总和法、双倍余额递减法的,加速折旧额小于会计处理折旧额(或正常折旧额)的月份、季度起,该项固定资产不再填写本表。

(一)有关项目填报说明

1. 行次填报。

(1)第1行"一、六大行业固定资产":填报六大行业(包括生物药品制造业,专用设备制造业,铁路、船舶、航空航天和其他运输设备制造业,计算机、通信和其他电子设备制造业,仪器仪表制造业,信息传输、软件和信息技术服务业等行业)纳税人,2014年1月1日后新购进的固定资产,按照财税〔2014〕75号和国家税务总局相关规定的加速折旧政策计算的各项固定资产的加速折旧额;以及与按照税收一般规定计算的折旧额的差额。本表根据固定资产类别填报相应数据列。

第2行至第7行,由六大行业中的企业根据所在行业固定资产加速折旧情况进行填报。

(2)第8行"其他行业":由单位价值超过100万元的研发仪器、设备采取缩短折旧年限或加速折旧方法的六大行业以外的其他企业填写。

（3）第9行"二、允许一次性扣除的固定资产"：填报2014年1月1日后新购进单位价值不超过100万元的用于研发的仪器、设备和单位价值不超过5000元的固定资产，按照税法规定一次性在当期所得税前扣除的金额。

小型微利企业研发与经营活动共用的仪器、设备一次性扣除，同时填写本表第10行、第11行。

2. 列次填报。

除第17列外，其他列次有关固定资产原值、折旧额，均按税收规定填写。

（1）原值：填写固定资产的计税基础。自行建造固定资产，按照会计实际入账价值确定。

（2）本期折旧（扣除）额：按税法规定计算填写当年度折旧（扣除）额。

（3）累计折旧（扣除）额：按税法规定计算填写享受加速折旧优惠政策的固定资产自起始年度至本年度的累计折旧（扣除）额。

（4）合计栏"本期折旧（扣除）额"中的"加速折旧额" – "正常折旧额"的差额，反映本期加速折旧或一次性扣除政策导致应纳税所得税额减少的金额。"累计折旧（扣除）额"中的"加速折旧额" – "正常折旧额"的差额，反映该类资产加速折旧或一次性扣除政策导致应纳税所得税额减少的金额。

1）第17列、19列"正常折旧额"：会计上未采取加速折旧方法的，按照会计账册反映的折旧额填报。

会计上采取缩短年限法的，按照不短于税法上该类固定资产最低折旧年限和直线法计算的折旧额填报；会计上采取年数总和法、双倍余额递减法的，按照直线法换算的折旧额填报。当会计折旧额小于税法加速折旧额时，该类固定资产不再填报本表。

2）第18列、20列"加速折旧额"：填报固定资产缩短折旧年限法、年数总和法、双倍余额递减法、一次性扣除等，在本年度实际计入应纳税所得额的数额。

（二）表内、表间关系

1. 表内关系。

（1）第16列 = 第1列 + 4列 + 7列 + 10列 + 13列。

（2）第18列 = 第2列 + 5列 + 8列 + 11列 + 14列。

（3）第20列 = 第3列 + 6列 + 9列 + 12列 + 15列。

（4）第1行 = 第2行 + 3行 + 4行 + … + 7行。

（5）第9行 = 第10行 + 12行。

2. 表间关系。

（1）第1行第18列 = 表A105080第1行第7列。

（2）第1行第2列 = 表A105080第2行第7列。

（3）第 1 行第 5 列 = 表 A105080 第 3 行第 7 列。

（4）第 1 行第 8 列 = 表 A105080 第 4 行第 7 列。

（5）第 1 行第 11 列 = 表 A105080 第 5 行第 7 列。

（6）第 1 行第 14 列 = 表 A105080 第 6 行第 7 列。

三、应关注的风险事项

（一）核查事项

1. 核查 2014 年购入固定资产及研发设备是如何进行账务处理的，根据新规定应做的调整要列出调整清单。

2. 对所有行业企业持有的单位价值不超过 5000 元的固定资产，可一次性计入当期成本费用，不再分年度计提折旧的固定资产应列出清单，进行账务处理。

（二）税法相关规定

本表主要用于按照《财政部　国家税务总局关于完善固定资产加速折旧税收政策有关问题的通知》（财税［2014］75 号）规定填报，通知如下：

1. 对生物药品制造业，专用设备制造业，铁路、船舶、航空航天和其他运输设备制造业，计算机、通信和其他电子设备制造业，仪器仪表制造业，信息传输、软件和信息技术服务业等 6 个行业的企业 2014 年 1 月 1 日后新购进的固定资产，可缩短折旧年限或采取加速折旧的方法。

对上述 6 个行业的小型微利企业 2014 年 1 月 1 日后新购进的研发和生产经营共用的仪器、设备，单位价值不超过 100 万元的，允许一次性计入当期成本费用在计算应纳税所得额时扣除，不再分年度计算折旧；单位价值超过 100 万元的，可缩短折旧年限或采取加速折旧的方法。

2. 对所有行业企业 2014 年 1 月 1 日后新购进的专门用于研发的仪器、设备，单位价值不超过 100 万元的，允许一次性计入当期成本费用在计算应纳税所得额时扣除，不再分年度计算折旧；单位价值超过 100 万元的，可缩短折旧年限或采取加速折旧的方法。

3. 对所有行业企业持有的单位价值不超过 5000 元的固定资产，允许一次性计入当期成本费用在计算应纳税所得额时扣除，不再分年度计算折旧。

4. 企业按本通知第一条、第二条规定缩短折旧年限的，最低折旧年限不得低于企业所得税法实施条例第六十条规定折旧年限的 60%；采取加速折旧方法的，可采取双倍余额递减法或者年数总和法。本通知第一至三条规定之外的企业固定资产加速折旧所得税处理问题，继续按照企业所得税法及其实施条例和现行税收政策规定执行。

5. 本通知自 2014 年 1 月 1 日起执行。

第四章 资产损失与亏损弥补表填报

内容提要

资产损失是指在生产经营活动中实际发生的、与取得应税收入有关的资产损失，包括现金损失，存货损失，坏账损失，贷款损失，股权投资损失，固定资产和存货的盘亏、毁损、报废、被盗损失，自然灾害等不可抗力因素造成的损失以及其他损失。

财产损失是所得税纳税申报中的重要组成部分，分为清单申报和专项申报两种形式，涉及 5 张申报表，第 6 张表介绍企业亏损税前弥补。

风险提示

财产损失是企业普遍存在问题，损失情况错综复杂多种多样，既有制度原因，也有管理缺欠，还有人的因素在内。年终通过资产清查，填好资产清单，搞清损失原因，弄清损失性质，明确责任，并按照"扣除管理办法"要求分类填报。

填报中应关注损失原因及性质、手续应完善，损失金额计算要准确，责任赔偿要扣除，要防止错报漏报产生。

亏损弥补涉及周期长，政策要求严，计算复杂，应高度重视。

第一节 资产损失税前扣除及纳税调整明细表填报

一、A105090 资产损失税前扣除及纳税调整明细表

行次	项 目	账载金额	税收金额	纳税调整金额
		1	2	3（1-2）
1	一、清单申报资产损失（2+3+4+5+6+7+8）			
2	（一）正常经营管理活动中，按照公允价格销售、转让、变卖非货币资产的损失			
3	（二）存货发生的正常损耗			
4	（三）固定资产达到或超过使用年限而正常报废清理的损失			
5	（四）生产性生物资产达到或超过使用年限而正常死亡发生的资产损失			
6	（五）按照市场公平交易原则，通过各种交易场所、市场等买卖债券、股票、期货、基金以及金融衍生产品等发生的损失			
7	（六）分支机构上报的资产损失			
8	（七）其他			
9	二、专项申报资产损失（填写A105091）			
10	（一）货币资产损失（填写A105091）			
11	（二）非货币资产损失（填写A105091）			
12	（三）投资损失（填写A105091）			
13	（四）其他（填写A105091）			
14	合计（1+9）			

二、A105090《资产损失税前扣除及纳税调整明细表》填报说明

本表适用于发生资产损失税前扣除项目及纳税调整项目的纳税人填报。纳税人根据税法、《财政部 国家税务总局关于企业资产损失税前扣除政策的通知》（财税〔2009〕57号）、《国家税务总局关于发布〈企业资产损失所得税税前扣除管理办法〉的公告》（国家税务总局公告2011年第25号）等相关规定，及国家统一

企业会计制度，填报资产损失的会计处理、税法规定，以及纳税调整情况。

（一）有关项目填报说明

1. 第1行"一、清单申报资产损失"：填报以清单申报的方式向税务机关申报扣除的资产损失项目账载金额、税收金额以及纳税调整金额。填报第2行至第8行的合计数。

2. 第2行至第8行，分别填报相应资产损失类型的会计处理、税法规定及纳税调整情况。第1列"账载金额"填报纳税人会计核算计入当期损益的资产损失金额，已经计入存货成本的正常损耗除外；第2列"税收金额"填报根据税法规定允许税前扣除的资产损失金额；第3列"纳税调整金额"为第1－2列的余额。

3. 第9行"二、专项申报资产损失"：填报以专项申报的方式向税务机关申报扣除的资产损失项目的账载金额、税收金额以及纳税调整金额。本行根据《资产损失（专项申报）税前扣除及纳税调整明细表》（A105091）填报，第1列"账载金额"为表A105091第20行第2列金额；第2列"税收金额"为表A105091第20行第6列金额；第3列"纳税调整金额"为表A105091第20行第7列金额。

4. 第10行"（一）货币资产损失"：填报企业当年发生的货币资产损失（包括现金损失、银行存款损失和应收及预付款项损失等）的账载金额、税收金额以及纳税调整金额，根据《资产损失（专项申报）税前扣除及纳税调整明细表》（A105091）第1行相应数据列填报。

5. 第11行"（二）非货币资产损失"：填报非货币资产损失的账载金额、税收金额以及纳税调整金额，根据《资产损失（专项申报）税前扣除及纳税调整明细表》（A105091）第6行相应数据列填报。

6. 第12行"（三）投资损失"：填报应进行专项申报扣除的投资损失账载金额、税收金额以及纳税调整金额，根据《资产损失（专项申报）税前扣除及纳税调整明细表》（A105091）第11行相应数据列填报。

7. 第13行"（四）其他"：填报应进行专项申报扣除的其他资产损失情况，根据《资产损失（专项申报）税前扣除及纳税调整明细表》（A105091）第16行相应数据列填报。

8. 第14行"合计"：填报第1＋9行的金额。

（二）表内、表间关系

1. 表内关系。

（1）第3列＝第1－2列。

（2）第1行＝第2＋3＋…＋8行。

（3）第14行＝第1＋9行。

2. 表间关系。

（1）第14行第1列＝表A105000第33行第1列。

（2）第 14 行第 2 列 = 表 A105000 第 33 行第 2 列。

（3）第 14 行第 3 列，若 ≥0，填入表 A105000 第 33 行第 3 列；若 <0，将绝对值填入表 A105000 第 33 行第 4 列。

（4）第 9 行第 1 列 = 表 A105091 第 20 行第 2 列。

（5）第 9 行第 2 列 = 表 A105091 第 20 行第 6 列。

（6）第 9 行第 3 列 = 表 A105091 第 20 行第 7 列。

（7）第 10 行第 1 列 = 表 A105091 第 1 行第 2 列。

（8）第 10 行第 2 列 = 表 A105091 第 1 行第 6 列。

（9）第 10 行第 3 列 = 表 A105091 第 1 行第 7 列。

（10）第 11 行第 1 列 = 表 A105091 第 6 行第 2 列。

（11）第 11 行第 2 列 = 表 A105091 第 6 行第 6 列。

（12）第 11 行第 3 列 = 表 A105091 第 6 行第 7 列。

（13）第 12 行第 1 列 = 表 A105091 第 11 行第 2 列。

（14）第 12 行第 2 列 = 表 A105091 第 11 行第 6 列。

（15）第 12 行第 3 列 = 表 A105091 第 11 行第 7 列。

（16）第 13 行第 1 列 = 表 A105091 第 16 行第 2 列。

（17）第 13 行第 2 列 = 表 A105091 第 16 行第 6 列。

（18）第 13 行第 3 列 = 表 A105091 第 16 行第 7 列。

三、应关注的风险事项

（一）应关注事项

企业资产损失按申报内容和要求不同，分为清单申报和专项申报。本表是将两部分总合在一起汇总表。表中前部分是清单申报，需要逐项填写清楚，要注意损失原因、性质及价值；后一部分是专项申报。通过第二节资产损失（专项申报）表内明细项数填报，应关注的风险及相关税法规定在下节中介绍。

建议编制"财产损失明细表"分类列示各种损失金额。审核计价的完整性，将准予税前扣除、不准扣除应列示清楚，防止错报、漏报产生。

（二）税法相关规定

1. 根据（财税〔2009〕57 号）通知（以下简称"通知"）、《企业资产损失所得税税前扣除管理办法》（国家税务总局公告 2011 年第 25 号）（以下简称"扣除管理办法"）。资产损失是指企业在生产经营活动中实际发生的、与取得应税收入有关的资产损失，包括现金损失、存款损失、坏账损失、贷款损失、股权投资损失，固定资产和存货的盘亏、毁损、报废、被盗损失，自然灾害等不可抗力因素造成的损失以及其他损失。

2. 准予在企业所得税前扣除的资产损失，是指企业在实际处置、转让上述资产过程中发生的合理损失（以下简称实际资产损失），以及企业虽未实际处置、转让上述资产，但符合《通知》和《扣除管理办法》规定条件计算确认的损失。

3. 企业实际资产损失，应当在其实际发生且会计上已作损失处理的年度申报扣除；法定资产损失，应当在企业向主管税务机关提供证据资料，证明该项资产已符合法定资产损失确认条件，且会计上已作损失处理的年度申报扣除。

4. 企业发生的资产损失，应按规定的程序和要求向主管税务机关申报后方能在税前扣除，未经申报的损失，不得在税前扣除。

5. 企业以前年度发生的资产损失未能在当年税前扣除的，可以按照本办法的规定，向税务机关说明进行专项申报扣除。其中，属于实际资产损失的，准予追补至该项损失发生年度扣除，其追补确认期限一般不得超过 5 年，但因计划经济体制改制过程中遗留的资产损失、企业重组上市过程中因权属不清出现争议而未能及时扣除的资产损失、因承担国家政策性任务而形成的资产损失以及政策定性不明确而形成资产损失等特殊原因形成的资产损失，其追补确认期限经国家税务总局批准后可适当延长。属于法定资产损失，应在申报年度扣除。

企业因以前年度实际资产损失未在税前扣除而多缴的企业所得税税款，可在追补确认年度企业所得税应纳税款中予以抵扣，不足抵扣的，向以后年度递延抵扣。

企业实际资产损失发生年度扣除追补确定的损失后出现亏损的，应先调整资产损失发生年度的亏损额，再按弥补亏损的原则计算以后年度多缴的企业所得税税款，并按前款办法进行税务处理。

6. 企业在进行企业所得税年度汇算清缴申报时，可将资产损失申报材料和纳税资料作为企业所得税年度纳税申报表的附件一并向税务机关报送。

7. 属于清单申报的资产损失，企业可按会计核算科目进行归类、汇总，然后再将汇总清单报送税务机关，有关会计核算资料和纳税资料留存备查；属于专项申报的资产损失，企业应逐项（或逐笔）报送申请报告，同时附送会计核算资料及其他相关的纳税资料。

企业在申报资产损失税前扣除过程中不符合上述要求的，税务机关应当要求其改正，企业拒绝改正的，税务机关有权不予受理。

下列资产损失，应以清单申报的方式向税务机关申报扣除：

1. 企业在正常经营管理活动中，按照公允价格销售、转让、变卖非货币资产的损失。

2. 企业各项存货发生的正常损耗。

3. 企业固定资产达到或超过使用年限而正常报废清理的损失。

4. 企业生产性生物资产达到或超过使用年限而正常死亡发生的资产损失。

5. 企业按照市场公平交易原则，通过各种交易场所、市场等买卖债券、股票、期货、基金以及金融衍生产品等发生的损失。

第二节 资产损失（专项申报）税前扣除及纳税调整明细表填报

一、A105091 资产损失（专项申报）税前扣除及纳税调整明细表

行次	项目	账载金额	处置收入	赔偿收入	计税基础	税收金额	纳税调整金额
	1	2	3	4	5	6 (5-3-4)	7 (2-6)
1	一、货币资产损失（2+3+4+5）						
2							
3							
4							
5							
6	二、非货币资产损失（7+8+9+10）						
7							
8							
9							
10							
11	三、投资损失（12+13+14+15）						
12							
13							
14							
15							
16	四、其他（17+18+19）						
17							
18							
19							
20	合计（1+6+11+16）						

二、A105091《资产损失（专项申报）税前扣除及纳税调整明细表》填报说明

本表适用于发生资产损失税前扣除专项申报事项的纳税人填报。纳税人根据税法、《财政部 国家税务总局关于企业资产损失税前扣除政策的通知》（财税〔2009〕57号）、《国家税务总局关于发布〈企业资产损失所得税税前扣除管理办法〉的公告》（国家税务总局公告2011年第25号）等相关规定，及国家统一企业会计制度，填报纳税人资产损失会计、税法处理以及纳税调整情况。

（一）有关项目填报说明

1. 第1列"项目"：填报纳税人发生资产损失的具体项目名称，应逐笔逐项填报具体资产损失明细。

2. 第2列"账载金额"：填报纳税人会计核算计入本年损益的资产损失金额。

3. 第3列"处置收入"：填报纳税人处置发生损失的资产可收回的残值或处置收益。

4. 第4列"赔偿收入"：填报纳税人发生的资产损失，取得的相关责任人、保险公司赔偿的金额。

5. 第5列"计税基础"：填报按税法规定计算的发生损失时资产的计税基础，含损失资产涉及的不得抵扣增值税进项税额。

6. 第6列"税收金额"：填报按税法规定确定的允许当期税前扣除的资产损失金额，为第5-3-4列的余额。

7. 第7列"纳税调整金额"：填报第2-6列的余额。

（二）表内、表间关系

1. 表内关系。

（1）第1行=第2+3+4+5行。

（2）第6行=第7+8+9+10行。

（3）第11行=第12+13+14+15行。

（4）第16行=第17+18+19行。

（5）第20行=第1+6+11+16行。

（6）第6列=第5-3-4列。

（7）第7列=第2-6列。

2. 表间关系。

（1）第1行第2列=表A105090第10行第1列。

（2）第1行第6列=表A105090第10行第2列。

（3）第 1 行第 7 列 = 表 A105090 第 10 行第 3 列。

（4）第 6 行第 2 列 = 表 A105090 第 11 行第 1 列。

（5）第 6 行第 6 列 = 表 A105090 第 11 行第 2 列。

（6）第 6 行第 7 列 = 表 A105090 第 11 行第 3 列。

（7）第 11 行第 2 列 = 表 A105090 第 12 行第 1 列。

（8）第 11 行第 6 列 = 表 A105090 第 12 行第 2 列。

（9）第 11 行第 7 列 = 表 A105090 第 12 行第 3 列。

（10）第 16 行第 2 列 = 表 A105090 第 13 行第 1 列。

（11）第 16 行第 6 列 = 表 A105090 第 13 行第 2 列。

（12）第 16 行第 7 列 = 表 A105090 第 13 行第 3 列。

（13）第 20 行第 2 列 = 表 A105090 第 9 行第 1 列。

（14）第 20 行第 6 列 = 表 A105090 第 9 行第 2 列。

（15）第 20 行第 7 列 = 表 A105090 第 9 行第 3 列。

三、应关注的风险事项

（一）核查事项

表内列示清晰，应将各类不同损失分别填写，6 项要求必须如实填写，而且要有依据，计算要准确。因此，对本年发生的财产损失应逐项详细核实，弄清原因、核准数据、明确责任。按文件要求分类申报，防止错报、漏报、混淆性质。

（二）税法相关规定

根据《税前扣除管理办法》规定，下列财产损失应以专项申报方式申报。

1. 企业无法准确判别是否属于清单申报扣除的资产损失，可以采取专项申报的形式申报扣除。

2. 在中国境内跨地区经营的汇总纳税企业发生的资产损失，应按以下规定申报扣除：

（1）总机构及其分支机构发生的资产损失，除应按专项申报和清单申报的有关规定，各自向当地主管税务机关申报外，各分支机构同时还应上报总机构。

（2）总机构对各分支机构上报的资产损失，除税务机关另有规定外，应以清单申报的形式向当地主管税务机关进行申报。

（3）总机构将跨地区分支机构所属资产捆绑打包转让所发生的资产损失，由总机构向当地主管税务机关进行专项申报。

3. 属于专项申报的资产损失，企业因特殊原因不能在规定的时限内报送相关资料的，可以向主管税务机关提出申请，经主管税务机关同意后，可适当延期申报。

4. 企业应当建立健全资产损失内部核销管理制度，及时收集、整理、编制、审核、申报、保存资产损失税前扣除证据材料，方便税务机关检查。

5. 现金损失应依据以下证据材料确认：

（1）现金保管人确认的现金盘点表（包括倒推至基准日的记录）。

（2）现金保管人对于短缺的说明及相关核准文件。

（3）对责任人由于管理责任造成损失的责任认定及赔偿情况的说明。

（4）涉及刑事犯罪的，应有司法机关出具的相关材料。

（5）金融机构出具的假币收缴证明。

6. 企业因金融机构清算而发生的存款类资产损失应依据以下证据材料确认：

（1）企业存款类资产的原始凭据。

（2）金融机构破产、清算的法律文件。

（3）金融机构清算后剩余资产分配情况资料。

金融机构应清算而未清算超过三年的，企业可将该款项确认为资产损失，但应有法院或破产清算管理人出具的未完成清算证明。

7. 企业应收及预付款项坏账损失应依据以下相关证据材料确认：

（1）相关事项合同、协议或说明。

（2）属于债务人破产清算的，应有人民法院的破产、清算公告。

（3）属于诉讼案件的，应出具人民法院的判决书或裁决书或仲裁机构的仲裁书，或者被法院裁定终（中）止执行的法律文书。

（4）属于债务人停止营业的，应有工商部门注销、吊销营业执照证明。

（5）属于债务人死亡、失踪的，应有公安机关等有关部门对债务人个人的死亡、失踪证明。

（6）属于债务重组的，应有债务重组协议及其债务人重组收益的纳税情况说明。

（7）属于自然灾害、战争等不可抗力而无法收回的，应有债务人受灾情况说明以及放弃债权申明。

企业逾期三年以上的应收款项在会计上已作为损失处理的，可以作为坏账损失，但应说明情况，并出具专项报告。

企业逾期一年以上，单笔数额不超过5万元或者不超过企业年度收入总额万分之一的应收款项，会计上已经作为损失处理的，可以作为坏账损失，但应说明情况，并出具专项报告。

8. 存货盘亏损失，为其盘亏金额扣除责任人赔偿后的余额，应依据以下证据材料确认：

（1）存货计税成本确定依据。

（2）企业内部有关责任认定、责任人赔偿说明和内部核批文件。

（3）存货盘点表。

（4）存货保管人对于盘亏的情况说明。

工程物资发生损失，可比照存货损失的规定确认。

9. 存货报废、毁损或变质损失，为其计税成本扣除残值及责任人赔偿后的余额，应依据以下证据材料确认：

（1）存货计税成本的确定依据。

（2）企业内部关于存货报废、毁损、变质、残值情况说明及核销资料。

（3）涉及责任人赔偿的，应有赔偿情况说明。

（4）该项损失数额较大的（指占企业该类资产计税成本10%以上，或减少当年应纳税所得、增加亏损10%以上，下同），应有专业技术鉴定意见或法定资质中介机构出具的专项报告等。

10. 存货被盗损失，为其计税成本扣除保险理赔以及责任人赔偿后的余额，应依据以下证据材料确认：

（1）存货计税成本的确定依据。

（2）向公安机关的报案记录。

（3）涉及责任人和保险公司赔偿的，应有赔偿情况说明。

11. 固定资产盘亏、丢失损失，为其账面净值扣除责任人赔偿后的余额，应依据以下证据材料确认：

（1）企业内部有关责任认定和核销资料。

（2）固定资产盘点表。

（3）固定资产的计税基础相关资料。

（4）固定资产盘亏、丢失情况说明。

（5）损失金额较大的，应有专业技术鉴定报告或法定资质中介机构出具的专项报告等。

12. 固定资产报废、毁损损失，为其账面净值扣除残值和责任人赔偿后的余额，应依据以下证据材料确认：

（1）固定资产的计税基础相关资料。

（2）企业内部有关责任认定和核销资料。

（3）企业内部有关部门出具的鉴定材料。

（4）涉及责任赔偿的，应当有赔偿情况说明。

（5）损失金额较大的或自然灾害等不可抗力原因造成固定资产毁损、报废的，应有专业的技术鉴定意见或法定资质中介机构出具的专项报告等。

13. 固定资产被盗损失，为其账面净值扣除责任人赔偿后的余额，应依据以下证据材料确认：

（1）固定资产计税基础相关资料。

（2）向公安机关报案的记录，公安机关立案、破案和结案的证明材料。

（3）涉及责任赔偿的，应有赔偿责任的认定及赔偿情况的说明等。

14. 在建工程停建、报废损失，为其工程项目投资账面价值和除残值后的余额，应依据以下证据材料确认：

（1）工程项目投资账面价值确定依据。

（2）工程项目停建原因说明及相关材料。

（3）因质量原因停建、报废的工程项目和因自然灾害和意外事故停建、报废的工程项目，应出具专业技术鉴定意见和责任认定、赔偿情况的说明等。

15. 生产性生物资产盘亏损失，为其账面净值扣除责任人赔偿后的余额，应依据以下证据材料确认：

（1）生产性生物资产盘点表。

（2）生产性生物资产盘亏情况说明。

（3）生产性生物资产损失金额较大的，企业应有专业技术鉴定意见和责任认定、赔偿情况的说明等。

16. 因森林病虫害、疫情、死亡而产生的生产性生物资产损失，为其账面净值扣除残值、保险赔偿和责任人赔偿后的余额，应依据以下证据材料确认：

（1）损失情况说明。

（2）责任认定及其赔偿情况的说明。

（3）损失金额较大的，应有专业的技术鉴定意见。

17. 对被盗伐、被盗、丢失而产生的生产性生物资产损失，为其账面净值扣除保险赔偿以及责任人赔偿后的余额，应依据以下证据材料确认：

（1）生产性生物资产被盗后，向公安机关的报案记录或公安机关立案、破案和结案的证明材料；

（2）责任认定及其赔偿情况的说明。

18. 企业由于未能按期赎回抵押资产，使抵押资产被拍卖或变卖，其账面净值大于变卖价值的差额，可认定为资产损失，按以下证据材料确认：

（1）抵押合同或协议书。

（2）拍卖或变卖证明、清单。

（3）会计核算资料等其他相关证据材料。

19. 被其他新技术所代替或已经超过法律保护期限，已经丧失使用价值和转让价值，尚未摊销的无形资产损失，应提交以下证据备案：

（1）会计核算资料。

（2）企业内部核批文件及有关情况说明。

（3）技术鉴定意见和企业法定代表人、主要负责人和财务负责人签章证实无形资产已无使用价值或转让价值的书面申明。

（4）无形资产的法律保护期限文件。

20. 企业债权投资损失应依据投资的原始凭证、合同或协议、会计核算资料等相关证据材料确认。下列情况债权投资损失的，还应出具相关证据材料：

（1）债务人或担保人依法被宣告破产、关闭、被解散或撤销、被吊销营业执照、失踪或者死亡等，应出具资产清偿证明或者遗产清偿证明。无法出具资产清偿证明或者遗产清偿证明，且上述事项超过三年以上的，或债权投资（包括信用卡透支和助学贷款）余额在300万元以下的，应出具对应的债务人和担保人破产、关闭、解散证明、撤销文件、工商行政管理部门注销证明或查询证明以及追索记录等（包括司法追索、电话追索、信件追索和上门追索等原始记录）。

（2）债务人遭受重大自然灾害或意外事故，企业对其资产进行清偿和对担保人进行追索后，未能收回的债权，应出具债务人遭受重大自然灾害或意外事故证明、保险赔偿证明、资产清偿证明等。

（3）债务人因承担法律责任，其资产不足归还所借债务，又无其他债务承担者的，应出具法院裁定证明和资产清偿证明。

（4）债务人和担保人不能偿还到期债务，企业提出诉讼或仲裁的，经人民法院对债务人和担保人强制执行，债务人和担保人均无资产可执行，人民法院裁定终结或终止（中止）执行的，应出具人民法院裁定文书。

（5）债务人和担保人不能偿还到期债务，企业提出诉讼后被驳回起诉的、人民法院不予受理或不予支持的，或经仲裁机构裁决免除（或部分免除）债务人责任，经追偿后无法收回的债权，应提交法院驳回起诉的证明，或法院不予受理或不予支持证明，或仲裁机构裁决免除债务人责任的文书。

21. 企业股权投资损失应依据以下相关证据材料确认：

（1）股权投资计税基础证明材料。

（2）被投资企业破产公告、破产清偿文件。

（3）工商行政管理部门注销、吊销被投资单位营业执照文件。

（4）政府有关部门对被投资单位的行政处理决定文件。

（5）被投资企业终止经营、停止交易的法律或其他证明文件。

（6）被投资企业资产处置方案、成交及入账材料。

（7）企业法定代表人、主要负责人和财务负责人签章证实有关投资（权益）性损失的书面声明。

（8）会计核算资料等其他相关证据材料。

被投资企业依法宣告破产、关闭、解散或撤销、吊销营业执照、停止生产经营活动、失踪等，应出具资产清偿证明或者遗产清偿证明。

上述事项超过三年以上且未能完成清算的，应出具被投资企业破产、关闭、解散或撤销、吊销等的证明以及不能清算的原因说明。

22. 下列股权和债权不得作为损失在税前扣除：

(1) 债务人或者担保人有经济偿还能力，未按期偿还的企业债权。

(2) 违反法律、法规的规定，以各种形式、借口逃废或悬空的企业债权。

(3) 行政干预逃废或悬空的企业债权。

(4) 企业未向债务人和担保人追偿的债权。

(5) 企业发生非经营活动的债权。

(6) 其他不应当核销的企业债权和股权。

23. 企业将不同类别的资产捆绑（打包），以拍卖、询价、竞争性谈判、招标等市场方式出售，其出售价格低于计税成本的差额，可以作为资产损失并准予在税前申报扣除，但应出具资产处置方案、各类资产作价依据、出售过程的情况说明、出售合同或协议、成交及入账证明、资产计税基础等确定依据。

24. 企业正常经营业务因内部控制制度不健全而出现操作不当、不规范或因业务创新但政策不明确、不配套等原因形成的资产损失，应由企业承担的金额，可以作为资产损失并准予在税前申报扣除，但应出具损失原因证明材料或业务监管部门定性证明、损失专项说明。

25. 企业因刑事案件原因形成的损失，应由企业承担的金额，或经公安机关立案侦查两年以上仍未追回的金额，可以作为资产损失并准予在税前申报扣除，但应出具公安机关、人民检察院的立案侦查情况或人民法院的判决书等损失原因证明材料。

其他资产损失事项，只要符合企业所得税法及其实施条例等法律、法规规定的，也可以向税务机关申报扣除。

【事例】华盛公司企业会计核算制度健全，内部控制制度完善，2014 年末盘点时发现公司生产用原材料短缺 11 万元；生产用机器设备原值 10 万元，已提折旧 5 万元因新机器出现不能再用报废了，货币资金 4 万元存入私募基金公司被骗，发出存货交运输公司途中丢失 16 万元产品。上述损失均列入营业外支出，如果你是会计，上述业务按税法规定，哪些用清单申报？哪些用专项申报？哪些不准税前扣除？哪些可以税前扣除？需要准备哪些材料？

第三节 企业重组纳税调整明细表填报

一、A105100 企业重组纳税调整明细表

行次	项　目	一般性税务处理			特殊性税务处理			纳税调整金额
		账载金额	税收金额	纳税调整金额	账载金额	税收金额	纳税调整金额	
		1	2	3 (2-1)	4	5	6 (5-4)	7 (3+6)
1	一、债务重组							
2	其中：以非货币性资产清偿债务							
3	债转股							
4	二、股权收购							
5	其中：涉及跨境重组的股权收购							
6	三、资产收购							
7	其中：涉及跨境重组的资产收购							
8	四、企业合并（9+10）							
9	其中：同一控制下企业合并							
10	非同一控制下企业合并							
11	五、企业分立							
12	六、其他							
13	其中：以非货币性资产对外投资							
14	合计（1+4+6+8+11+12）							

二、A105100《企业重组纳税调整明细表》填报说明

本表适用于发生企业重组纳税调整项目的纳税人，在企业重组日所属纳税年度分析填报。纳税人根据税法、《财政部 国家税务总局关于企业重组业务企业所得税处理若干问题的通知》(财税〔2009〕59号)、《国家税务总局关于发布〈企业重组业务企业所得税管理办法〉的公告》（国家税务总局公告2010年第4号)、《财政部 国家税务总局关于中国（上海）自由贸易试验区内企业以非货币性资产对外投资等资产重组行为有关企业所得税政策问题的通知》(财税〔2013〕91号）等相关规定，以及国家统一企业会计制度，填报企业重组的会计核算及

税法规定，以及纳税调整情况。对于发生债务重组业务且选择特殊性税务处理（即债务重组所得可以在5个纳税年度均匀计入应纳税所得额）的纳税人，重组日所属纳税年度的以后纳税年度，也在本表进行债务重组的纳税调整。除上述债务重组所得可以分期确认应纳税所得额的企业重组外，其他涉及资产计税基础与会计核算成本差异调整的企业重组，本表不作调整，在《资产折旧、摊销情况及纳税调整明细表》（A105080）进行纳税调整。

（一）有关项目填报说明

本表数据栏设置"一般性税务处理"、"特殊性税务处理"两大栏次，纳税人应根据企业重组所适用的税务处理办法，分别按照企业重组类型进行累计填报。

1. 第1列"一般性税务处理－账载金额"：填报企业重组适用一般性税务处理的纳税人会计核算确认的企业重组损益金额。

2. 第2列"一般性税务处理－税收金额"：填报企业重组适用一般性税务处理的纳税人按税法规定确认的所得（或损失）金额。

3. 第3列"一般性税务处理－纳税调整金额"：填报企业重组适用一般性税务处理的纳税人，按税法规定确认的所得（或损失）与会计核算确认的损益金额的差。为第2－1列的余额。

4. 第4列"特殊性税务处理－账载金额"：填报企业重组适用特殊性税务处理的纳税人，会计核算确认的企业重组损益金额。

5. 第5列"特殊性税务处理－税收金额"：填报企业重组适用特殊性税务处理的纳税人，按税法规定确认的所得（或损失）金额。

6. 第6列"特殊性税务处理－纳税调整金额"：填报企业重组适用特殊性税务处理的纳税人，按税法规定确认的所得（或损失）与会计核算确认的损益金额的差额。为第5－4列的余额。

7. 第7列"纳税调整金额"：填报第3＋6列的金额。

（二）表内、表间关系

1. 表内关系。

（1）第8行＝第9＋10行。

（2）第14行＝第1＋4＋6＋8＋11＋12行。

（3）第3列＝第2－1列。

（4）第6列＝第5－4列。

（5）第7列＝第3＋6列。

2. 表间关系。

（1）第14行第1＋4列＝表A105000第36行第1列。

（2）第14行第2＋5列＝表A105000第36行第2列。

（3）第 14 行第 7 列金额，若≥0，填入表 A105000 第 36 行第 3 列；若＜0，将绝对值填入表 A105000 第 36 行第 4 列。

三、应关注的风险事项

（一）核查事项

1. 核查企业的重组收入是否按税法规定确认当期收入。

2. 核查债务重组损失，债权人是否将重组债权的计税成本与收到的现金或者非现金资产的公允价值之间的差额，确认为当期债务重组损失。冲减应纳税所得。债务人以非现金资产清偿债务的，债务人应按公允价值转让非现金资产确认有关资产的转让损失，冲减应纳税所得。

3. 核查企业股权收购、资产收购、合并、分立重组合同，有关资产评估报告等资料，审核其是否符合重组条件。如果符合条件，交易中股权支付的部分是否暂不确认有关资产的转让所得或损失。

4. 核查关联方之间的债务重组是否符合税法规定，债务重组损失的税务处理是否正确。

（二）税法相关规定

按照（财税〔2009〕59 号）通知精神，企业重组所涉及的企业所得税具体处理问题按如下规定执行：

1. 所称企业重组，是指企业日常经营活动以外发生的法律结构和经济结构重大改变的交易，包括企业法律形式改变、债务重组、股权收购、资产收购、合并、分立等。

2. 所称股权支付，是指企业重组中购买、换取资产的一方支付的对价中，以本企业或其控股企业的股权、股份作为支付的形式；所称非股权支付，是指以本企业的现金、银行存款、应收款项、本企业或其控股企业股权和股份以外的有价证券、存货、固定资产、其他资产以及承担债务等作为支付的形式。

3. 企业重组的税务处理区分不同条件分别适用一般性税务处理规定和特殊性税务处理规定。

4. 企业重组，除规定适用特殊性税务处理规定的外，按以下规定进行税务处理：

（1）企业由法人转变为个人独资企业、合伙企业等非法人组织，或将登记注册地转移至中华人民共和国境外（包括港澳台地区），应视同企业进行清算、分立，股东重新投资成立新企业。企业的全部资产以及股东投资的计税基础均应以公允价值为基础确定。

企业发生其他法律形式简单改变的，可直接变更税务登记，除另有规定外，有关企业所得税纳税事项（包括亏损结转、税收优惠权益和义务）由变更后企业承继，但因住所发生变化而不符合税收优惠条件的除外。

（2）企业债务重组，相关交易应按以下规定处理：①以非货币资产清偿债务，应当分解为转让相关非货币性资产、按非货币性资产公允价值清偿债务两项业务，确认相关资产的所得或损失。②发生债权转股权的，应当分解为债务清偿和股权投资两项业务，确认有关债务清偿所得或损失。③债务人应当按照支付的债务清偿低于债务计税基础的差额，确认债务重组所得；债权人应当按照收到的债务清偿额低于债权计税基础的差额，确认债务重组损失。④债务人的相关所得税纳税事项原则上保持不变。

（3）企业股权收购、资产收购重组交易，相关交易应按以下规定处理：①被收购方应确认股权、资产转让所得或损失。②收购方取得股权或资产的计税基础应以公允价值为基础确定。③被收购企业的相关所得税事项原则上保持不变。

（4）企业合并，当事各方应按下列规定处理：①合并企业应按公允价值确定接受被合并企业各项资产和负债的计税基础。②被合并企业及其股东都应按清算进行所得税处理。③被合并企业的亏损不得在合并企业结转弥补。

（5）企业分立，当事各方应按下列规定处理：①被分立企业对分立出去资产应按公允价值确认资产转让所得或损失。②分立企业应按公允价值确认接受资产的计税基础。③被分立企业继续存在时，其股东取得的对价应视同被分立企业的分配进行处理。④被分立企业不再继续存在时，被分立企业及其股东都应按清算进行所得税处理。⑤企业分立相关企业的亏损不得相互结转弥补。

5. 企业重组同时符合下列条件的，适用特殊性税务处理规定：

（1）具有合理的商业目的，且不以减少、免除或者推迟缴纳税款为主要目的。

（2）被收购、合并或分立部分的资产或股权比例符合本通知规定的比例。

（3）企业重组后的连续 12 个月内不改变重组资产原来的实质性经营活动。

（4）重组交易对价中涉及股权支付金额符合本通知规定比例。

（5）企业重组中取得股权支付的原主要股东，在重组后连续 12 个月内，不得转让所取得的股权。

6. 企业重组符合本通知等五条规定条件的，交易各方对其交易中的股权支付部分，可以按以下规定进行特殊税务处理：

（1）企业债务重组确认的应纳税所得额占该企业当年应纳税所得额 50% 以上，可以在 5 个纳税年度的期间内，股权投资的计税基础以原债权的计税基础确定。企业的其他相关的所得税事项保持不变。

（2）股权收购，收购企业购买的股权不低于被收购企业全股权的 75%，且收购企业在该股权收购发生时的股权支付金额不低于其交易支付总额的85%，可以选择按以下规定处理：①被收购企业的股东取得收购企业股权的计税基础，以被收购股权的原有计税基础确定。②收购企业取得被收购企业股权的计税基础，以被收购股权的原有计税基础确定。③收购企业、被收购企业的原有各项资产和负债的计税基础和其他相关所得税事项保持不变。

（3）资产收购，受让企业收购的资产不低于转让企业全部资产的75%，且受让企业在该资产收购发生时的股权支付金额不低于其交易支付总额的85%，可以选择按以下规定处理：①转让企业取得受让企业股权的计税基础，以被转让资产的原有计税基础确定。②受让企业取得转让企业资产的计税基础，以被转让资产的原有计税基础确定。

（4）企业合并，企业股东在该企业合并发生时取得的股权支付金额不低于其交易支付总额的85%，以及同一控制下且不需要支付对价的企业合并，可以选择按以下规定处理：①合并企业接受被合并企业资产和负债的计税基础，以被合并企业的原有计税基础确定。②被合并企业合并前的相关所得税事项由合并企业承继。③可由合并企业弥补的被合并企业亏损的限额：被合并企业净资产公允价值×截至合并业务发生当年年末国家发行的最长期限的国债利率。④被合并企业股东取得合并企业股权的计税基础，以其原持有的被合并企业股权的计税基础确定。

7. 企业分立，被分立企业所有股东按原持股比例取得分立企业的股权，分立企业和被分立企业均不改变原来的实质经营活动，且被分立企业股东在该企业分立发生时取得的股权支付金额不低于其交易支付总额的85%，可以选择按以下规定处理：

（1）分立企业接受被分立企业资产和负债的计税基础，以被分立企业的原有计税基础确定。

（2）被分立企业已分立出去资产相应的所得税事项由分立企业承继。

（3）被分立企业未超过法定弥补期限的亏损额，可按分立资产占全部资产的比例进行分配，由分立企业继续弥补。

（4）被分立企业的股东取得分立企业的股权（以下简称"新股"），如需部分或全部放弃原持有的被分立企业的股权（以下简称"旧股"），"新股"的计税基础应以放弃"旧股"的计税基础确定。如不需放弃"旧股"，则其取得"新股"的计税基础可从以下两种方法中选择确定：直接将"新股"的计税基础确定为零；或者以被分立企业分立出去的净资产占被分立企业全部净资产的比例先调减原持有的"旧股"的计税基础，再将调减的计税基础平均分配到"新股"上。

8. 重组交易各方按规定对交易中股权支付暂不确认有关资产的转让所得或

损失的，其非股权支付仍应在交易当期确认相应的资产转让所得或损失，并调整相应资产的计税基础。

非股权支付对应的资产转让所得或损失＝（被转让资产的公允价值－被转让资产的计税基础）×（非股权支付金额÷被转让资产的公允价值）

9. 企业发生涉及中国境内与境外之间（包括港澳台地区）的股权和资产收购交易，除应符合本通知第 5 条规定的条件外，还应同时符合下列条件，才可选择适用特殊性税务处理规定：

（1）非居民企业向其 100% 直接控股的另一非居民企业转让其拥有的居民企业股权，没有因此造成以后该项股权转让所得预提税负担变化，且转让方非居民企业向主管税务机关书面承诺在 3 年（含 3 年）内不转让其拥有受让方非居民企业的股权。

（2）非居民企业向与其具有 100% 直接控股关系的居民企业转让其拥有的另一居民企业股权。

（3）居民企业以其拥有的资产或股权向其 100% 直接控股的非居民企业进行投资。

（4）财政部、国家税务总局核准的其他情形。

10. 前述第 7 条第（3）项所指的居民企业以其拥有的资产或股权向其 100% 直接控股关系的非居民企业进行投资，其资产或股权转让收益如选择特殊性税务处理，可以在 10 个纳税年度内均匀计入各年度应纳税所得额。

11. 在企业吸收合并中，合并后的存续企业性质及适用税收优惠的条件未发生改变的，可以继续享受合并前该企业剩余期限的税收优惠，其优惠金额按存续企业合并前一年的应纳税所得额（亏损计为零）计算。

在企业存续分立中，分立后的存续企业性质及适用税收优惠的条件未发生改变的，可以继续享受分立前该企业剩余期限的税收优惠，其优惠金额按该企业分立前一年的应纳税所得额（亏损计为零）乘以分立后存续企业资产占分立前该企业全部资产的比例计算。

12. 企业在重组发生前后连续 12 个月内分步对其资产、股权进行交易，应根据实质重于形式原则将上述交易作为一项企业重组交易进行处理。

13. 企业发生符合本通知规定的特殊性重组条件并选择特殊性税务处理的，当事各方应在该重组业务完成当年企业所得税年度申报时，向主管税务机关提交书面备案资料，证明其符合各类特殊性重组规定的条件。企业未按规定书面备案的，一律不得按特殊重组业务进行税务处理。

14. 对企业在重组过程中涉及的需要特别处理的企业所得税事项，由国务院财政、税务主管部门另行规定。

【事例】甲公司截至 2014 年底欠乙公司 200 万元债务。由于甲公司经营发生困难。经双方协商,乙公司同意甲公司以自产产品账面成本价值 150 万元(市场价值 190 万元,含 17% 增值税)清偿全部欠款 200 万元,请计算甲、乙双方债务重组的所得及损失各是多少,如何进行账务处理?

第四节 政策性搬迁纳税调整明细表填报

一、A105110 政策性搬迁纳税调整明细表

行次	项 目	金额
1	一、搬迁收入 (2＋8)	
2	(一) 搬迁补偿收入 (3＋4＋5＋6＋7)	
3	1. 对被征用资产价值的补偿	
4	2. 因搬迁、安置而给予的补偿	
5	3. 对停产停业形成的损失而给予的补偿	
6	4. 资产搬迁过程中遭到毁损而取得的保险赔款	
7	5. 其他补偿收入	
8	(二) 搬迁资产处置收入	
9	二、搬迁支出 (10＋16)	
10	(一) 搬迁费用支出 (11＋12＋13＋14＋15)	
11	1. 安置职工实际发生的费用	
12	2. 停工期间支付给职工的工资及福利费	
13	3. 临时存放搬迁资产而发生的费用	
14	4. 各类资产搬迁安装费用	
15	5. 其他与搬迁相关的费用	
16	(二) 搬迁资产处置支出	
17	三、搬迁所得或损失 (1－9)	
18	四、应计入本年应纳税所得额的搬迁所得或损失 (19＋20＋21)	
19	其中:搬迁所得	
20	搬迁损失一次性扣除	
21	搬迁损失分期扣除	
22	五、计入当期损益的搬迁收益或损失	
23	六、以前年度搬迁损失当期扣除金额	
24	七、纳税调整金额 (18－22－23)	

二、A105110《政策性搬迁纳税调整明细表》填报说明

本表适用于发生政策性搬迁纳税调整项目的纳税人在完成搬迁年度及以后进行损失分期扣除的年度填报。纳税人根据税法、《国家税务总局关于发布〈企业政策性搬迁所得税管理办法〉的公告》(国家税务总局公告2012年第40号)、《国家税务总局关于企业政策性搬迁所得税有关问题的公告》(国家税务总局公告2013年第11号)等相关规定,以及国家统一企业会计制度,填报企业政策性搬迁项目的相关会计处理、税法规定及纳税调整情况。

(一)有关项目填报说明

本表第1行"一、搬迁收入"至第22行"五、计入当期损益的搬迁收益或损失"的金额,按照税法规定确认的政策性搬迁清算累计数填报。

1. 第1行"一、搬迁收入":填报第2+8行的合计数。

2. 第2行"(一)搬迁补偿收入":填报按税法规定确认的,纳税人从本企业以外取得的搬迁补偿收入金额,此行为第3行至第7行的合计金额。

3. 第3行"1. 对被征用资产价值的补偿":填报按税法规定确认的,纳税人被征用资产价值补偿收入累计金额。

4. 第4行"2. 因搬迁、安置而给予的补偿":填报按税法规定确认的,纳税人因搬迁、安置而取得的补偿收入累计金额。

5. 第5行"3. 对停产停业形成的损失而给予的补偿":填报按税法规定确认的,纳税人停产停业形成损失而取得的补偿收入累计金额。

6. 第6行"4. 资产搬迁过程中遭到毁损而取得的保险赔款":填报按税法规定确认,纳税人资产搬迁过程中遭到毁损而取得的保险赔款收入累计金额。

7. 第7行"5. 其他补偿收入":填报按税收规定确认,纳税人其他补偿收入累计金额。

8. 第8行"(二)搬迁资产处置收入":填报按税法规定确认,纳税人由于搬迁而处置各类资产所取得的收入累计金额。

9. 第9行"二、搬迁支出":填报第10+16行的金额。

10. 第10行"(一)搬迁费用支出":填报按税法规定确认,纳税人搬迁过程中发生的费用支出累计金额,为第11行至第15行的合计金额。

11. 第11行"1. 安置职工实际发生的费用":填报按税法规定确认,纳税人安置职工实际发生费用支出的累计金额。

12. 第12行"2. 停工期间支付给职工的工资及福利费":填报按税法规定确认,纳税人因停工支付给职工的工资及福利费支出累计金额。

13. 第13行"3. 临时存放搬迁资产而发生的费用":填报按税法规定确认,

纳税人临时存放搬迁资产发生的费用支出累计金额。

14. 第14行"4. 各类资产搬迁安装费用":填报按税法规定确认,纳税人各类资产搬迁安装费用支出累计金额。

15. 第15行"5. 其他与搬迁相关的费用":填报按税法规定确认,纳税人其他与搬迁相关的费用支出累计金额。

16. 第16行"(二)搬迁资产处置支出":填报按税法规定确认的,纳税人搬迁资产处置支出累计金额。符合《国家税务总局关于企业政策性搬迁所得税有关问题的公告》(国家税务总局公告2013年第11号)规定的资产购置支出,填报在本行。

17. 第17行"三、搬迁所得或损失":填报政策性搬迁所得或损失,填报第1-9行的余额。

18. 第18行"四、应计入本年应纳税所得额的搬迁所得或损失":填报政策性搬迁所得或损失按照税法规定计入本年应纳税所得额的金额,填报第19行至第21行的合计金额。

19. 第19行"其中:搬迁所得":填报按税法相关规定,搬迁完成年度政策性搬迁所得的金额。

20. 第20行"搬迁损失一次性扣除":由选择一次性扣除搬迁损失的纳税人填报,填报搬迁完成年度按照税法规定计算的搬迁损失金额,损失以负数填报。

21. 第21行"搬迁损失分期扣除":由选择分期扣除搬迁损失的纳税人填报,填报搬迁完成年度按照税法规定计算的搬迁损失在本年扣除的金额,损失以负数填报。

22. 第22行"五、计入当期损益的搬迁收益或损失":填报政策性搬迁项目会计核算计入当期损益的金额,损失以负数填报。

23. 第23行"六、以前年度搬迁损失当期扣除金额":以前年度完成搬迁形成的损失,按照税法规定在当期扣除的金额。

24. 第24行"七、纳税调整金额":填报第18-22-23行的余额。

(二)表内、表间关系

1. 表内关系。

(1)第1行=第2+8行。

(2)第2行=第3+4+…+7行。

(3)第9行=第10+16行。

(4)第10行=第11+12+…+15行。

(5)第17行=第1-9行。

(6)第18行=第19+20+21行。

（7）第24行＝第18－22－23行。

2. 表间关系。

第24行，若≥0，填入表A105000第37行第3列；若＜0，将绝对值填入表A105000第37行第4列。

三、应关注的风险事项

（一）核查事项

1. 核查企业因城市规划需要整体搬迁或部分拆除、或处置相关资产等取得政策性搬迁收入是否按税法规定确认收入。

2. 复核企业是否在规定期限（60个月）完成搬迁，搬迁中发生的各项支出是否符合政策规定，手续是否完备、账务处理是否合规。

（二）税法相关规定

1. 政策性搬迁条件。

财政部、国家税务总局规定：企业政策性搬迁，是指由于社会公共利益的需要，在政府主导下企业进行整体搬迁和部分搬迁。企业由于下列需要之一，提供相关文件证明资料的，属于政策性搬迁：

（1）国防和外交的需要。

（2）由政府组织实施的能源、交通、水利等基础设施的需要。

（3）由政府组织实施的科技、教育、文化、卫生、体育、环境和资源保护、防灾减灾、文物保护、社会福利、市政公用等公共事业的需要。

（4）由政府组织实施的保障性安居工程建设的需要。

（5）由政府依照《中华人民共和国城乡规划法》有关规定组织实施的对危房集中、基础设施落后等地段进行旧城区改建的需要。

（6）法律、行政法规规定的其他公共利益的需要。

2. 搬迁政策相关规定。

国家税务总局公告2012年第40号规定：

（1）企业在搬迁期间发生的搬迁收入和搬迁支出，可以暂不计入当期应纳税所得额，而在完成搬迁的年度，对搬迁收入和支出进行汇总清算。

（2）企业的搬迁收入，扣除搬迁支出后的余额，为企业的搬迁所得。企业应在搬迁完成年度，将搬迁所得计入当年度企业应纳税所得额计算纳税。

（3）下列情形之一的，为搬迁完成年度，企业应进行搬迁清算，计算搬迁所得：①从搬迁开始，5年内（包括搬迁当年度）任何一年完成搬迁的。②从搬迁开始，搬迁时间满5年（包括搬迁当年度）的年度。

（4）企业搬迁收入扣除搬迁支出后为负数的，应为搬迁损失。搬迁损失可在下列方法中选择其一进行税务处理：①在搬迁完成年度，一次性作为损失进行扣除。②自搬迁完成年度起分 3 个年度，均匀在税前扣除。

上述方法由企业自行选择，但一经选定，不得改变。

3. 特殊规定。

国家税务总局公告 2013 年第 11 号第二条规定：企业政策性搬迁被征用的资产、采取资产置换的，其换入资产的计税成本按被征用资产的净值，加上被换入资产所支付的税费（涉及补价，还应加上补价款）计算确定。

【事例】大华公司 2012 年 10 月发生政策性搬迁事项，取得搬迁补偿收入 1000 万元，搬迁中拆除的厂房原值 790 万元，已提折旧 440 万元，拆迁过程中发生清理费用 10 万元，土地使用权折余价值 110 万元，发生拆迁设备拆解、运输、安装费用 30 万元，发生职工安置费 20 万元，2013 年度完成搬迁工作，重置固定资产 490 万元。该企业应怎样进行所得税处理？

第五节 特殊行业准备金纳税调整明细表填报

一、A105120 特殊行业准备金纳税调整明细表

行次	项目	账载金额	税收金额	纳税调整金额
		1	2	3（1 - 2）
1	一、保险公司（2 + 3 + 6 + 7 + 8 + 9 + 10）			
2	（一）未到期责任准备金			
3	（二）未决赔款准备金（4 + 5）			
4	其中：已发生已报案未决赔款准备金			
5	已发生未报案未决赔款准备金			
6	（三）巨灾风险准备金			
7	（四）寿险责任准备金			
8	（五）长期健康险责任准备金			
9	（六）保险保障基金			
10	（七）其他			
11	二、证券行业（12 + 13 + 14 + 15）			
12	（一）证券交易所风险基金			
13	（二）证券结算风险基金			

续表

行次	项　目	账载金额	税收金额	纳税调整金额
		1	2	3（1－2）
14	（三）证券投资者保护基金			
15	（四）其他			
16	三、期货行业（17＋18＋19＋20）			
17	（一）期货交易所风险准备金			
18	（二）期货公司风险准备金			
19	（三）期货投资者保障基金			
20	（四）其他			
21	四、金融企业（22＋23＋24）			
22	（一）涉农和中小企业贷款损失准备金			
23	（二）贷款损失准备金			
24	（三）其他			
25	五、中小企业信用担保机构（26＋27＋28）			
26	（一）担保赔偿准备			
27	（二）未到期责任准备			
28	（三）其他			
29	六、其他			
30	合计（1＋11＋16＋21＋25＋29）			

二、A105120《特殊行业准备金纳税调整明细表》填报说明

本表适用于发生特殊行业准备金纳税调整项目的纳税人填报。纳税人根据税法，财政部、国家税务总局《关于保险公司准备金支出企业所得税税前扣除有关政策问题的通知》（财税〔2012〕45号）、《关于保险公司农业巨灾风险准备金企业所得税税前扣除政策的通知》（财税〔2012〕23号）、《关于证券行业准备金支出企业所得税税前扣除有关政策问题的通知》（财税〔2012〕11号）、《关于金融企业贷款损失准备金企业所得税税前扣除政策的通知》（财税〔2012〕5号）、《关于延长金融企业涉农贷款和中小企业贷款损失准备金税前扣除政策执行期限的通知》（财税〔2011〕104号）、《关于中小企业信用担保机构有关准备金企业所得税税前扣除政策的通知》（财税〔2012〕25号）等相关规定，及国家统一企业会计制度，填报特殊行业准备金会计处理、税法规定及纳税调整情况。

（一）有关项目填报说明

1. 第1行"一、保险公司"：填报第2+3+6+7+8+9+10行的金额。

2. 第2行"（一）未到期责任准备金"：第1列"账载金额"填报会计核算计入当期损益的金额；第2列"税收金额"填报按税法规定允许税前扣除的金额；第3列为第1-2列的余额。

3. 第3行"（二）未决赔款准备金"：填报第4+5行的金额。本表调整的未决赔款准备金为已发生已报案未决赔款准备金、已发生未报案未决赔款准备金，不包括理赔费用准备金。

4. 第4行"其中：已发生已报案未决赔款准备金"：填报未决赔款准备金中已发生已报案准备金的纳税调整情况。填列方法同第2行。

5. 第5行"已发生未报案未决赔款准备金"：填报未决赔款准备金中已发生未报案准备金的纳税调整情况。填列方法同第2行。

6. 第6行"（三）巨灾风险准备金"：填报巨灾风险准备金的纳税调整情况。填列方法同第2行。

7. 第7行"（四）寿险责任准备金"：填报寿险责任准备金的纳税调整情况。填列方法同第2行。

8. 第8行"（五）长期健康险责任准备金"：填报长期健康险责任准备金的纳税调整情况。填列方法同第2行。

9. 第9行"（六）保险保障基金"：填报保险保障基金的纳税调整情况。填列方法同第2行。

10. 第10行"（七）其他"：填报除第2行至第9行以外的允许税前扣除的保险公司准备金的纳税调整情况。填列方法同第2行。

11. 第11行"二、证券行业"：填报第12+13+14+15行的金额。

12. 第12行"（一）证券交易所风险基金"：填报证券交易所风险基金的纳税调整情况。填列方法同第2行。

13. 第13行"（二）证券结算风险基金"：填报证券结算风险基金的纳税调整情况。填列方法同第2行。

14. 第14行"（三）证券投资者保护基金"：填报证券投资者保护基金的纳税调整情况。填列方法同第2行。

15. 第15行"（四）其他"：填报除第12行至第14行以外的允许税前扣除的证券行业准备金的纳税调整情况。填列方法同第2行。

16. 第16行"三、期货行业"：填报第17+18+19+20行的金额。

17. 第17行"（一）期货交易所风险准备金"：填报期货交易所风险准备金的纳税调整情况。填列方法同第2行。

18. 第18行"（二）期货公司风险准备金"：填报期货公司风险准备金的纳税调整情况。填列方法同第2行。

19. 第19行"（三）期货投资者保障基金"：填报期货投资者保障基金的纳税调整情况。填列方法同第2行。

20. 第20行"（四）其他"：填报除第17行至第19行以外的允许税前扣除的期货行业准备金的纳税调整情况。填列方法同第2行。

21. 第21行"四、金融企业"：本行填报第22+23+24行的合计数。

22. 第22行"（一）涉农和中小企业贷款损失准备金"：填报涉农和中小企业贷款损失准备金的纳税调整情况。填列方法同第2行。

23. 第23行"（二）贷款损失准备金"：填报贷款损失准备金的纳税调整情况。填列方法同第2行。

24. 第24行"（三）其他"：填报除第22行至第23行以外的允许税前扣除的金融企业准备金的纳税调整情况。填列方法同第2行。

25. 第25行"五、中小企业信用担保机构"：填报第26+27+28行的金额。

26. 第26行"（一）担保赔偿准备"：填报担保赔偿准备金的纳税调整情况。填列方法同第2行。

27. 第27行"（二）未到期责任准备"：填报未到期责任准备金的纳税调整情况。填列方法同第2行。

28. 第28行"（三）其他"：填报除第26行至第27行以外的允许税前扣除的中小企业信用担保机构准备金的纳税调整情况。填列方法同第2行。

29. 第29行"六、其他"：填报除保险公司、证券行业、期货行业、金融企业、中小企业信用担保机构以外的允许税前扣除的特殊行业准备金的纳税调整情况。填列方法同第2行。

30. 第30行"合计"：填报第1+11+16+21+25+29行的金额。

（二）表内、表间关系

1. 表内关系。

（1）第3列=第1-2列。

（2）第1行=第2+3+6+7+8+9+10行。

（3）第3行=第4+5行。

（4）第11行=第12+13+14+15行。

（5）第16行=第17+18+19+20行。

（6）第21行=第22+23+24行。

（7）第25行=第26+27+28行。

（8）第30行=第1+11+16+21+25+29行。

2. 表间关系。

（1）第 30 行第 1 列 = 表 A105000 第 38 行第 1 列。

（2）第 30 行第 2 列 = 表 A105000 第 38 行第 2 列。

（3）第 30 行第 3 列，若 ≥0，填入表 A105000 第 38 行第 3 列；若 <0，将绝对值填入表 A105000 第 38 行第 4 列。

三、应关注的风险事项

特殊行业准备金规定范围、计提比率及税务规定填报。见指定文件（从略）。

第六节 企业所得税弥补亏损明细表填报

一、A106000 企业所得税弥补亏损明细表

行次	项目	年度	纳税调整后所得	合并、分立转入（转出）可弥补的亏损额	当年可弥补的亏损额	以前年度亏损已弥补额					本年度实际弥补的以前年度亏损额	可结转以后年度弥补的亏损额
						前四年度	前三年度	前二年度	前一年度	合计		
		1	2	3	4	5	6	7	8	9	10	11
1	前五年度											*
2	前四年度					*						
3	前三年度					*	*					
4	前二年度					*	*	*				
5	前一年度					*	*	*	*			
6	本年度					*	*	*	*	*		
7	可结转以后年度弥补的亏损额合计											

二、A106000《企业所得税弥补亏损明细表》填报说明

本表填报纳税人根据税法，在本纳税年度及本纳税年度前 5 年度的纳税调整后所得、合并、分立转入（转出）可弥补的亏损额、当年可弥补的亏损额、以前年度亏损已弥补额、本年度实际弥补的以前年度亏损额、可结转以后年度弥补

的亏损额。

（一）有关项目填报说明

1. 第1列"年度"：填报公历年度。纳税人应首先填报第6行本年度，再依次从第5行往第1行倒推填报以前年度。纳税人发生政策性搬迁事项，如停止生产经营活动年度可以从法定亏损结转弥补年限中减除，则按可弥补亏损年度进行填报。

2. 第2列"纳税调整后所得"，第6行按以下情形填写：

（1）表A100000第19行"纳税调整后所得"＞0，第20行"所得减免"＞0，则本表第2列第6行＝本年度表A100000第19－20－21行，且减至0止。

第20行"所得减免"＜0，填报此处时，以0计算。

（2）表A100000第19行"纳税调整后所得"＜0，则本表第2列第6行＝本年度表A100000第19行。

第1行至第5行填报以前年度主表第23行（2013纳税年度前）或表A100000第19行（2014纳税年度后）"纳税调整后所得"的金额（亏损额以"－"号表示）。发生查补以前年度应纳税所得额的、追补以前年度未能税前扣除的实际资产损失等情况，该行需按修改后的"纳税调整后所得"金额进行填报。

3. 第3列"合并、分立转入（转出）可弥补的亏损额"：填报按照企业重组特殊性税务处理规定因企业被合并、分立而允许转入可弥补亏损额，以及因企业分立转出的可弥补亏损额（转入亏损以"－"号表示，转出亏损以正数表示）。

4. 第4列"当年可弥补的亏损额"：当第2列小于零时金额等于第2＋3列，否则等于第3列（亏损以"－"号表示）。

5. "以前年度亏损已弥补额"：填报以前年度盈利已弥补金额，其中：前四年度、前三年度、前二年度、前一年度与"项目"列中的前四年度、前三年度、前二年度、前一年度相对应。

6. 第10列"本年度实际弥补的以前年度亏损额"第1行至第5行：填报本年度盈利时，用第6行第2列本年度"纳税调整后所得"依次弥补前5年度尚未弥补完的亏损额。

7. 第10列"本年度实际弥补的以前年度亏损额"第6行：金额等于第10列第1行至第5行的合计数，该数据填入本年度表A100000第22行。

8. 第11列"可结转以后年度弥补的亏损额"第2行至第6行：填报本年度前4年度尚未弥补完的亏损额，以及本年度的亏损额。

9. 第11列"可结转以后年度弥补的亏损额合计"第7行：填报第11列第2行至第6行的合计数。

（二）表内、表间关系

1. 表内关系。

（1）若第 2 列 <0，第 4 列 = 第 2 +3 列，否则第 4 列 = 第 3 列。

（2）若第 3 列 >0 且第 2 列 <0，第 3 列 <第 2 列的绝对值。

（3）第 9 列 = 第 5 +6 +7 +8 列。

（4）若第 2 列第 6 行 >0，第 10 列第 1 行至第 5 行同一行次 ≤第 4 列第 1 行至第 5 行同一行次的绝对值 –第 9 列第 1 行至第 5 行同一行次；若第 2 列第 6 行 <0，第 10 列第 1 行至第 5 行 =0。

（5）若第 2 列第 6 行 >0，第 10 列第 6 行 = 第 10 列第 1 +2 +3 +4 +5 行且 ≤第 2 列第 6 行；若第 2 列第 6 行 <0，第 10 列第 6 行 =0。

（6）第 4 列为负数的行次，第 11 列同一行次 = 第 4 列该行的绝对值 –第 9 列该行 –第 10 列该行。否则第 11 列同一行次填 "0"。

（7）第 11 列第 7 行 = 第 11 列第 2 +3 +4 +5 +6 行。

2. 表间关系。

（1）第 6 行第 2 列 = 表 A100000 第 19 行。

（2）第 6 行第 10 列 = 表 A100000 第 22 行。

三、应关注的风险事项

（一）核查事项

1. 首先明确所得税弥补的亏损是指前 5 年度的依据所得税法计算的，负的应纳税所得额，是在会计利润的基础上，经纳税调整后的金额。包括合并、分立转入（转出）的亏损额。

2. 核查亏损额的计算是否正确、手续是否清楚、以前年度已弥补部分是否扣除等，同税务机关登记数是否相符。

3. 税前补亏事项非常复杂、涉及周期长、政策要求高、计算难度大、会计账面反映与计税要求不一致。应认真对待，不可忽视。

（二）税法相关规定

1. 企业亏损是指企业根据企业所得税法和实施条例的规定，将每一纳税年度的收入总额减除不征税收入、免税收入和各项扣除以后小于零的数额。《企业所得税法》第 5 条规定：企业纳税年度发生的亏损准予向以后年度结转，用以后年度的所得弥补，但结转年限最长不得超过 5 年。对企业在汇总计算缴纳企业所得税时，其境外营业机构的亏损不得抵减境内营业机构的盈利。

2.《企业所得税法》第 18 条规定：企业纳税年度发生的亏损，准予向以后年度结转，用以后年度的所得弥补，但结转年度最长不得超过 5 年。

【事例】某机械制造公司（居民企业）2013 年 1 月注册成立进行生产经营（为增值税一般纳税人）。2013 年应纳税所得额为 - 50 万元。2014 年经营数据如下（本题可能涉及第六章业务）：

（一）利润表数据

1. 销售产品取得不含税收入 9000 万元。

2. 销售产品成本 4500 万元。

3. 营业税费 200 万元。

4. 销售费用 2000 万元（其中广告宣传费 200 万元）。

5. 管理费用 1300 万元（其中，业务招待费 85 万元，新产品研发费 30 万元）。

6. 财务费用 100 万元。

7. 投资收益 50 万元（其中，向非上市公司股权投资 40 万元，用成本法核算，国债持有期利息收入 10 万元）。

8. 营业外支出 800 万元（其中，通过省教育厅捐赠给某高校 100 万元、对外赞助支出 40 万元，核销经理亲戚借 10 万元、存货盘亏损失 50 万元）。

（二）其他与所得税相关数据

1. 全年实际支付职工薪酬 1000 万元，职工福利费列支 120 万元、职工教育经费支出 40 万元，拨缴工会经费 20 万元。

2. 2013 年购买节能设备 200 万元。领用库存机械零件 60 万元。

3. 假设除上述资料外无其他涉及所得税事项。

经会计按税法做纳税调整后，2014 年度应缴企业所得税 35.5 万元，经税务师审核说计算有误，请你复核看看是否有误。你认为汇算清缴应该缴纳多少企业所得税？

第五章 税收优惠表填报

内容提要

税收优惠是国家给予企业的特殊待遇，列入企业所得税优惠管理的各类企业所得税优惠，包括免税收入、定期减免税、优惠税率、加计扣除、抵扣和应纳税所得额、加速折旧、减计收入、税额抵免和其他专项优惠政策。共涉及39项优惠政策，设计了11张表格，通过表格的方式计算税收优惠享受的情况。

风险提示

本部分涉及范围广、政策性强、手续要求严，要关注潜在风险，企业能享受的优惠不要放弃。

注意企业享受优惠的条件必须具备，批复手续必须完善，优惠内容、范围要符合规定要求。账簿记录必须清楚，欠缺手续必须补充完善。

注意减免税收入及加计扣除优惠数据要计算正确，涉及跨期的事项要区分正确，防范风险产生。

第一节　免税、减计收入及加计扣除优惠明细表填报

一、A107010 免税、减计收入及加计扣除优惠明细表

行次	项　目	金　额
1	一、免税收入（2 + 3 + 4 + 5）	
2	（一）国债利息收入	
3	（二）符合条件的居民企业之间的股息、红利等权益性投资收益（填写 A107011）	
4	（三）符合条件的非营利组织的收入	
5	（四）其他专项优惠（6 + 7 + 8 + 9 + 10 + 11 + 12 + 13 + 14）	
6	1. 中国清洁发展机制基金取得的收入	
7	2. 证券投资基金从证券市场取得的收入	
8	3. 证券投资基金投资者获得的分配收入	
9	4. 证券投资基金管理人运用基金买卖股票、债券的差价收入	
10	5. 取得的地方政府债券利息所得或收入	
11	6. 受灾地区企业取得的救灾和灾后恢复重建款项等收入	
12	7. 中国期货保证金监控中心有限责任公司取得的银行存款利息等收入	
13	8. 中国保险保障基金有限责任公司取得的保险保障基金等收入	
14	9. 其他	
15	二、减计收入（16 + 17）	
16	（一）综合利用资源生产产品取得的收入（填写 A107012）	
17	（二）其他专项优惠（18 + 19 + 20）	
18	1. 金融、保险等机构取得的涉农利息、保费收入（填写 A107013）	
19	2. 取得的中国铁路建设债券利息收入	
20	3. 其他	
21	三、加计扣除（22 + 23 + 26）	
22	（一）开发新技术、新产品、新工艺发生的研究开发费用加计扣除（填写 A107014）	
23	（二）安置残疾人员及国家鼓励安置的其他就业人员所支付的工资加计扣除（24 + 25）	
24	1. 支付残疾人员工资加计扣除	
25	2. 国家鼓励的其他就业人员工资加计扣除	
26	（三）其他专项优惠	
27	合计（1 + 15 + 21）	

二、A107010《免税、减计收入及加计扣除优惠明细表》填报说明

本表适用于享受免税收入、减计收入和加计扣除优惠的纳税人填报。纳税人根据税法及相关税收政策规定，填报本年发生的免税收入、减计收入和加计扣除优惠情况。

（一）有关项目填报说明

1. 第1行"一、免税收入"：填报第2＋3＋4＋5行的金额。

2. 第2行"（一）国债利息收入"：填报纳税人根据《国家税务总局关于企业国债投资业务企业所得税处理问题的公告》（国家税务总局公告2011年第36号）等相关税收政策规定的，持有国务院财政部门发行的国债取得的利息收入。

3. 第3行"（二）符合条件的居民企业之间的股息、红利等权益性投资收益"：填报《符合条件的居民企业之间的股息、红利等权益性投资收益优惠明细表》（A107011）第10行第16列金额。

4. 第4行"（三）符合条件的非营利组织的收入"：填报纳税人根据《财政部 国家税务总局关于非营利组织企业所得税免税收入问题的通知》（财税〔2009〕122号）、《财政部 国家税务总局关于非营利组织免税资格认定管理有关问题的通知》（财税〔2014〕13号）等相关税收政策规定的，同时符合条件并依法履行登记手续的非营利组织，取得的捐赠收入等免税收入，不包括从事营利性活动所取得的收入。

5. 第5行"（四）其他专项优惠"：填报第6＋7＋…＋14行的金额。

6. 第6行"1. 中国清洁发展机制基金取得的收入"：填报纳税人根据《财政部 国家税务总局关于中国清洁发展机制基金及清洁发展机制项目实施企业有关企业所得税政策问题的通知》（财税〔2009〕30号）等相关税收政策规定的，中国清洁发展机制基金取得的CDM项目温室气体减排量转让收入上缴国家的部分，国际金融组织赠款收入，基金资金的存款利息收入、购买国债的利息收入，国内外机构、组织和个人的捐赠收入。

7. 第7行"2. 证券投资基金从证券市场取得的收入"：填报纳税人根据《财政部 国家税务总局关于企业所得税若干优惠政策的通知》（财税〔2008〕1号）第二条第一款等相关税收政策规定的，证券投资基金从证券市场中取得的收入，包括买卖股票、债券的差价收入，股权的股息、红利收入，债券的利息收入及其他收入。

8. 第8行"3. 证券投资基金投资者获得的分配收入"：填报纳税人根据《财政部 国家税务总局关于企业所得税若干优惠政策的通知》（财税〔2008〕1号）第二条第二款等相关税收政策规定的，投资者从证券投资基金分配中取得的收入。

9. 第 9 行 "4. 证券投资基金管理人运用基金买卖股票、债券的差价收入"：填报纳税人根据《财政部 国家税务总局关于企业所得税若干优惠政策的通知》（财税〔2008〕1 号）第二条第三款等相关税收政策规定的，证券投资基金管理人运用基金买卖股票、债券的差价收入。

10. 第 10 行 "5. 取得的地方政府债券利息所得或收入"：填报纳税人根据《财政部 国家税务总局关于地方政府债券利息所得免征所得税问题的通知》（财税〔2011〕76 号）、《财政部 国家税务总局关于地方政府债券利息免征所得税问题的通知》（财税〔2013〕5 号）等相关税收政策规定的，取得的 2009 年、2010 年和 2011 年发行的地方政府债券利息所得，2012 年及以后年度发行的地方政府债券利息收入。

11. 第 11 行 "6. 受灾地区企业取得的救灾和灾后恢复重建款项等收入"：填报芦山受灾地区企业根据《财政部 海关总署 国家税务总局关于支持芦山地震灾后恢复重建有关税收政策问题的通知》（财税〔2013〕58 号）等相关税收政策规定的，通过公益性社会团体、县级以上人民政府及其部门取得的抗震救灾和灾后恢复重建款项和物资，以及税收法律、法规和国务院批准的减免税金及附加收入。

12. 第 12 行 "7. 中国期货保证金监控中心有限责任公司取得的银行存款利息等收入"：填报中国期货保证金监控中心有限责任公司根据《财政部 国家税务总局关于期货投资者保障基金有关税收政策继续执行的通知》（财税〔2013〕80 号）等相关税收政策规定的，取得的银行存款利息收入、购买国债、中央银行和中央级金融机构发行债券的利息收入，以及证监会和财政部批准的其他资金运用取得的收入。

13. 第 13 行 "8. 中国保险保障基金有限责任公司取得的保险保障基金等收入"：填报中国保险保障基金有限责任公司根据《财政部 国家税务总局关于保险保障基金有关税收政策继续执行的通知》（财税〔2013〕81 号）等相关税收政策规定的，根据《保险保障基金管理办法》取得的境内保险公司依法缴纳的保险保障基金；依法从撤销或破产保险公司清算财产中获得的受偿收入和向有关责任方追偿所得，以及依法从保险公司风险处置中获得的财产转让所得；捐赠所得；银行存款利息收入；购买政府债券、中央银行、中央企业和中央级金融机构发行债券的利息收入；国务院批准的其他资金运用取得的收入。

14. 第 14 行 "9. 其他"：填报纳税人享受的其他免税收入金额。

15. 第 15 行 "二、减计收入"：填报第 16 + 17 行的金额。

16. 第 16 行 "（一）综合利用资源生产产品取得的收入"：填报《综合利用资源生产产品取得的收入优惠明细表》（A107012）第 10 行第 10 列的金额。

17. 第 17 行 "（二）其他专项优惠"：填报第 18 + 19 + 20 行的金额。

18. 第18行"1. 金融、保险等机构取得的涉农利息、保费收入":填报《金融、保险等机构取得的涉农利息、保费收入优惠明细表》（A107013）第13行的金额。

19. 第19行"2. 取得的中国铁路建设债券利息收入":填报纳税人根据《财政部 国家税务总局关于铁路建设债券利息收入企业所得税政策的通知》（财税〔2011〕99号）、《财政部 国家税务总局关于2014 2015年铁路建设债券利息收入企业所得税政策的通知》（财税〔2014〕2号）等相关税收政策规定的，对企业持有发行的中国铁路建设债券取得的利息收入，减半征收企业所得税。本行填报政策规定减计50%收入的金额。

20. 第20行"3. 其他":填报纳税人享受的其他减计收入金额。

21. 第21行"三、加计扣除":填报第22 + 23 + 26行的金额。

22. 第22行"（一）开发新技术、新产品、新工艺发生的研究开发费用加计扣除":填报《研发费用加计扣除优惠明细表》（A107014）第10行第19列的金额。

23. 第23行"（二）安置残疾人员及国家鼓励安置的其他就业人员所支付的工资加计扣除":填报第24 + 25行的金额。

24. 第24行"1. 支付残疾人员工资加计扣除":填报纳税人根据《财政部 国家税务总局关于安置残疾人员就业有关企业所得税优惠政策问题的通知》（财税〔2009〕70号）等相关税收政策规定的，安置残疾人员的，在支付给残疾职工工资据实扣除的基础上，按照支付给残疾职工工资的100%加计扣除的金额。

25. 第25行"2. 国家鼓励的其他就业人员工资加计扣除":填报享受企业向其他就业人员支付工资加计扣除金额。

26. 第26行"（三）其他专项优惠":填报纳税人享受的其他加计扣除的金额。

27. 第27行"合计":填报第1 + 15 + 21行的金额。

（二）表内、表间关系

1. 表内关系。

（1）第1行 = 第2 + 3 + 4 + 5行。

（2）第5行 = 第6 + 7 + … + 14行。

（3）第15行 = 第16 + 17行。

（4）第17行 = 第18 + 19 + 20行。

（5）第21行 = 第22 + 23 + 26行。

（6）第23行 = 第24 + 25行。

（7）第27行 = 第1 + 15 + 21行。

2. 表间关系。

（1）第27行 = 表A100000第17行。

（2）第 3 行 = 表 A107011 第 10 行第 16 列。

（3）第 16 行 = 表 107012 第 10 行第 10 列。

（4）第 18 行 = 表 A107013 第 13 行。

（5）第 22 行 = 表 A107014 第 10 行第 19 列。

三、应关注的风险事项

（一）核查事项

1. 核查是否将国债收益作为免税收益处理。

2. 居民企业之间股息、红利等权益性投资收益是否按规定核算。

3. 非营利组织取得的免税收入是否符合条件。

4. 证券投资优惠及资源利用优惠等，核查相关手续及凭证记录等。

5. 残疾人安置税收优惠，核查相关记录账户。

这一部分涉及的面广、要求严格，各单位要结合自身的情况核查。

（二）税法相关规定

1. 符合条件的四项免税收入。

根据《企业所得税法》第二十六条规定，下列收入为免税收入：

（1）国债利息收入。

（2）符合条件的居民企业之间的股息、红利等权益性投资收益，是指居民企业直接投资于其他居民企业取得的投资收益。但不包括连续持有居民企业公开发行并上市流通的股票不足 12 个月取得的处置收益。

（3）符合条件的非营利组织的收入。不包括非营利组织从事营利性活动取得的收入。符合条件的非营利组织是指同时符合下列条件：①依法履行非营利组织登记手续。②从事公益性或者非营利性活动。③取得的收入除用于与该组织有关的、合理的支出外，合部用于登记核定或者章程规定的公益性或者非营利性事业。④财产及其孳生息不用于分配。⑤按照登记核定或者章程规定，该组织注销后的剩余财产用于公益性或者非营利性目的，或者由登记管理机关转赠给与该组织性质、宗旨相同的组织，并向社会公告。⑥投入人对投入该组织的财产不保留或者享有任何财产权利。⑦工作人员工资福利开支控制在规定的比例内，不变相分配该组织的财产。

（4）其他专项优惠。

1）鼓励证券投资基金发展的优惠政策。①对证券投资基金从证券市场中取得的收入，包括买卖股票、债券的差价收入，股权的股息、红利收入，债券的利息收入及其他收入，暂不征收企业所得税。②对投资者从证券投资基金分配中取得的收入，暂不征收企业所得税。③对证券投资基金管理人运用基金买卖股票、债券的差价收入，暂不征收企业所得税。

2）其他有关行业、企业的优惠。为保证部分行业、企业税收优惠政策执行的连续性，对原有关就业再就业，奥运会和世博会，社会公益，债转股、清产核资、重组、改制、转制等企业改革，涉农和国家储备，其他单项优惠政策共6类定期企业所得税优惠政策（附件略），自2008年1月1日起，继续按原优惠政策规定的办法和时间执行到期。

3）外国投资者从外商投资企业取得利润的优惠。2008年1月1日之前外商投资企业形成的累积未分配利润，在2008年以后分配给外国投资者的，免征企业所得税；2008年及以后年度外商投资企业新增利润分配给外国投资者的，依法缴纳企业所得税。

2. 减计收入。

企业以《资源综合利用企业所得税优惠目录》规定的资源作为主要原材料，生产国家非限制和禁止并符合国家和行业相关标准的产品取得的收入，减按90%计入收入总额。

上述称原材料占生产产品材料的比例不得低于《资源综合利用企业所得税优惠目录》规定的标准。

3. 加计扣除。

安置残疾人单位的企业所得税政策。根据财税［2009］70号文件精神，优惠政策规定如下：

（1）企业安置残疾人员的，在按照支付给残疾职工工资据实扣除的基础上，可以在计算应纳税所得额时按照支付给残疾职工工资的100%加计扣除。

企业就支付给残疾职工的工资，在进行企业所得税预缴申报时，允许据实计算扣除；在年度终了进行企业所得税年度申报和汇算清缴时，再依照本条第一款的规定计算加计扣除。

（2）残疾人员的范围适用《中华人民共和国残疾人员保障法》的有关规定。

（3）企业享受安置残疾职工工资100%加计扣除应同时具备如下条件：

1）依法与安置的每位残疾人签订了1年以上（含1年）的劳动合同或服务协议，并且安置的每位残疾人在企业实际上岗工作。

2）为安置的每位残疾人缴纳了企业所在区县人民政府根据国家政策规定的基本养老保险、基本医疗保险、失业保险和工伤保险等社会保险。

3）通过银行等金融机构向安置的每位残疾人员实际支付了不低于企业所在区县适用的经省级人民政府批准的最低工资标准的工资。

4）具备安置残疾人上岗工作的基本设施。

（4）企业应在年度终了进行企业所得税年度审计报告和汇算清缴时，向主管税务机关报送应安置残疾职工名单及其《中华人民共和国残疾人证》或《中华人民共和国残疾军人证（1～8级）》复印件和主管税务机关要求提供的其他资料，办理享受企业所得税加计扣除优惠的备案手续。

第二节　符合条件的居民企业之间的股息、红利等权益性投资收益优惠明细表填报

一、A107011 符合条件的居民企业之间的股息、红利等权益性投资收益优惠明细表

行次	被投资企业	投资性质	投资成本	投资比例	被投资企业利润分配确认金额		被投资企业清算确认金额			撤回或减少投资确认金额						合计
					被投资企业做出利润分配或转股决定时间	依决定归属于本公司的股息、红利等权益性投资收益金额	分得的被投资企业清算剩余资产	被清算企业累计未分配利润和累计盈余公积应享有部分	应确认的股息所得	从被投资企业撤回或减少投资取得的资产	减少投资比例	收回初始投资成本	取得资产中超过收回初始投资成本部分	撤回或减少投资应享有被投资企业累计未分配利润和累计盈余公积	应确认的股息所得	
	1	2	3	4	5	6	7	8	9(7与8孰小)	10	11	12(3×11)	13(10-12)	14	15(13与14孰小)	16(6+9+15)
1																
2																
3																
4																
5																
6																
7																
8																
9																
10	合计	*	*	*	*		*	*	*	*	*	*	*	*		

二、A107011《符合条件的居民企业之间的股息、红利等权益性投资收益优惠明细表》填报说明

本表适用于享受符合条件的居民企业之间的股息、红利等权益性投资收益优惠的纳税人填报。纳税人根据税法、《财政部 国家税务总局关于企业清算业务企业所得税处理若干问题的通知》(财税〔2009〕60号)、《财政部 国家税务总局关于执行企业所得税优惠政策若干问题的通知》(财税〔2009〕69号)、《国家税务总局关于贯彻落实企业所得税法若干税收问题的通知》(国税函〔2010〕79号)、《国家税务总局关于企业所得税若干问题的公告》(国家税务总局公告2011年第34号)等相关税收政策规定，填报本年发生的符合条件的居民企业之间的股息、红利等权益性投资收益优惠情况，不包括连续持有居民企业公开发行并上市流通的股票不足12个月取得的投资收益。

（一）有关项目填报说明

1. 行次按不同的被投资企业分别填报。

2. 第1列"被投资企业"：填报被投资企业名称。

3. 第2列"投资性质"：填报直接投资或股票投资。

4. 第3列"投资成本"：填报纳税人投资于被投资企业的计税成本。

5. 第4列"投资比例"：填报纳税人投资于被投资企业的股权比例；若购买公开发行股票的，此列可不填报。

6. 第5列"被投资企业做出利润分配或转股决定时间"：填报被投资企业做出利润分配或转股决定的时间。

7. 第6列"依决定归属于本公司的股息、红利等权益性投资收益金额"：填报纳税人按照投资比例计算的归属于本公司的股息、红利等权益性投资收益金额。若被投资企业将股权（票）溢价所形成的资本公积转为股本的，不作为投资方企业的股息、红利收入，投资方企业也不得增加该项长期投资的计税基础。

8. 第7列"分得的被投资企业清算剩余资产"：填报纳税人分得的被投资企业清算后的剩余资产。

9. 第8列"被清算企业累计未分配利润和累计盈余公积应享有部分"：填报被清算企业累计未分配利润和累计盈余公积中本企业应享有的金额。

10. 第9列"应确认的股息所得"：填报第7列与第8列孰小数。

11. 第10列"从被投资企业撤回或减少投资取得的资产"：填报纳税人从被投资企业撤回或减少投资时取得的资产。

12. 第11列"减少投资比例"：填报纳税人撤回或减少的投资额占被投资企业的股权比例。

13. 第 12 列"收回初始投资成本"：填报第 3 × 11 列的金额。

14. 第 13 列"取得资产中超过收回初始投资成本部分"：填报第 10 - 12 列的金额。

15. 第 14 列"撤回或减少投资应享有被投资企业累计未分配利润和累计盈余公积"：填报被投资企业累计未分配利润和累计盈余公积按减少实收资本比例计算的部分。

16. 第 15 列"应确认的股息所得"：填报第 13 列与第 14 列孰小数。

17. 第 16 列"合计"：填报第 6 + 9 + 15 列的金额。

18. 第 10 行"合计"：填报第 1 + 2 + … + 9 行的金额。

（二）表内、表间关系

1. 表内关系。

（1）第 12 列 = 第 3 × 11 列。

（2）第 13 列 = 第 10 - 12 列。

（3）第 16 列 = 第 6 + 9 + 15 列。

（4）第 9 列：第 7 列与第 8 列孰小数。

（5）第 15 列：第 13 列与第 14 列孰小数。

（6）第 10 行 = 第 1 + 2 + … + 9 行。

2. 表间关系。

第 10 行第 16 列 = 表 A107010 第 3 行。

三、应关注的风险事项

（一）核查事项

1. 核查居民企业之间股息、红利等权益性投资收益是否按规定核算，通过"投资收益"账户核查，有无未分清内容的现象存在。金额是否正确、确认日期是否符合规定。

2. 投资资产的成本如果按会计规定核算，其内容是否符合计税基础的要求。

3. 对持有到期的投资，会计上采用实际利率法核算，按摊余成本对其进行后续计量。对此，税法规定不承认实际利率法，需要进行纳税调整；如果对持有到期的投资计提了减值准备，不属于税法规定准予税前扣除的呆账准备金额的，不得税前扣除；终止确认时，会计上按账面价值结转，而税法按计税基础扣除，两者的差额应进行纳税调整。

（二）税法相关规定

《企业所得税法》规定，符合条件的居民企业之间的股息、红利等权益性投资收益，是指居民企业直接投资于其他居民企业取得的投资收益。但不包括连续持有居民企业公开发行并上市流通的股票不足 12 个月取得的处置收益。

所称投资资产是指企业对外进行权益性投资和债权性投资所形成的资产。企业在转让或者处置投资资产时，投资资产的成本准予扣除。

投资资产按照以下方法确定成本：

1. 通过支付现金方式取得的投资资产，以购买价款为成本。

2. 通过支付现金以外的方式取得的投资资产，以该资产的公允价值和支付的相关税费为成本。

3. 财税〔2009〕60 号文件第五条规定：被清算企业的股东分得的剩余资产的金额，其中相当于被清算企业累计未分配利润和累计盈余公积中按该股东所占股份比例计算的部分，应确认股息所得；剩余资产减除股息所得后的余额，超过或低于股东投资成本的部分，应确认为股东的投资转让所得或损失。

4. 国税函〔2010〕79 号文件第三条规定：企业转让股权收入，应于转让协议生效且完成股权变更手续时，确认收入的实现。转让股权收入扣除为取得该股权所发生的成本后，为股权转让所得。企业在计算股权转让所得时，不得扣除被投资企业未分配利润等股东留存收益中按该项股权所可能分配的金额。

第三节　综合利用资源生产产品取得的收入优惠明细表填报

一、A107012 综合利用资源生产产品取得的收入优惠明细表

行次	生产的产品名称	资源综合利用认定证书基本情况			属于《资源综合利用企业所得税优惠目录》类别	综合利用的资源	综合利用的资源占生产产品材料的比例	《资源综合利用企业所得税优惠目录》规定的标准	符合条件的综合利用资源生产产品取得的收入总额	综合利用资源减计收入
		《资源综合利用认定证书》取得时间	《资源综合利用认定证书》有效期	《资源综合利用认定证书》编号						
	1	2	3	4	5	6	7	8	9	10(9×10%)
1										
2										
3										
4										

续表

行次	生产的产品名称	资源综合利用认定证书基本情况			属于《资源综合利用企业所得税优惠目录》类别	综合利用的资源	综合利用的资源占生产产品材料的比例	《资源综合利用企业所得税优惠目录》规定的标准	符合条件的综合利用资源生产产品取得的收入总额	综合利用资源减计收入
		《资源综合利用认定证书》取得时间	《资源综合利用认定证书》有效期	《资源综合利用认定证书》编号						
	1	2	3	4	5	6	7	8	9	10(9×10%)
5										
6										
7										
8										
9										
10	合计	*	*	*	*	*	*	*	*	

二、A107012《综合利用资源生产产品取得的收入优惠明细表》填报说明

本表适用于享受综合利用资源生产产品取得的收入优惠的纳税人填报。纳税人根据税法、《国家发展改革委 财政部 国家税务总局关于印发〈国家鼓励的资源综合利用认定管理办法〉的通知》（发改环资〔2006〕1864号）、《财政部 国家税务总局关于执行资源综合利用企业所得税优惠目录有关问题的通知》（财税〔2008〕47号）、《财政部 国家税务总局 国家发展改革委关于公布资源综合利用企业所得税优惠目录（2008年版）的通知》（财税〔2008〕117号）、《国家税务总局关于资源综合利用企业所得税优惠管理问题的通知》（国税函〔2009〕185号）等相关税收政策规定，填报本年发生的综合利用资源生产产品取得的收入优惠情况。

（一）有关项目填报说明

1. 行次按纳税人综合利用资源生产的不同产品名称分别填报。

2. 第1列"生产的产品名称"：填报纳税人综合利用资源生产的产品名称。

3. 第2列"《资源综合利用认定证书》取得时间"：填报纳税人取得《资源综合利用认定证书》的时间。

4. 第3列"《资源综合利用认定证书》有效期"：填报证书有效期。

5. 第4列"《资源综合利用认定证书》编号"：填报纳税人取得的《资源综合

利用认定证书》编号。

6. 第5列"属于《资源综合利用企业所得税优惠目录》类别"：填报纳税人生产产品综合利用的资源属于《资源综合利用企业所得税优惠目录》的类别，如共生、伴生矿产资源，废水（液）、废气、废渣或再生资源。

7. 第6列"综合利用的资源"：填报纳税人生产产品综合利用的资源名称，根据《资源综合利用企业所得税优惠目录》中综合利用的资源名称填报。

8. 第7列"综合利用的资源占生产产品材料的比例"：填报纳税人实际综合利用的资源占生产产品材料的比例。

9. 第8列"《资源综合利用企业所得税优惠目录》规定的标准"：填报纳税人综合利用资源生产产品在《资源综合利用企业所得税优惠目录》中规定的技术标准。

10. 第9列"符合条件的综合利用资源生产产品取得的收入总额"：填报纳税人综合利用资源生产产品取得的收入总额。

11. 第10列"综合利用资源减计收入"：填报第9列×10%的金额。

12. 第10行第10列"合计"：填报第10列第1+2+…+9行的金额。

（二）表内、表间关系

1. 表内关系。

（1）第10列 = 第9列×10%。

（2）第10行第10列 = 第10列第1+2+…+9行。

2. 表间关系。

第10行第10列 = 表 A107010 第16行。

三、应关注的风险事项

（一）核查事项

检查企业是否取得《资源综合利用认定证书》，认定证书编号是否在有效期内。

检查企业资源综合利用是否符合所得税优惠目录中要求，手续是否完善、记录是否正确、计算是否合规。

（二）税法相关规定

企业以《资源综合利用企业所得税优惠目录》（以下简称《目录》）规定的资源作为主要原材料，生产国家非限制和禁止并符合国家和行业相关指标的产品取得的收入，减按90%计入收入总额。

上述所称原材料占生产产品材料的比例不得低于《目录》规定的标准。

第四节　金融保险等机构取得的涉农利息、保费收入优惠明细表填报

一、A107013 金融、保险等机构取得的涉农利息、保费收入优惠明细表

行次	项　目	金额
1	一、金融机构农户小额贷款的利息收入	*
2	（一）金融机构取得农户小额贷款利息收入总额	
3	（二）金融机构取得农户小额贷款利息减计收入（2×10%）	
4	二、保险公司为种植业、养殖业提供保险业务取得的保费收入	*
5	（一）保险公司为种植业、养殖业提供保险业务取得的保费收入总额（6+7-8）	
6	1. 原保费收入	
7	2. 分保费收入	
8	3. 分出保费收入	
9	（二）保险公司为种植业、养殖业提供保险业务取得的保费减计收入（5×10%）	
10	三、其他符合条件的机构农户小额贷款的利息收入	*
11	（一）其他符合条件的机构取得农户小额贷款利息收入总额	
12	（二）其他符合条件的机构取得农户小额贷款利息减计收入（11×10%）	
13	合计（3+9+12）	

二、A107013《金融、保险等机构取得的涉农利息、保费收入优惠明细表》填报说明

　　本表适用于享受金融、保险等机构取得的涉农利息、保费收入优惠的纳税人填报。纳税人根据税法、《财政部 国家税务总局关于农村金融有关税收政策的通知》（财税〔2010〕4号）、《财政部 国家税务总局关于中国扶贫基金会小额信贷试点项目税收政策的通知》（财税〔2010〕35号）、《财政部 国家税务总局关于中国扶贫基金会所属小额贷款公司享受有关税收优惠政策的通知》（财税〔2012〕33号）等相关税收政策规定，填报本年发生的金融、保险等机构取得的涉农利息、保费收入优惠情况（财税〔2010〕4号政策执行期限至2013年12月31日，若无延期停止执行）。

　　（一）有关项目填报说明

　　1. 第2行"（一）金融机构取得农户小额贷款利息收入总额"：填报纳税人

取得农户小额贷款利息收入总额。

2. 第 3 行"（二）金融机构取得农户小额贷款利息减计收入"：填报第 2 行 ×10% 的金额。

3. 第 5 行"（一）保险公司为种植业、养殖业提供保险业务取得的保费收入总额"：填报第 6 + 7 − 8 行的金额。

4. 第 6 行"1. 原保费收入"：填报纳税人为种植业、养殖业提供保险业务取得的原保费收入。

5. 第 7 行"2. 分保费收入"：填报纳税人为种植业、养殖业提供保险业务取得的分保费收入。

6. 第 8 行"3. 分出保费收入"：填报纳税人为种植业、养殖业提供保险业务分出的保费收入。

7. 第 9 行"（二）保险公司为种植业、养殖业提供保险业务取得的保费减计收入"：填报第 5 行 ×10% 的金额。

8. 第 11 行"（一）其他符合条件的机构取得农户小额贷款利息收入总额"：填报中和农信项目管理有限公司和中国扶贫基金会举办的农户自立服务社（中心）、小额贷款公司从事农户小额贷款取得的利息收入总额。

9. 第 12 行"（二）其他符合条件的机构取得农户小额贷款利息减计收入"：填报第 11 行 ×10% 的金额。

10. 第 13 行"合计"：填报第 3 + 9 + 12 行的金额。

（二）表内、表间关系

1. 表内关系。

（1）第 3 行 = 第 2 行 ×10%。

（2）第 5 行 = 第 6 + 7 − 8 行。

（3）第 9 行 = 第 5 行 ×10%。

（4）第 12 行 = 第 11 行 ×10%。

（5）第 13 行 = 第 3 + 9 + 12 行。

2. 表间关系。

第 13 行 = 表 A107010 第 18 行。

三、应关注的风险事项

按规定文件处理，从略。

第五节 研发费用加计扣除优惠明细表填报

一、A107014 研发费用加计扣除优惠明细表

| 行次 | 研发项目 | 本年研发费用明细 | | | | | | | | | 减:作为不征税收入处理的财政性资金用于研发的部分 | 可加计扣除的研发费用合计 | 费用化部分 | | 资本化部分 | | | | 本年研发费用加计扣除额合计 |
		研发活动直接消耗的材料、燃料和动力费用	直接从事研发活动的本企业在职人员人力费用	专门用于研发活动的有关折旧费、租赁费、运行维护费	专门用于研发活动的有关无形资产摊销费	中间试验和产品试制的有关费用、样机及一般测试手段购置费	研发成果的论证、评审、验收、鉴定费用	勘探开发技术的现场试验费、新药研制的临床试验费	设计、制定、资料和翻译费用	年度研发费用合计			计入本年损益的金额	计入本年研发费用加计扣除额	本年形成无形资产的金额	本年形成无形资产加计摊销额	以前年度形成无形资产本年加计摊销额	无形资产本年加计摊销额合计	
	1	2	3	4	5	6	7	8	9	$10(2+3+4+5+6+7+8+9)$	11	$12(10-11)$	13	$14(13\times50\%)$	15	16	17	$18(16+17)$	$19(14+18)$
1																			
2																			
3																			
4																			
5																			
6																			
7																			
8																			
9																			
10 合计																			

二、A107014《研发费用加计扣除优惠明细表》填报说明

本表适用于享受研发费用加计扣除优惠的纳税人填报。纳税人根据税法、《国家税务总局关于印发〈企业研究开发费用税前扣除管理办法（试行）〉的通知》（国税发〔2008〕116号）、《财政部 海关总署 国家税务总局关于支持文化企业发展若干税收政策问题的通知》（财税〔2009〕31号）、《财政部 国家税务总局关于研究开发费用税前加计扣除有关政策问题的通知》（财税〔2013〕70号）等相关税收政策规定，填报本年发生的研发费用加计扣除优惠情况。

（一）有关项目填报说明

1. 第1列"研发项目"：填报纳税人研发项目名称。

2. 第2列"研发活动直接消耗的材料、燃料和动力费用"：填报纳税人从事研发活动直接消耗的材料、燃料和动力费用。

3. 第3列"直接从事研发活动的本企业在职人员费用"：填报纳税人在职直接从事研发活动人员的工资、薪金、奖金、津贴、补贴，及纳税人依照国务院有关主管部门或者省级人民政府规定的范围和标准为在职直接从事研发活动人员缴纳的基本养老保险费、基本医疗保险费、失业保险费、工伤保险费、生育保险费和住房公积金。

4. 第4列"专门用于研发活动的有关折旧费、租赁费、运行维护费"：填报纳税人专门用于研发活动的仪器、设备的折旧费，租赁费及运行维护、调整、检验、维修等费用。

5. 第5列"专门用于研发活动的有关无形资产摊销费"：填报纳税人专门用于研发活动的软件、专利权、非专利技术等无形资产的摊销费用。

6. 第6列"中间试验和产品试制的有关费用，样品、样机及一般测试手段购置费"：填报纳税人专门用于中间试验和产品试制的模具、工艺装备开发及制造费，不构成固定资产的样品、样机及一般测试手段购置费。

7. 第7列"研发成果论证、评审、验收、鉴定费用"：填报纳税人研发成果的论证、评审、验收、鉴定费用。

8. 第8列"勘探开发技术的现场试验费，新药研制的临床试验费"：填报纳税人勘探开发技术的现场试验费，及新药研制的临床试验费。

9. 第9列"设计、制定、资料和翻译费用"：填报纳税人新产品设计费、新工艺规程制定费以及与研发活动直接相关的技术图书资料费、资料翻译费。

10. 第10列"年度研发费用合计"：填报第2+3+…+9列的金额。

11. 第11列"减：作为不征税收入处理的财政性资金用于研发的部分"：填报纳税人研究开发费用中作为不征税收入处理的财政性资金用于研发的部分。

12. 第 12 列 "可加计扣除的研发费用合计"：填报第 10 – 11 列的金额。

13. 第 13 列 "计入本年损益的金额"：填报纳税人未形成无形资产计入本年损益的研发费用金额，本列金额 ≤ 第 12 列。

14. 第 14 列 "计入本年研发费用加计扣除额"：填报第 13 列 × 50% 的金额。

15. 第 15 列 "本年形成无形资产的金额"：填报纳税人本年按照国家统一企业会计制度核算的形成无形资产的金额，包括以前年度研发费用资本化本年结转无形资产金额和本年研发费用资本化本年结转无形资产金额。

16. 第 16 列 "本年形成无形资产加计摊销额"：填报纳税人本年形成的无形资产计算的本年加计摊销额。

17. 第 17 列 "以前年度形成无形资产本年加计摊销额"：填报纳税人以前年度形成的无形资产计算的本年加计摊销额。

18. 第 18 列 "无形资产本年加计摊销额"：填报第 16 + 17 列的金额。

19. 第 19 列 "本年研发费用加计扣除额合计"：填报第 14 + 18 列的金额。

20. 第 10 行 "合计"：填报第 1 + 2 + … + 9 行的金额。

（二）表内、表间关系

1. 表内关系。

（1）第 10 列 = 第 2 + 3 + … + 9 列。

（2）第 12 列 = 第 10 – 11 列。

（3）第 13 列 ≤ 第 12 列。

（4）第 14 列 = 第 13 列 × 50%。

（5）第 18 列 = 第 16 + 17 列。

（6）第 19 列 = 第 14 + 18 列。

（7）第 10 行 = 第 1 + 2 + … + 9 行。

2. 表间关系。

第 10 行第 19 列 = 表 A107010 第 22 行。

三、应关注的风险事项

（一）核查事项

（1）核查企业 "三新" 研发项目立项手续是完备，委托外部研发及合作研发协议是否完善，是否专设账户分项核算研发支出，加计扣除数字是否正确。

（2）研发项目支出的手续是否完善、内容是否合规、记录是否清晰、有无将非研发支出计入研发费用。

（3）项目完工后验收手续是否完善，费用化与资本化的处置是否清晰。

（二）税法相关规定

1. 开发新技术、新产品和新工艺发生的研究开发费用。

《企业所得税法》第三十条规定：可以在计算应纳税所得额时加计扣除。

研究开发费用的加计扣除，是指企业为开发新技术、新产品和新工艺发生的研究开发费用，未形成无形资产计入当期损益的，应按照规定据实扣除的基础上，按照研究开发费用的50%加计扣除当年的应纳税所得额；形成无形资产的，按照形成无形资产成本的150%摊销，摊销期限不得低于10年。

2. 研究开发费用加计扣除的项目范围。

根据《企业研究开发费用税前扣除管理办法（试行）》（国税发〔2008〕116号）规定：企业从事《国家重点支持的高新技术领域》和国家发展改革委员会等部门公布的《当前优先发展的高新技术产业化重点领域指南（2007年度）》规定项目的研究开发活动，其在一个纳税年度中实际发生的下列费用支出，允许在计算应纳税所得额时按照规定实行加计扣除。

（1）新产品设计费、新工艺规程制定费以及与研发活动直接相关的技术图书资料费、资料翻译费。

（2）从事研发活动直接消耗的材料、燃料和动力费用。

（3）在职直接从事研发活动人员的工资、薪金、奖金、津贴、补贴。

（4）专门用于研发活动的仪器、设备的折旧费或租赁费。

（5）专门用于研发活动的软件、专利权、非专利技术等无形资产的摊销费用。

（6）专门用于中间试验和产品试制的模具、工艺装备开发及制造费。

（7）勘探开发技术的现场试验费。

（8）研发成果的论证、评审、验收费用。

3. 具体操作的规定。

（1）对企业共同合作开发的项目，凡符合上述条件的，由合作各方就自身承办的研发费用分别按照规定计算加计扣除。

（2）对企业委托给外单位进行开发的研发费用，凡符合上述条件的，由委托方按照规定计算加计扣除，受托方不得再进行加计扣除。

（3）对委托开发的项目，受托方应向委托方提供该研发项目的费用支出明细情况，否则，该委托开发项目的费用支出不得实行加计扣除。

（4）企业未设立专门的研发机构或企业研发机构同时承担生产经营任务的，应该对研发费用和生产经营费用分开进行核算，准确、合理地计算各项研究开发费用支出，对划分不清的，不得实行加计扣除。

（5）企业必须对研究开发费用实行专账管理，同时必须按照管理办法附表的规定项目，准确归集填写年度可加计扣除的各项研究开发费用实际发生金额。企业应于年度汇算清缴所得税申报时向主管税务机关报送管理办法规定的相应资料。申报的研究开发费用不真实或者资料不齐全的，不得享受研究开发费用加计扣除，主管税务机关有权对企业申报的结果进行合理调整。

（6）企业在一个纳税年度内进行多项研究开发活动的，应按照不同开发项目分别归集可加计扣除的研究开发费用额。

（7）企业实际发生的研究开发费，在年度中间预缴所得税时，允许据实计算扣除，在年度终了进行所得税年度申报和汇算清缴时，再依照规定计算加计扣除。

（8）企业集团根据生产经营和科技开发的实际情况，对技术要求高、资金数额大，需要由集团公司进行集中开发的研究开发项目，其实际发生的研究开发费，可以按照合理的分摊方法在受益集团成员公司间进行分摊。分摊时应由企业集团提供集中研究开发项目的协议或合同（该协议或合同应明确规定参与各方在该研究开发项目中的权利和义务、费用分摊方法等内容）。并且由企业集团母公司负责编制集中研究开发项目的立项书、研究开发费用预算表、决算表和决算分摊表。

4. 申请加计扣除时应报送的资料。

企业申报研究开发费加计扣除时，应向主管税务机关报送如下资料：

（1）自主、委托、合作研究开发项目计划书和研究开发费预算。

（2）自主、委托、合作研究开发专门机构或项目组的编制情况和专业人员名单。

（3）自主、委托、合作研究开发项目当年研究开发费用发生情况归集表。

（4）企业总经理办公会或董事会关于自主、委托、合作研究开发项目立项的决议文件。委托、合作研究开发项目的合同或协议。

（5）研究开发项目的效用情况说明、研究成果报告等资料。

【事例】大华公司科研部自主研发一项新技术，研发一旦成功将会降低企业生产成本。经董事会研究认为有可靠的技术和财务支撑，核准后投入研发。2013年度研发过程中耗用材料费 110 万元，人工费 50 万元，使用其他无形资产摊销费用 30 万元，其他费用 10 万元，上述支出同时符合资本化的 5 个条件。请问此项目可否申请加计扣除优惠？

第六节　所得减免优惠明细表填报

一、A107020 所得减免优惠明细表

行次	项目	项目收入	项目成本	相关税费	应分摊期间费用	纳税调整额	项目所得额 $6(1-2-3-4+5)$	减免所得额
		1	2	3	4	5		7
1	一、农、林、牧、渔业项目（2+13）							
2	（一）免税项目（3+4+5+6+7+8+9+11+12）							
3	1. 蔬菜、谷物、薯类、油料、豆类、棉花、麻类、糖料、水果、坚果的种植							
4	2. 农作物新品种的选育							
5	3. 中药材的种植							
6	4. 林木的培育和种植							
7	5. 牲畜、家禽的饲养							
8	6. 林产品的采集							
9	7. 灌溉、农产品初加工、兽医、农技推广、农机作业和维修等农、林、牧、渔服务业项目							
10	其中：农产品初加工							
11	8. 远洋捕捞							
12	9. 其他							

续表

行次	项 目	项目收入	项目成本	相关税费	应分摊期间费用	纳税调整额	项目所得额 6(1-2-3-4+5)	减免所得额
		1	2	3	4	5		7
13	（二）减半征税项目（14+15+16）							
14	1. 花卉、茶以及其他饮料作物和香料作物的种植							
15	2. 海水养殖、内陆养殖							
16	3. 其他							
17	二、国家重点扶持的公共基础设施项目（18+19+20+21+22+23+24+25）							
18	（一）港口码头项目							
19	（二）机场项目							
20	（三）铁路项目							
21	（四）公路项目							
22	（五）城市公共交通项目							
23	（六）电力项目							
24	（七）水利项目							
25	（八）其他项目							
26	三、符合条件的环境保护、节能节水项目（27+28+29+30+31+32）							
27	（一）公共污水处理项目							
28	（二）公共垃圾处理项目							
29	（三）沼气综合开发利用项目							

续表

行次	项　　目	项目收入	项目成本	相关税费	应分摊期间费用	纳税调整额	项目所得额	减免所得额
		1	2	3	4	5	6(1-2-3-4+5)	7
30	（四）节能减排技术改造项目							
31	（五）海水淡化项目							
32	（六）其他项目							
33	四、符合条件的技术转让项目（34＋35）							
34	（一）技术转让所得不超过 500 万元部分	*	*	*	*	*		
35	（二）技术转让所得超过 500 万元部分	*	*	*	*	*	*	
36	五、其他专项优惠项目（37＋38＋39）	*	*	*	*	*	*	
37	（一）实施清洁发展机制项目							
38	（二）符合条件的节能服务公司实施合同能源管理项目							
39	（三）其他							
40	合计（1＋17＋26＋33＋36）							

二、A107020《所得减免优惠明细表》填报说明

本表适用于享受所得减免优惠的纳税人填报。纳税人根据税法及相关税收政策规定，填报本年发生的减免所得额优惠情况。

（一）有关项目填报说明

1. 第1行"一、农、林、牧、渔业项目"：填报纳税人根据《财政部 国家税务总局关于发布享受企业所得税优惠政策的农产品初加工范围（试行）的通知》（财税〔2008〕149号）、《国家税务总局关于黑龙江垦区国有农场土地承包费缴纳企业所得税问题的批复》（国税函〔2009〕779号）、《国家税务总局关于"公司＋农户"经营模式企业所得税优惠问题的公告》（国家税务总局公告2010年第2号）、《财政部 国家税务总局关于享受企业所得税优惠的农产品初加工有关范围的补充通知》（财税〔2011〕26号）、《国家税务总局关于实施农林牧渔业项目企业所得税优惠问题的公告》（国家税务总局公告2011年第48号）等相关税收政策规定的，本纳税年度发生的减征、免征企业所得税项目的所得额。本行填报第2＋13行的金额。

2. 第2行"（一）免税项目"：填报第3＋4＋…＋9＋11＋12行的金额。

3. 第3行"1. 蔬菜、谷物、薯类、油料、豆类、棉花、麻类、糖料、水果、坚果的种植"：填报纳税人种植蔬菜、谷物、薯类、油料、豆类、棉花、麻类、糖料、水果、坚果取得的免征企业所得税项目的所得额。

4. 第4行"2. 农作物新品种的选育"：填报纳税人从事农作物新品种的选育免征企业所得税项目的所得额。

5. 第5行"3. 中药材的种植"：填报纳税人从事中药材的种植免征企业所得税项目的所得额。

6. 第6行"4. 林木的培育和种植"：填报纳税人从事林木的培育和种植免征企业所得税项目的所得额。

7. 第7行"5. 牲畜、家禽的饲养"：填报纳税人从事牲畜、家禽的饲养免征企业所得税项目的所得额。

8. 第8行"6. 林产品的采集"：填报纳税人从事采集林产品免征企业所得税项目的所得额。

9. 第9行"7. 灌溉、农产品初加工、兽医、农技推广、农机作业和维修等农、林、牧、渔服务业项目"：填报纳税人从事灌溉、农产品初加工、兽医、农技推广、农机作业和维修等农、林、牧、渔服务业免征企业所得税项目的所得额。

10. 第10行"其中：农产品初加工"：填报纳税人从事农产品初加工免征企业所得税项目的所得额。

11. 第 11 行 "8. 远洋捕捞"：填报纳税人从事远洋捕捞免征企业所得税的所得额。

12. 第 12 行 "9. 其他"：填报纳税人享受的其他免税所得优惠政策。

13. 第 13 行 "（二）减半征税项目"：填报第 14 + 15 + 16 行的金额。

14. 第 14 行 "1. 花卉、茶以及其他饮料作物和香料作物的种植"：填报纳税人从事花卉、茶以及其他饮料作物和香料作物种植减半征收企业所得税项目的所得额。

15. 第 15 行 "2. 海水养殖、内陆养殖"：填报纳税人从事海水养殖、内陆养殖减半征收企业所得税项目的所得额。

16. 第 16 行 "3. 其他"：填报国务院根据税法授权制定的其他减税所得税收优惠政策。

17. 第 17 行 "二、国家重点扶持的公共基础设施项目"：填报纳税人根据《财政部 国家税务总局关于执行公共基础设施项目企业所得税优惠目录有关问题的通知》（财税〔2008〕46 号）、《财政部 国家税务总局 国家发展改革委关于公布公共基础设施项目企业所得税优惠目录（2008 年版）的通知》（财税〔2008〕116 号）、《国家税务总局关于实施国家重点扶持的公共基础设施项目企业所得税优惠问题的通知》（国税发〔2009〕80 号）、《财政部 国家税务总局关于公共基础设施项目和环境保护 节能节水项目企业所得税优惠政策问题的通知》（财税〔2012〕10 号）、《财政部 国家税务总局关于支持农村饮水安全工程建设运营税收政策的通知》（财税〔2012〕30 号）第五条、《国家税务总局关于电网企业电网新建项目享受所得税优惠政策问题的公告》（国家税务总局公告 2013 年第 26 号）等相关税收政策规定的，从事《公共基础设施项目企业所得税优惠目录》规定的港口码头、机场、铁路、公路、城市公共交通、电力、水利等项目的投资经营的所得，自项目取得第一笔生产经营收入所属纳税年度起，第一年至第三年免征企业所得税，第四年至第六年减半征收企业所得税。不包括企业承包经营、承包建设和内部自建自用该项目的所得。本行填报第 18 + 19 + … + 25 行的金额。

18. 第 18 行 "（一）港口码头项目"：填报纳税人从事《公共基础设施项目企业所得税优惠目录》规定的港口码头项目的投资经营的减免所得额。

19. 第 19 行 "（二）机场项目"：填报纳税人从事《公共基础设施项目企业所得税优惠目录》规定的机场项目的投资经营的减免所得额。

20. 第 20 行 "（三）铁路项目"：填报纳税人从事《公共基础设施项目企业所得税优惠目录》规定的铁路项目的投资经营的减免所得额。

21. 第 21 行 "（四）公路项目"：填报纳税人从事《公共基础设施项目企业所得税优惠目录》规定的公路项目的投资经营的减免所得额。

22. 第 22 行"（五）城市公共交通项目"：填报纳税人从事《公共基础设施项目企业所得税优惠目录》规定的城市公共交通项目的投资经营的减免所得额。

23. 第 23 行"（六）电力项目"：填报纳税人从事《公共基础设施项目企业所得税优惠目录》规定的电力项目的投资经营的减免所得额。

24. 第 24 行"（七）水利项目"：填报纳税人从事《公共基础设施项目企业所得税优惠目录》规定的水利项目的投资经营的减免所得额。

25. 第 25 行"（八）其他项目"：填报纳税人从事《公共基础设施项目企业所得税优惠目录》规定的其他项目的投资经营的减免所得额。

26. 第 26 行"三、符合条件的环境保护、节能节水项目"：填报纳税人根据《财政部 国家税务总局 国家发展改革委关于公布环境保护节能节水项目企业所得税优惠目录（试行）的通知》（财税〔2009〕166 号）、《财政部 国家税务总局关于公共基础设施项目和环境保护 节能节水项目企业所得税优惠政策问题的通知》（财税〔2012〕10 号）等相关税收政策规定的，从事符合条件的公共污水处理、公共垃圾处理、沼气综合开发利用、节能减排技术改造、海水淡化等环境保护、节能节水项目的所得，自项目取得第一笔生产经营收入所属纳税年度起，第一年至第三年免征企业所得税，第四年至第六年减半征收企业所得税。本行填报第 27 + 28 + … + 32 行的金额。

27. 第 27 行"（一）公共污水处理项目"：填报纳税人从事符合条件的公共污水处理项目的减免所得额。

28. 第 28 行"（二）公共垃圾处理项目"：填报纳税人从事符合条件的公共垃圾处理项目的减免所得额。

29. 第 29 行"（三）沼气综合开发利用项目"：填报纳税人从事符合条件的沼气综合开发利用项目的减免所得额。

30. 第 30 行"（四）节能减排技术改造项目"：填报纳税人从事符合条件的节能减排技术改造项目的减免所得额。

31. 第 31 行"（五）海水淡化项目"：填报纳税人从事符合条件的海水淡化项目的减免所得额。

32. 第 32 行"（六）其他项目"：填报纳税人从事符合条件的其他项目的减免所得额。

33. 第 33 行"四、符合条件的技术转让项目"：填报纳税人根据《国家税务总局关于技术转让所得减免企业所得税有关问题的通知》（国税函〔2009〕212 号）、《财政部 国家税务总局关于居民企业技术转让有关企业所得税政策问题的通知》（财税〔2010〕111 号）、《国家税务总局关于技术转让所得减免企业所得税有关问题的公告》（国家税务总局公告 2013 年第 62 号）等相关税收政策规定的，一个纳税年度内，居民企业将其拥有的专利技术、计算机软件著作权、集成电路布图设计权、植物新品种、生物医药新品种，以及财政部和国家税务总局确定的其他技术的所有权或 5 年以上（含 5 年）全球独占许可使用权转让取得的所得，不超过 500 万元的部分，免征企业所得税；超过 500 万元的部分，减半征收企业所得税。居民企业从直接或间接持有股权之和达到 100% 的关联方取得的技术转让所得，不享受技术转让减免企业所得税优惠政策。本行第 1 列至第 6 列分别填报，第 7 列填报第 34 行 + 35 行的金额。

34. 第 34 行"（一）技术转让所得不超过 500 万元部分"：填报纳税人符合条件的技术转让所得不超过 500 万元的部分，免征企业所得税。

35. 第 35 行"（二）技术转让所得超过 500 万元部分"：填报纳税人符合条件的技术转让所得超过 500 万元的部分，减半征收企业所得税。

36. 第 36 行"五、其他专项优惠项目"：填报第 37 + 38 + 39 行的金额。

37. 第 37 行"（一）实施清洁发展机制项目"：填报纳税人根据《财政部 国家税务总局关于中国清洁发展机制基金及清洁发展机制项目实施企业有关企业所得税政策问题的通知》（财税〔2009〕30 号）等相关税收政策规定的，对企业实施的将温室气体减排量转让收入的 65% 上缴给国家的 HFC 和 PFC 类 CDM 项目，以及将温室气体减排量转让收入的 30% 上缴给国家的 N2O 类 CDM 项目，其实施该类 CDM 项目的所得，自项目取得第一笔减排量转让收入所属纳税年度起，第一年至第三年免征企业所得税，第四年至第六年减半征收企业所得税。

38. 第 38 行"（二）符合条件的节能服务公司实施合同能源管理项目"：填报纳税人根据《财政部 国家税务总局关于促进节能服务产业发展增值税、营业税和企业所得税政策问题的通知》（财税〔2010〕110 号）、《国家税务总局 国家发展改革委关于落实节能服务企业合同能源管理项目企业所得税优惠政策有关征收管理问题的公告》（国家税务总局 国家发展改革委公告 2013 年第 77 号）等相关税收政策规定的，对符合条件的节能服务公司实施合同能源管理项目，符合企业所得税税法有关规定的，自项目取得第一笔生产经营收入所属纳税年度起，第一年至第三年免征企业所得税，第四年至第六年按照 25% 的法定税率减半征收企业所得税。

39. 第 39 行"（三）其他"：填报纳税人享受的其他专项减免应纳税所得额。

40. 第 40 行"合计"：填报第 1 + 17 + 26 + 33 + 36 行的金额。

41. 第 1 列"项目收入"：填报享受所得减免企业所得税优惠的企业，该项目取得的收入总额。

42. 第 2 列"项目成本"：填报享受所得减免企业所得税优惠的企业，该项目发生的成本总额。

43. 第3列"相关税费"：填报享受所得减免企业所得税优惠的企业，该项目实际发生的有关税费，包括除企业所得税和允许抵扣的增值税以外的各项税金及其附加、合同签订费用、律师费等相关费用及其他支出。

44. 第4列"应分摊期间费用"：填报享受所得减免企业所得税优惠的企业，该项目合理分摊的期间费用。合理分摊比例可以按照投资额、销售收入、资产额、人员工资等参数确定。上述比例一经确定，不得随意变更。

45. 第5列"纳税调整额"：填报纳税人按照税法规定需要调整减免税项目收入、成本、费用的金额，调整减少的金额以负数填报。

46. 第6列"项目所得额"：填报第1－2－3－4＋5列的金额。

47. 第7列"减免所得额"：填报享受所得减免企业所得税优惠的企业，该项目按照税法规定实际可以享受免征、减征的所得额。本行＜0的，填写负数。

（二）表内、表间关系

1. 表内关系。

（1）第1行＝第2＋13行。

（2）第2行＝第3＋4＋…9＋11＋12行。

（3）第13行＝第14＋15＋16行。

（4）第17行＝第18＋19＋…＋25行。

（5）第26行＝第27＋28＋…＋32行。

（6）第33行第7列＝第34行第7列＋第35行第7列。

（7）第36行＝第37＋38＋39行。

（8）第40行＝第1＋17＋26＋33＋36行。

（9）第6列＝第1－2－3－4＋5列。

2. 表间关系。

第40行第7列＝表A100000第20行。

三、应关注的风险事项

（一）核查事项

核查企业是否按优惠表所列项目分别立项核算，做到手续完善、计算准确、核算清晰。有无将不同优惠的项目混杂核算等行为。

（二）税法相关规定

该表分五大类31项。

1. 农、林、牧、渔项目。该项目中又分为两部分，第（一）部分为免税项目，包括蔬菜、谷物、薯类、油料等9项。第（二）部分为减半征税项目，包括花卉、茶、海水养殖等3项。

2. 国家重点扶持的公共基础设施项目。包括港口、码头、铁路、公路等8项。实施定期减免。自项目取得第一笔生产经营收入所属纳税年度起，第一年至第三年免征企业所得税，第四年至第六年减半征收企业所得税。企业承包经营、承包建设和内部自建自用上列项目，不享受本条例规定的企业所得税优惠。

3. 符合条件的环境保护、节能节水项目。包括公共污水处理等6项。实施定期减免。自项目取得第一笔生产经营收入所属纳税年度起，第一年至第三年免征企业所得税，第四年至第六年减半征收企业所得税。

但是以上规定享受减免税优惠的项目，在减免税期间内转让，受让方自受让之日起，可以在剩余期限内享受规定的减免税优惠；减免税期限届满后转让的，受让方不得就该项目重复享受减免税优惠。

4. 符合条件的技术转让所得，享受免征、减征企业所得税。在一个纳税年度内，居民企业技术转让所得不超过500万元的部分，免征企业所得税；超过500万元的部分，减半征收企业所得税。

5. 其他专项优惠项目。填报其他所得税优惠项目。

第七节 抵扣应纳税所得额明细表填报

一、A107030 抵扣应纳税所得额明细表

行次	项 目	金额
1	本年新增的符合条件的股权投资额	
2	税收规定的抵扣率	70%
3	本年新增的可抵扣的股权投资额（1×2）	
4	以前年度结转的尚未抵扣的股权投资余额	
5	本年可抵扣的股权投资额（3+4）	
6	本年可用于抵扣的应纳税所得额	
7	本年实际抵扣应纳税所得额（5≤6，本行=5行；5>6，本行=6行）	
8	结转以后年度抵扣的股权投资余额（5>6，本行=5−7行；5≤6，本行=0）	

二、A107030《抵扣应纳税所得额明细表》填报说明

本表适用于享受创业投资企业抵扣应纳税所得额优惠的纳税人填报。纳税人

根据税法、《国家税务总局关于实施创业投资企业所得税优惠问题的通知》(国税发〔2009〕87号)、《财政部 国家税务总局关于执行企业所得税优惠政策若干问题的通知》(财税〔2009〕69号)、《财政部 国家税务总局关于苏州工业园区有限合伙制创业投资企业法人合伙人企业所得税试点政策的通知》(财税〔2012〕67号)、《国家税务总局关于苏州工业园区有限合伙制创业投资企业法人合伙人企业所得税政策试点有关征收管理问题的公告》(国家税务总局公告2013年第25号)、《财政部 国家税务总局关于中关村国家自主创新示范区有限合伙制创业投资企业法人合伙人企业所得税试点政策的通知》(财税〔2013〕71号)等相关税收政策规定,填报本年发生的创业投资企业抵扣应纳税所得额优惠情况(财税〔2012〕67号政策执行期限至2013年12月31日,若无延期停止执行)。

(一)有关项目填报说明

1.第1行"本年新增的符合条件的股权投资额":填报创业投资企业采取股权投资方式投资于未上市的中小高新技术企业2年以上的,本年新增的符合条件的股权投资额。

2.第3行"本年新增的可抵扣的股权投资额":本行填报第1×2行的金额。

3.第4行"以前年度结转的尚未抵扣的股权投资余额":填报以前年度符合条件的尚未抵扣的股权投资余额。

4.第5行"本年可抵扣的股权投资额":本行填报第3+4行的金额。

5.第6行"本年可用于抵扣的应纳税所得额":本行填报表A100000第19-20-22行的金额,若金额小于0,则填报0。

6.第7行"本年实际抵扣应纳税所得额":若第5行≤第6行,则本行=第5行;第5行>第6行,则本行=第6行。

7.第8行"结转以后年度抵扣的股权投资余额":第5行>第6行,则本行=第5-7行;第5行≤第6行,则本行=0。

(二)表内、表间关系

1.表内关系。

(1)第3行=第1×2行。

(2)第5行=第3+4行。

(3)第7行:若第5行≤第6行,则本行=第5行;第5行>第6行,则本行=第6行。

(4)第8行:第5行>第6行,则本行=第5-7行;第5行≤第6行,则本行=0。

2.表间关系。

(1)第6行=表A100000第19-20-22行,若小于0,则填报0。

（2）第 7 行 = 表 A100000 第 21 行。

三、应关注的风险事项

（一）核查事项

主要核查创投企业对中小高新技术企业投资、是否符合规定条件、计算是否正确等。

（二）税法相关规定

根据国税发〔2009〕87 号文件等规定，创业投资企业的所得税优惠如下：

1. 创业投资企业采取股权投资方式投资于未上市的中小高新技术企业 2 年（24 个月）以上，凡符合以下条件的，可以按照其对中小高新技术企业投资额的 70%，在股权持有满 2 年的当年抵扣该创业投资企业的应纳税所得额；当年不足抵扣的，可以在以后纳税年度结转抵扣。

（1）经营范围符合《暂行办法》规定，且工商登记为"创业投资有限责任公司"、"创业投资股份有限公司"等专业性法人创业投资企业。

（2）按照《暂行办法》规定的条件和程序完成备案，经备案管理部门年度检查核实，投资运作符合《暂行办法》的有关规定。

（3）创业投资企业投资的中小高新技术企业，除应按照科技部、财政部、国家税务总局《关于印发〈高新技术企业认定管理办法〉的通知》（国科发火〔2008〕172 号）和《关于印发〈高新技术企业认定管理工作指引〉的通知》（国科发火〔2008〕362 号）的规定，通过高新技术企业认定以外，还应符合职工人数不超过 500 人，年销售（营业）额不超过 2 亿元，资产总额不超过 2 亿元的条件。

（4）财政部国家税务总局规定的其他条件。

2. 中小企业接受创业投资之后，经认定符合高新技术企业标准的，应自其被认定为高新技术企业的年度起，计算创业投资企业的投资期限。该期限内中小企业接受创业投资后，企业规模超过中小企业标准，但仍符合高新技术企业标准的，不影响创业投资企业享受有关税收优惠。

3. 创业投资企业申请享受投资抵扣应纳税所得额，应在其报送申请投资抵扣应纳税所得额年度纳税申报表以前，向主管税务机关报送符合创投条件的备案资料。

第八节　减免所得税优惠明细表填报

一、A107040 减免所得税优惠明细表

行次	项　目	金额
1	一、符合条件的小型微利企业	
2	二、国家需要重点扶持的高新技术企业（填写 A107041）	
3	三、减免地方分享所得税的民族自治地方企业	
4	四、其他专项优惠（5＋6＋7＋8＋9＋10＋11＋12＋13＋14＋15＋16＋17＋18＋19＋20＋21＋22＋23＋24＋25＋26＋27）	
5	（一)经济特区和上海浦东新区新设立的高新技术企业	
6	（二)经营性文化事业单位转制企业	
7	（三)动漫企业	
8	（四)受灾地区损失严重的企业	
9	（五)受灾地区农村信用社	
10	（六)受灾地区的促进就业企业	
11	（七)技术先进型服务企业	
12	（八)新疆困难地区新办企业	
13	（九)新疆喀什、霍尔果斯特殊经济开发区新办企业	
14	（十)支持和促进重点群体创业就业企业	
15	（十一)集成电路线宽小于0.8微米（含）的集成电路生产企业	
16	（十二)集成电路线宽小于0.25微米的集成电路生产企业	
17	（十三)投资额超过80亿元人民币的集成电路生产企业	
18	（十四)新办集成电路设计企业（填写 A107042）	
19	（十五)国家规划布局内重点集成电路设计企业	
20	（十六)符合条件的软件企业（填写 A107042）	
21	（十七)国家规划布局内重点软件企业	
22	（十八)设在西部地区的鼓励类产业企业	
23	（十九)符合条件的生产和装配伤残人员专门用品企业	
24	（二十)中关村国家自主创新示范区从事文化产业支撑技术等领域的高新技术企业	
25	（二十一)享受过渡期税收优惠企业	
26	（二十二)横琴新区、平潭综合实验区和前海深港现代化服务业合作区企业	
27	（二十三)其他	
28	五、减：项目所得额按法定税率减半征收企业所得税叠加享受减免税优惠	
29	合计（1＋2＋3＋4－28）	

二、A107040《减免所得税优惠明细表》填报说明

本表适用于享受减免所得税优惠的纳税人填报。纳税人根据税法及相关税收政策规定，填报本年发生的减免所得税优惠情况。

（一）有关项目填报说明

1. 第1行"一、符合条件的小型微利企业"：填报纳税人根据《财政部 国家税务总局关于执行企业所得税优惠政策若干问题的通知》（财税〔2009〕69号）、《财政部 国家税务总局关于小型微利企业所得税优惠政策有关问题的通知》（财税〔2014〕34号）、《国家税务总局关于扩大小型微利企业减半征收企业所得税范围有关问题的公告》（国家税务总局公告2014年第23号）等相关税收政策规定的，从事国家非限制和禁止行业的企业，并符合工业企业，年度应纳税所得额不超过30万元，从业人数不超过100人，资产总额不超过3000万元；其他企业，年度应纳税所得额不超过30万元，从业人数不超过80人，资产总额不超过1000万元条件的，减按20%的税率征收企业所得税。本行填报根据《中华人民共和国企业所得税年度纳税申报表（A类）》（A100000）第23行应纳税所得额计算的减征5%企业所得税金额。其中对年应纳税所得额低于10万元（含10万元）的小型微利企业，其所得减按50%计入应纳税所得额，按20%的税率缴纳企业所得税，其减按50%部分换算税款填入本行。

2. 第2行"二、国家需要重点扶持的高新技术企业"：填报《高新技术企业优惠情况及明细表》（A107041）第29行的金额。

3. 第3行"三、减免地方分享所得税的民族自治地方企业"：填报纳税人经民族自治地方所在省、自治区、直辖市人民政府批准，减征或者免征民族自治地方的企业缴纳的企业所得税中属于地方分享的企业所得税金额。

4. 第4行"四、其他专项优惠"：填报第5＋6＋…27行的金额。

5. 第5行"（一）经济特区和上海浦东新区新设立的高新技术企业"：填报纳税人根据《国务院关于经济特区和上海浦东新区新设立高新技术企业实行过渡性税收优惠的通知》（国发〔2007〕40号）、《财政部 国家税务总局关于贯彻落实国务院关于实施企业所得税过渡优惠政策有关问题的通知》（财税〔2008〕21号）、《国家税务总局关于实施高新技术企业所得税优惠有关问题的通知》（国税函〔2009〕203号）等相关税收政策规定的，经济特区和上海浦东新区内，在2008年1月1日（含）之后完成登记注册的国家需要重点扶持的高新技术企业，在经济特区和上海浦东新区内取得的所得，自取得第一笔生产经营收入所属纳税年度起，第一年至第二年免征企业所得税，第三年至第五年按照25%的法定税率减半征收企业所得税。本行填报根据表A100000第23行应纳税所得额计算的

免征、减征企业所得税金额。

6. 第6行"（二）经营性文化事业单位转制企业"：填报纳税人根据《财政部 国家税务总局关于文化体制改革中经营性文化事业单位转制为企业的若干税收优惠政策的通知》（财税〔2009〕34号）、《财政部 国家税务总局 中宣部关于转制文化企业名单及认定问题的通知》（财税〔2009〕105号）等相关税收政策规定的，从事新闻出版、广播影视和文化艺术的经营性文化事业单位转制为企业，转制注册之日起免征企业所得税。本行填报根据表A100000第23行应纳税所得额计算的免征企业所得税金额（财税〔2009〕34号、财税〔2009〕105号政策执行期限至2013年12月31日，若无延期停止执行）。

7. 第7行"（三）动漫企业"：填报纳税人根据《文化部 财政部 国家税务总局关于印发〈动漫企业认定管理办法（试行）〉的通知》（文市发〔2008〕51号）、《文化部 财政部 国家税务总局关于实施〈动漫企业认定管理办法（试行）〉有关问题的通知》（文产发〔2009〕18号）、《财政部 国家税务总局关于扶持动漫产业发展有关税收政策问题的通知》（财税〔2009〕65号）等相关税收政策规定的，经认定的动漫企业自主开发、生产动漫产品，可申请享受国家现行鼓励软件产业发展的所得税优惠政策。即在2017年12月31日前自获利年度起，第一年至第二年免征企业所得税，第三年至第五年按照25%的法定税率减半征收企业所得税，并享受至期满为止。本行填报根据表A100000第23行应纳税所得额计算的免征、减征企业所得税金额。

8. 第8行"（四）受灾地区损失严重的企业"：填报纳税人根据《财政部 海关总署 国家税务总局关于支持芦山地震灾后恢复重建有关税收政策问题的通知》（财税〔2013〕58号）第一条第一款等相关税收政策规定的，对芦山受灾地区损失严重的企业，免征企业所得税。本行填报根据表A100000第23行应纳税所得额计算的免征企业所得税金额。

9. 第9行"（五）受灾地区农村信用社"：填报纳税人根据《财政部 国家税务总局关于汶川地震灾区农村信用社企业所得税有关问题的通知》（财税〔2010〕3号）、《财政部 海关总署 国家税务总局关于支持玉树地震灾后恢复重建有关税收政策问题的通知》（财税〔2010〕59号）第一条第三款、《财政部 海关总署 国家税务总局关于支持舟曲灾后恢复重建有关税收政策问题的通知》（财税〔2010〕107号）第一条第三款、《财政部 海关总署 国家税务总局关于支持芦山地震灾后恢复重建有关税收政策问题的通知》（财税〔2013〕58号）第一条第三款等相关税收政策规定的，对汶川地震灾区、玉树受灾地区、舟曲灾区、芦山受灾地区农村信用社免征企业所得税。本行填报根据表A100000第23行应纳税所得额计算的免征企业所得税金额。

10. 第10行"（六）受灾地区的促进就业企业"：填报纳税人根据《财政部 海关总署 国家税务总局关于支持芦山地震灾后恢复重建有关税收政策问题的通知》（财税〔2013〕58号）第五条第一款等相关税收政策规定的，芦山受灾地区的商贸企业、服务型企业（除广告业、房屋中介、典当、桑拿、按摩、氧吧外）、劳动就业服务企业中的加工型企业和街道社区具有加工性质的小型企业实体在新增加的就业岗位中，招用当地因地震灾害失去工作的人员，与其签订1年以上期限劳动合同并依法缴纳社会保险费的，经县级人力资源和社会保障部门认定，按实际招用人数和实际工作时间予以定额依次扣减增值税、营业税、城市维护建设税、教育费附加和企业所得税。定额标准为每人每年4000元，可上下浮动20%，由四川省人民政府根据当地实际情况具体确定。按上述标准计算的税收抵扣额应在企业当年实际应缴纳的增值税、营业税、城市维护建设税、教育费附加和企业所得税税额中扣减，当年扣减不足的，不得结转下年使用。本行填报根据表A100000第23行应纳税所得额计算的减征企业所得税金额。

11. 第11行"（七）技术先进型服务企业"：填报纳税人根据《财政部 国家税务总局 商务部 科技部 国家发展改革委关于技术先进型服务企业有关企业所得税政策问题的通知》（财税〔2010〕65号）等相关税收政策规定的，对经认定的技术先进型服务企业，减按15%的税率征收企业所得税。本行填报根据表A100000第23行应纳税所得额计算的减征10%企业所得税金额（财税〔2010〕65号政策执行期限至2013年12月31日，若无延期停止执行）。

12. 第12行"（八）新疆困难地区新办企业"：填报纳税人根据《财政部 国家税务总局关于新疆困难地区新办企业所得税优惠政策的通知》（财税〔2011〕53号）、《财政部 国家税务总局 国家发展改革委 工业和信息化部关于公布新疆困难地区重点鼓励发展产业企业所得税优惠目录（试行）的通知》（财税〔2011〕60号）等相关税收政策规定的，对在新疆困难地区新办的属于《新疆困难地区重点鼓励发展产业企业所得税优惠目录》范围内的企业，自取得第一笔生产经营收入所属纳税年度起，第一年至第二年免征企业所得税，第三年至第五年减半征收企业所得税。本行填报根据表A100000第23行应纳税所得额计算的免征、减征企业所得税金额。

13. 第13行"（九）新疆喀什、霍尔果斯特殊经济开发区新办企业"：填报纳税人根据《财政部 国家税务总局 国家发展改革委 工业和信息化部关于公布新疆困难地区重点鼓励发展产业企业所得税优惠目录（试行）的通知》（财税〔2011〕60号）、《财政部 国家税务总局关于新疆喀什 霍尔果斯两个特殊经济开发区企业所得税优惠政策的通知》（财税〔2011〕112号）等相关税收政策规定的，对在新疆喀什、霍尔果斯两个特殊经济开发区内新办的属于《新疆困难地区重点鼓励发展产业企业所得税优惠目录》范围内的企业，自取得第一笔生产经营收入所属纳税年度起，五年内免征企业所得税。本行填报根据表A100000第23行应纳税所得额计算的免征企业所得税金额。

14. 第14行"（十）支持和促进重点群体创业就业企业"：填报纳税人根据《财政部 国家税务总局关于支持和促进就业有关税收政策的通知》（财税〔2010〕84号）、《财政部 国家税务总局 人力资源社会保障部关于继续实施支持和促进重点群体就业有关税收政策的通知》（财税〔2014〕39号）、《财政部 国家税务总局 民政部关于调整完善扶持自主就业退役士兵创业就业有关税收政策的通知》（财税〔2014〕42号）等相关税收政策规定的，可在当年扣减的企业所得税税额。本行填报政策规定减征企业所得税金额。

15. 第15行"（十一）集成电路线宽小于0.8微米（含）的集成电路生产企业"：填报纳税人根据《财政部 国家税务总局关于企业所得税若干优惠政策的通知》（财税〔2008〕1号）、《财政部 国家税务总局关于进一步鼓励软件产业和集成电路产业发展企业所得税政策的通知》（财税〔2012〕27号）、《国家税务总局关于软件和集成电路企业认定管理有关问题的公告》（国家税务总局公告2012年第19号）、《国家税务总局关于执行软件企业所得税优惠政策有关问题的公告》（国家税务总局公告2013年第43号）等相关税收政策规定的，集成电路线宽小于0.8微米（含）的集成电路生产企业，经认定后，在2017年12月31日前自获利年度起计算优惠期，第一年至第二年免征企业所得税，第三年至第五年按照25%的法定税率减半征收企业所得税，并享受至期满为止。本行填报根据表A100000第23行应纳税所得额计算的免征、减征企业所得税金额。

16. 第16行"（十二）集成电路线宽小于0.25微米的集成电路生产企业"：填报纳税人根据《财政部 国家税务总局关于企业所得税若干优惠政策的通知》（财税〔2008〕1号）、《财政部 国家税务总局关于进一步鼓励软件产业和集成电路产业发展企业所得税政策的通知》（财税〔2012〕27号）、《国家税务总局关于软件和集成电路企业认定管理有关问题的公告》（国家税务总局公告2012年第19号）、《国家税务总局关于执行软件企业所得税优惠政策有关问题的公告》（国家税务总局公告2013年第43号）等相关税收政策规定的，集成电路线宽小于0.25微米的集成电路生产企业，经认定后，减按15%的税率征收企业所得税，其中经营期在15年以上的，在2017年12月31日前自获利年度起计算优惠期，第一年至第五年免征企业所得税，第六年至第十年按照25%的法定税率减半征收企业所得税，并享受至期满为止。本行填报根据表A100000第23行应纳税所得额计算的免征、减征企业所得税部分。

17. 第17行"（十三）投资额超过80亿元人民币的集成电路生产企业"：填

报纳税人根据《财政部 国家税务总局关于企业所得税若干优惠政策的通知》（财税〔2008〕1号）、《财政部 国家税务总局关于进一步鼓励软件产业和集成电路产业发展企业所得税政策的通知》（财税〔2012〕27号）、《国家税务总局关于软件和集成电路企业认定管理有关问题的公告》（国家税务总局公告2012年第19号）、《国家税务总局关于执行软件企业所得税优惠政策有关问题的公告》（国家税务总局公告2013年第43号）等相关税收政策规定的，投资额超过80亿元的集成电路生产企业，经认定后，减按15%的税率征收企业所得税，其中经营期在15年以上的，在2017年12月31日前自获利年度起计算优惠期，第一年至第五年免征企业所得税，第六年至第十年按照25%的法定税率减半征收企业所得税，并享受至期满为止。本行填报根据表A100000第23行应纳税所得额计算的免征、减征企业所得税金额。

18. 第18行"（十四）新办集成电路设计企业"：填报《软件、集成电路企业优惠情况及明细表》（A107042）第41行的金额。

19. 第19行"（十五）国家规划布局内重点集成电路设计企业"：填报纳税人根据《财政部 国家税务总局关于进一步鼓励软件产业和集成电路产业发展企业所得税政策的通知》（财税〔2012〕27号）、《国家税务总局关于软件和集成电路企业认定管理有关问题的公告》（国家税务总局公告2012年第19号）、《国家发改委 工业和信息化部 财政部 商务部 国家税务总局关于印发〈国家规划布局内重点软件企业和集成电路设计企业认定管理试行办法〉的通知》（发改高技〔2012〕2413号）、《国家税务总局关于执行软件企业所得税优惠政策有关问题的公告》（国家税务总局公告2013年第43号）、《工业和信息化部 国家发展和改革委员会 财政部 国家税务总局关于印发〈软件企业认定管理办法〉的通知》（工信部联软〔2013〕64号）、《工业和信息化部 国家发展和改革委员会 财政部 国家税务总局关于印发〈集成电路设计企业认定管理办法〉的通知》（工信部联电子〔2013〕487号）等相关税收政策规定的，国家规划布局内的重点集成电路设计企业，如当年未享受免税优惠的，可减按10%的税率征收企业所得税。本行填报根据表A100000第23行应纳税所得额计算的减征15%企业所得税金额。

20. 第20行"（十六）符合条件的软件企业"：填报《软件、集成电路企业优惠情况及明细表》（A107042）第41行的金额。

21. 第21行"（十七）国家规划布局内重点软件企业"：填报纳税人根据《财政部 国家税务总局关于进一步鼓励软件产业和集成电路产业发展企业所得税政策的通知》（财税〔2012〕27号）、《国家税务总局关于软件和集成电路企业认定管理有关问题的公告》（国家税务总局公告2012年第19号）、《国家发改委 工业和信息化部 财政部 商务部 国家税务总局关于印发〈国家规划布局内重点软件企业和集成电路设计企业认定管理试行办法〉的通知》（发改高技［2012］2413号）、《国家税务总局关于执行软件企业所得税优惠政策有关问题的公告》（国家税务总局公告2013年第43号）、《工业和信息化部 国家发展和改革委员会 财政部 国家税务总局关于印发〈软件企业认定管理办法〉的通知》（工信部联软［2013］64号）、《工业和信息化部 国家发展和改革委员会 财政部 国家税务总局关于印发〈集成电路设计企业认定管理办法〉的通知》（工信部联电子［2013］487号）等相关税收政策规定的，国家规划布局内的重点软件企业，如当年未享受免税优惠的，可减按10%的税率征收企业所得税。本行填报根据表A100000第23行应纳税所得额计算的减征15%企业所得税金额。

22. 第22行"（十八）设在西部地区的鼓励类产业企业"：填报纳税人根据《财政部 海关总署 国家税务总局关于深入实施西部大开发战略有关税收政策问题的通知》（财税［2011］58号）、《国家税务总局关于深入实施西部大开发战略有关企业所得税问题的公告》（国家税务总局公告2012第12号）、《财政部 海关总署 国家税务总局关于赣州市执行西部大开发税收政策问题的通知》（财税［2013］4号）等相关税收政策规定的，对设在西部地区的鼓励类产业企业减按15%的税率征收企业所得税；对设在赣州市的鼓励类产业的内资企业和外商投资企业减按15%的税率征收企业所得税。本行填报根据表A100000第23行应纳税所得额计算的减征10%企业所得税金额。

23. 第23行"（十九）符合条件的生产和装配伤残人员专门用品企业"：填报纳税人根据《财政部 国家税务总局 民政部关于生产和装配伤残人员专门用品企业免征企业所得税的通知》（财税［2011］81号）等相关税收政策规定的，符合条件的生产和装配伤残人员专门用品的企业免征企业所得税。本行填报根据表A100000第23行应纳税所得额计算的免征企业所得税金额。

24. 第24行"（二十）中关村国家自主创新示范区从事文化产业支撑技术等领域的高新技术企业"：填报纳税人根据《科技部 财政部 国家税务总局关于印发〈高新技术企业认定管理办法〉的通知》（国科发火［2008］172号）、《科学技术部 财政部 国家税务总局关于印发〈高新技术企业认定管理工作指引〉的通知》（国科发火［2008］362号）、《财政部 海关总署 国家税务总局关于支持文化企业发展若干税收政策问题的通知》（财税［2009］31号）、《科技部 财政部 税务总局关于在中关村国家自主创新示范区开展高新技术企业认定中文化产业支撑技术等领域范围试点的通知》（国科发高［2013］595号）、《科技部 财政部 国家税务总局关于在中关村国家自主创新示范区完善高新技术企业认定中文化产业支撑技术等领域范围的通知》（国科发火［2014］20号）等相关税收政策规定的，中关村国家自主创新示范区从事文化产业支撑技术等领域的企业，按规定认定为高新技术企业的，减按15%税率征收企业所得税。本行填报根据表A100000第23行应纳税所得额计算的减征10%企业所得税金额。

25. 第25行"（二十一）享受过渡期税收优惠企业"：填报纳税人符合国务院规定以及经国务院批准给予过渡期税收优惠政策。本行填报根据表A100000第23行应纳税所得额计算的免征、减征企业所得税金额。

26. 第26行"（二十二）横琴新区、平潭综合实验区和前海深港现代化服务业合作区企业"：填报纳税人根据《财政部 国家税务总局关于广东横琴新区、福建平潭综合实验区、深圳前海深港现代化服务业合作区企业所得税优惠政策及优惠目录的通知》（财税〔2014〕26号）等相关税收政策规定的，设在横琴新区、平潭综合实验区和前海深港现代化服务业合作区的鼓励类产业企业减按15%的税率征收企业所得税。本行填报根据表A100000第23行应纳税所得额计算的减征10%企业所得税金额。

27. 第27行"（二十三）其他"：填报国务院根据税法授权制定的其他税收优惠政策。

28. 第28行"五、减：项目所得额按法定税率减半征收企业所得税叠加享受减免税优惠"：填报纳税人从事农林牧渔业项目、国家重点扶持的公共基础设施项目、符合条件的环境保护、节能节水项目、符合条件的技术转让、其他专项优惠等所得额应按法定税率25%减半征收，且同时为符合条件的小型微利企业、国家需要重点扶持的高新技术企业、技术先进型服务企业、集成电路线宽小于0.25微米或投资额超过80亿元人民币的集成电路生产企业、国家规划布局内重点软件企业和集成电路设计企业、设在西部地区的鼓励类产业企业、中关村国家自主创新示范区从事文化产业支撑技术等领域的高新技术企业等可享受税率优惠的企业，由于申报表填报顺序，按优惠税率15%减半叠加享受减免税优惠部分，应在本行对该部分金额进行调整。

29. 第29行"合计"：金额等于第1+2+3+4-28行。

（二）表内、表间关系

1. 表内关系。

（1）第4行＝第5+6+…+27行。

（2）第29行＝第1+2+3+4-28行。

2. 表间关系。

（1）第2行＝表A107041第29行。

（2）第18行＝表A107042第41行。

（3）第20行＝表A107042第41行。

（4）第29行＝表A100000第26行。

三、应关注的风险事项

（一）核查事项

1. 对应报表列出项目，检查企业是否符合减免所得税的条件。

2. 核查会计记录是否分项列示清晰、手续是否完备、计算是否正确。

（二）税法相关规定

《企业所得税法》第28条规定：符合条件的小型微利企业，减按20%的税率。具体规定见填报说明，不再叙述。

关于小型微利企业所得税优惠政策有关问题：

1.《财政部、国家税务总局关于小型微利企业所得税优惠政策有关问题的通知》（财税〔2014〕34号）；2014年1月1日至2016年12月31日，对年应纳税所得额低于10万元（含10万元）的小型微利企业，其所得减按50%计入应纳税所得额，按20%的税率缴纳企业所得税。

符合条件的小型微利企业，可以自预缴环节开始享受优惠政策，并在汇算清缴时统一处理。具体如下：

（1）对查账征收的小型微利企业，上一纳税年度符合小型微利企业条件，且年度应纳税所得额低于10万元（含10万元）的，本年度采取按实际利润额预缴企业所得税款，预缴时累计实际利润额不超过10万元的，可以享受小型微利企业所得税优惠政策；超过10万元的，应停止享受其中的减半征税政策。

（2）对定率征税的小型微利企业，上一纳税年度符合小型微利企业条件，且年度应纳税所得额低于10万元（含10万元）的，本年度预缴企业所得税时，累计应纳税所得额不超过10万元的，可以享受优惠政策，超过10万元的，不享受其中的减半征税政策。

2.《国家税务总局关于贯彻落实小型微利企业所得税优惠政策的通知》（税总函〔2014〕58号）规定：核定征税的小型微利企业允许享受优惠政策等，做到家喻户晓。针对小型微利企业享受优惠政策统一改变备案管理的规定，清理以前的管理规定，取消各地出台的审批要求。

国家税务总局公告2014年第23号所公布的优惠政策，适用于2014年及以后年度申报缴纳所得税的小型微利企业。在文件发布之前已预缴2014年企业所得税但未享受减半征税政策的小型微利企业，可以在以后应预缴税款中做抵减处理。

3. 根据《关于非居民企业不享受小型微利企业所得税优惠政策问题的通知》（国税函〔2008〕650号）的规定，小型微利企业是指企业的全部生产经营活动产生的所得应负有我国企业所得税纳税义务的企业。非居民企业，因仅就来源于我国所得负有我国纳税义务，所以不适用小型微利企业减按20%税率征收企业所得税的政策。

第九节 高新技术企业优惠情况及明细表填报

一、A107041 高新技术企业优惠情况及明细表

行次	基本信息			
1	高新技术企业证书编号		高新技术企业证书取得时间	
2	产品（服务）属于《国家重点支持的高新技术领域》规定的范围（填写具体范围名称）		是否发生重大安全、质量事故	是☐ 否☐
3	是否有环境等违法、违规行为，受到有关部门处罚的	是☐ 否☐	是否发生偷骗税行为	是☐ 否☐
4	关键指标情况			
5	收入指标	一、本年高新技术产品（服务）收入（6+7）		
6		其中：产品（服务）收入		
7		技术性收入		
8		二、本年企业总收入		
9		三、本年高新技术产品（服务）收入占企业总收入的比例（5÷8）		
10	人员指标	四、本年具有大学专科以上学历的科技人员数		
11		五、本年研发人员数		
12		六、本年职工总数		
13		七、本年具有大学专科以上学历的科技人员占企业当年职工总数的比例（10÷12）		
14		八、本年研发人员占企业当年职工总数的比例（11÷12）		
15	研究开发费用指标	九、本年归集的高新研发费用金额（16+25）		
16		（一）内部研究开发投入（17+18+19+20+21+22+24）		
17		1. 人员人工		
18		2. 直接投入		
19		3. 折旧费用与长期待摊费用		
20		4. 设计费用		
21		5. 装备调试费		
22		6. 无形资产摊销		
23		7. 其他费用		
24		其中：可计入研发费用的其他费用		
25		（二）委托外部研究开发费用（26+27）		
26		1. 境内的外部研发费		
27		2. 境外的外部研发费		
28		十、本年研发费用占销售（营业）收入比例		
29	减免税金额			

二、A107041《高新技术企业优惠情况及明细表》填报说明

本表适用于享受高新技术企业优惠的纳税人填报。纳税人根据税法、《科技部 财政部 国家税务总局关于印发〈高新技术企业认定管理办法〉的通知》（国科发火［2008］172号）、《科学技术部 财政部 国家税务总局关于印发〈高新技术企业认定管理工作指引〉的通知》（国科发火［2008］362号）、《国家税务总局关于实施高新技术企业所得税优惠有关问题的通知》（国税函［2009］203号）等相关税收政策规定，填报本年发生的高新技术企业优惠情况。

（一）有关项目填报说明

1. 第1行"高新技术企业证书编号"：填报纳税人高新技术企业证书上的编号；"高新技术企业证书取得时间"：填报纳税人高新技术企业证书上的取得时间。

2. 第2行"产品（服务）属于《国家重点支持的高新技术领域》规定的范围"：填报纳税人产品（服务）属于《国家重点支持的高新技术领域》中的具体范围名称，填报至三级明细；"是否发生重大安全、质量事故"：纳税人按实际情况选择"是"或者"否"。

3. 第3行"是否有环境等违法、违规行为，受到有关部门处罚的"、"是否发生偷骗税行为"：纳税人按实际情况选择"是"或者"否"。

4. 第5行"一、本年高新技术产品（服务）收入"：填报第6+7行的金额。

5. 第6行"其中：产品（服务）收入"：填报纳税人本年符合《国家重点支持的高新技术领域》要求的产品（服务）收入。

6. 第7行"技术性收入"：填报纳税人本年符合《国家重点支持的高新技术领域》要求的技术性收入的总和。

7. 第8行"二、本年企业总收入"：填报纳税人本年以货币形式和非货币形式从各种来源取得的收入，为税法第六条规定的收入总额。包括：销售货物收入，提供劳务收入，转让财产收入，股息、红利等权益性投资收益，利息收入，租金收入，特许权使用费收入，接受捐赠收入，其他收入。

8. 第9行"三、本年高新技术产品（服务）收入占企业总收入的比例"：填报第5÷8行的比例。

9. 第10行"四、本年具有大学专科以上学历的科技人员数"：填报纳税人具有大学专科以上学历的，且在企业从事研发活动和其他技术活动的，本年累计实际工作时间在183天以上的人员数。包括：直接科技人员及科技辅助人员。

10. 第11行"五、本年研发人员数"：填报纳税人本年研究人员、技术人员和辅助人员三类人员合计数，具体包括企业内主要从事研究开发项目的专业人员；具有工程技术、自然科学和生命科学中一个或一个以上领域的技术知识和经验，在

研究人员指导下参与部分工作（包括关键资料的收集整理、编制计算机程序、进行实验、测试和分析、为实验、测试和分析准备材料和设备、记录测量数据、进行计算和编制图表、从事统计调查等）的人员；参与研究开发活动的熟练技工。

11. 第 12 行 "六、本年职工总数"：填报纳税人本年职工总数。

12. 第 13 行 "七、本年具有大学专科以上学历的科技人员占企业当年职工总数的比例"：填报第 10 ÷ 12 行的比例。

13. 第 14 行 "八、本年研发人员占企业当年职工总数的比例"：填报第 11 ÷ 12 行的比例。

14. 第 15 行 "九、本年归集的高新研发费用金额"：填报第 16 + 25 行的金额。

15. 第 16 行 "（一）内部研究开发投入"：填报第 17 + 18 + 19 + 20 + 21 + 22 + 24 行的金额。

16. 第 17 行 "1. 人员人工"：填报纳税人从事研究开发活动人员（也称研发人员）全年工资薪金，包括基本工资、奖金、津贴、补贴、年终加薪、加班工资以及与其任职或者受雇有关的其他支出。

17. 第 18 行 "2. 直接投入"：填报纳税人为实施研究开发项目而购买的原材料等相关支出。如：水和燃料（包括煤气和电）使用费等；用于中间试验和产品试制达不到固定资产标准的模具、样品、样机及一般测试手段购置费、试制产品的检验费等；用于研究开发活动的仪器设备的简单维护费；以经营租赁方式租入的固定资产发生的租赁费等。

18. 第 19 行 "3. 折旧费用与长期待摊费用"：填报纳税人为执行研究开发活动而购置的仪器和设备以及研究开发项目在用建筑物的折旧费用，包括研发设施改建、改装、装修和修理过程中发生的长期待摊费用。

19. 第 20 行 "4. 设计费用"：填报纳税人为新产品和新工艺的构思、开发和制造，进行工序、技术规范、操作特性方面的设计等发生的费用。

20. 第 21 行 "5. 装备调试费"：填报纳税人工装准备过程中研究开发活动所发生的费用（如研制生产机器、模具和工具，改变生产和质量控制程序，或制定新方法及标准等）。需特别注意的是：为大规模批量化和商业化生产所进行的常规性工装准备和工业工程发生的费用不能计入。

21. 第 22 行 "6. 无形资产摊销"：填报纳税人因研究开发活动需要购入的专有技术（包括专利、非专利发明、许可证、专有技术、设计和计算方法等）所发生的费用摊销。

22. 第 23 行 "7. 其他费用"：填报纳税人为研究开发活动所发生的其他费用，如办公费、通讯费、专利申请维护费、高新科技研发保险费等。

23. 第24行"其中：可计入研发费用的其他费用"：填报纳税人为研究开发活动所发生的其他费用中不超过研究开发总费用的10%的金额。

24. 第25行"（二）委托外部研究开发费用"：填报第26＋27行的金额。

25. 第26行"1. 境内的外部研发费"：填报纳税人委托境内的企业、大学、转制院所、研究机构、技术专业服务机构等进行的研究开发活动所支出的费用，按照委托外部研究开发费用发生额的80%计入研发费用总额。其中，企业在中国境内发生的研究开发费用总额占全部研究开发费用总额的比例不低于60%。

26. 第27行"2. 境外的外部研发费"：填报纳税人委托境外机构完成的研究开发活动所发生的费用，按照委托外部研究开发费用发生额的80%计入研发费用总额。

27. 第28行"十、本年研发费用占销售（营业）收入比例"：填报纳税人本年研发费用占销售（营业）收入的比例。

28. 第29行"减免税金额"：填报按照表A100000第23行应纳税所得额计算的减征10%企业所得税金额。

（二）表内、表间关系

1. 表内关系。

（1）第5行＝第6＋7行。

（2）第9行＝第5÷8行。

（3）第13行＝第10÷12行。

（4）第14行＝第11÷12行。

（5）第15行＝第16＋25行。

（6）第16行＝第17＋18＋19＋20＋21＋22＋24行。

（7）第25行＝第26＋27行。

2. 表间关系。

第29行＝表A107040第2行。

三、应关注的风险事项

1.《企业所得税法》第二十八条规定，国家需要重点扶持的高新技术企业，是指拥有核心自主知识产权，并同时符合下列条件的企业。

（1）产品（服务）属于《国家重点支持的高新技术领域》规定的范围。

（2）研究开发费用占销售收入的比例不低于规定比例。

（3）高新技术产品（服务）收入占企业总收入的比例不低于规定比例。

（4）科技人员占企业职工总数的比例不低于规定比例。

（5）高新技术企业认定管理办法规定的其他条件。

2. 根据国科发火〔2008〕172 号《科技部 财政部 国家税务总局关于印发〈高新技术企业认定管理办法〉的通知》第十条规定，高新技术企业认定须同时满足以下条件：

（1）在中国境内（不含港、澳、台地区）注册的企业，近三年内通过自主研发、受让、受赠、并购等方式，或通过五年以上的独占许可方式，对其主要产品（服务）的核心技术拥有自主知识产权。

（2）产品（服务）属于《国家重点支持的高新技术领域》规定的范围。

（3）具有大学专科以上学历的科技人员占企业当年职工总数的 30% 以上，其中研发人员占企业当年职工总数的 10% 以上。

（4）企业为获得科学技术（不包括人文、社会科学）新知识，创造性运用科学技术新知识，或实质性改进技术、产品（服务）而持续进行了研究开发活动，且近三个会计年度的研究开发费用总额占销售收入总额的比例符合如下要求：A. 最近一年销售收入小于 5000 万元的企业，比例不低于 6%。B. 最近一年销售收入在 5000 万元至 20000 万元的企业，比例不低于 4%。C. 最近一年销售收入 20000 万元以上的企业，比例不低于 3%。

其中，企业在中国境内发生的研究开发费用总额占全部研究开发费用总额的比例不低于 60%。企业注册成立时间不足三年的，按实际经营年限计算。

（5）高新技术产品（服务）收入占企业当年总收入的 60% 以上。

（6）企业研究开发组织管理水平、科技成果转化能力、自主知识产权数量、销售与总资产成长性等指标符合《高新技术企业认定管理工作指引》（另行制定）的要求。

第十节 软件、集成电路企业优惠情况及明细表填报

一、A107042 软件、集成电路企业优惠情况及明细表

行次	基本信息			
1	企业成立日期		软件企业证书取得日期	
2	软件企业认定证书编号		软件产品登记证书编号	
3	计算机信息系统集成资质等级认定证书编号		集成电路生产企业认定文号	

续表

行次	基本信息	
4	集成电路设计企业认定证书编号	
5	关键指标情况（2011 年 1 月 1 日以后成立企业填报）	
6	人员指标	一、企业本年月平均职工总人数	
7		其中：签订劳动合同关系且具有大学专科以上学历的职工人数	
8		二、研究开发人员人数	
9		三、签订劳动合同关系且具有大学专科以上学历的职工人数占企业本年月平均职工总人数的比例（7÷6）	
10		四、研究开发人员占企业本年月平均职工总数的比例（8÷6）	
11	收入指标	五、企业收入总额	
12		六、集成电路制造销售（营业）收入	
13		七、集成电路制造销售（营业）收入占企业收入总额的比例（12÷11）	
14		八、集成电路设计销售（营业）收入	
15		其中：集成电路自主设计销售（营业）收入	
16		九、集成电路设计企业的集成电路设计销售（营业）收入占企业收入总额的比例（14÷11）	
17		十、集成电路自主设计销售（营业）收入占企业收入总额的比例（15÷11）	
18		十一、软件产品开发销售（营业）收入	
19		其中：嵌入式软件产品和信息系统集成产品开发销售（营业）收入	
20		十二、软件产品自主开发销售（营业）收入	
21		其中：嵌入式软件产品和信息系统集成产品自主开发销售（营业）收入	
22		十三、软件企业的软件产品开发销售（营业）收入占企业收入总额的比例（18÷11）	
23		十四、嵌入式软件产品和信息系统集成产品开发销售（营业）收入占企业收入总额的比例（19÷11）	
24		十五、软件产品自主开发销售（营业）收入占企业收入总额的比例（20÷11）	
25		十六、嵌入式软件产品和信息系统集成产品自主开发销售（营业）收入占企业收入总额的比例（21÷11）	
26	研究开发费用指标	十七、研究开发费用总额	
27		其中：企业在中国境内发生的研究开发费用金额	
28		十八、研究开发费用总额占企业销售（营业）收入总额的比例	
29		十九、企业在中国境内发生的研究开发费用金额占研究开发费用总额的比例（27÷26）	

续表

行次		基本信息	
30		关键指标情况（2011 年 1 月 1 日以前成立企业填报）	
31	人员指标	二十、企业职工总数	
32		二十一、从事软件产品开发和技术服务的技术人员	
33		二十二、从事软件产品开发和技术服务的技术人员占企业职工总数的比例（32÷31）	
34	收入指标	二十三、企业年总收入	
35		其中：企业年软件销售收入	
36		其中：自产软件销售收入	
37		二十四、软件销售收入占企业年总收入比例（35÷34）	
38		二十五、自产软件收入占软件销售收入比例（36÷35）	
39	研究开发经费指标	二十六、软件技术及产品的研究开发经费	
40		二十七、软件技术及产品的研究开发经费占企业年软件收入比例（39÷35）	
41		减免税金额	

二、A107042《软件、集成电路企业优惠情况及明细表》填报说明

本表适用于享受软件、集成电路企业优惠的纳税人填报。纳税人根据税法、《财政部 国家税务总局关于进一步鼓励软件产业和集成电路产业发展企业所得税政策的通知》（财税〔2012〕27 号）、《国家税务总局关于软件和集成电路企业认定管理有关问题的公告》（国家税务总局公告 2012 年第 19 号）、《工业和信息化部 国家发展和改革委员会 财政部 国家税务总局关于印发〈软件企业认定管理办法〉的通知》（工信部联软〔2013〕64 号）、《工业和信息化部 国家发展和改革委员会 财政部 国家税务总局关于印发〈集成电路设计企业认定管理办法〉的通知》（工信部联电子〔2013〕487 号）、《国家税务总局关于执行软件企业所得税优惠政策有关问题的公告》（国家税务总局公告 2013 年第 43 号）等相关税收政策规定，填报本年发生的软件、集成电路企业优惠情况。

（一）有关项目填报说明

1. 本表"关键指标情况"第 6 行至第 29 行由 2011 年 1 月 1 日以后成立企业填报，第 31 行至第 40 行由 2011 年 1 月 1 日以前成立企业填报，其余行次均需填报。

2. 第 1 行"企业成立日期"：填报纳税人办理工商登记日期；"软件企业证书取得日期"：填报纳税人软件企业证书上的取得日期。

3. 第 2 行"软件企业认定证书编号"：填报纳税人软件企业证书上的软件企

业认定编号；"软件产品登记证书编号"：填报纳税人软件产品登记证书上的产品登记证号。

4. 第3行"计算机信息系统集成资质等级认定证书编号"：填报纳税人的计算机信息系统集成资质等级认定证号；"集成电路生产企业认定文号"：填报纳税人集成电路生产企业认定的文号。

5. 第4行"集成电路设计企业认定证书编号"：填报纳税人集成电路设计企业认定证书编号。

6. 第6行"一、企业本年月平均职工总人数"：填报表《企业基础信息表》（A000000）"104 从业人数"。

7. 第7行"其中：签订劳动合同关系且具有大学专科以上学历的职工人数"：填报纳税人本年签订劳动合同关系且具有大学专科以上学历的职工人数。

8. 第8行"二、研究开发人员人数"：填报纳税人本年研究开发人员人数。

9. 第9行"三、签订劳动合同关系且具有大学专科以上学历的职工人数占企业本年月平均职工总人数的比例"：填报第 7÷6 行的比例。

10. 第10行"四、研究开发人员占企业本年月平均职工总数的比例"：填报第 8÷6 行的比例。

11. 第11行"五、企业收入总额"：填报纳税人本年以货币形式和非货币形式从各种来源取得的收入，为税法第六条规定的收入总额。包括：销售货物收入，提供劳务收入，转让财产收入，股息、红利等权益性投资收益，利息收入，租金收入，特许权使用费收入，接受捐赠收入，其他收入。

12. 第12行"六、集成电路制造销售（营业）收入"：填报纳税人本年集成电路企业制造销售（营业）收入。

13. 第13行"七、集成电路制造销售（营业）收入占企业收入总额的比例"：填报第 12÷11 行的比例。

14. 第14行"八、集成电路设计销售（营业）收入"：填报纳税人本年集成电路设计销售（营业）收入。

15. 第15行"其中：集成电路自主设计销售（营业）收入"：填报纳税人本年集成电路自主设计销售（营业）收入。

16. 第16行"九、集成电路设计企业的集成电路设计销售（营业）收入占企业收入总额的比例"：填报第 14÷11 行的比例。

17. 第17行"十、集成电路自主设计销售（营业）收入占企业收入总额的比例"：填报第 15÷11 行的比例。

18. 第18行"十一、软件产品开发销售（营业）收入"：填报纳税人本年软件产品开发销售（营业）收入。

19. 第 19 行"其中：嵌入式软件产品和信息系统集成产品开发销售（营业）收入"：填报纳税人本年嵌入式软件产品和信息系统集成产品开发销售（营业）收入。

20. 第 20 行"十二、软件产品自主开发销售（营业）收入"：填报纳税人本年软件产品自主开发销售（营业）收入。

21. 第 21 行"其中：嵌入式软件产品和信息系统集成产品自主开发销售（营业）收入"：填报纳税人本年嵌入式软件产品和信息系统集成产品自主开发销售（营业）收入。

22. 第 22 行"十三、软件企业的软件产品开发销售（营业）收入占企业收入总额的比例"：填报第 18÷11 行的比例。

23. 第 23 行"十四、嵌入式软件产品和信息系统集成产品开发销售（营业）收入占企业收入总额的比例"：填报第 19÷11 行的比例。

24. 第 24 行"十五、软件产品自主开发销售（营业）收入占企业收入总额的比例"：填报第 20÷11 行的比例。

25. 第 25 行"十六、嵌入式软件产品和信息系统集成产品自主开发销售（营业）收入占企业收入总额的比例"：填报第 21÷11 行的比例。

26. 第 26 行"十七、研究开发费用总额"：填报纳税人本年按照《国家税务总局关于印发〈企业研究开发费用税前扣除管理办法（试行）〉的通知》（国税发〔2008〕116 号）归集的研究开发费用总额。

27. 第 27 行"其中：企业在中国境内发生的研究开发费用金额"：填报纳税人本年在中国境内发生的研究开发费用金额。

28. 第 28 行"十八、研究开发费用总额占企业销售（营业）收入总额的比例"：填报纳税人本年研究开发费用总额占企业销售（营业）收入总额的比例。

29. 第 29 行"十九、企业在中国境内发生的研究开发费用金额占研究开发费用总额的比例"：填报第 27÷26 行的比例。

30. 第 31 行"二十、企业职工总数"：填报纳税人本年职工总数。

31. 第 32 行"二十一、从事软件产品开发和技术服务的技术人员"：填报纳税人本年从事软件产品开发和技术服务的技术人员人数。

32. 第 33 行"二十二、从事软件产品开发和技术服务的技术人员占企业职工总数的比例"：填报第 32÷31 行的比例。

33. 第 34 行"二十三、企业年总收入"：填报纳税人本年以货币形式和非货币形式从各种来源取得的收入，为税法第六条规定的收入总额。包括：销售货物收入，提供劳务收入，转让财产收入，股息、红利等权益性投资收益，利息收入，租金收入，特许权使用费收入，接受捐赠收入，其他收入。

34. 第 35 行"其中：企业年软件销售收入"：填报纳税人本年软件销售收入。

35. 第36行"其中：自产软件销售收入"：填报纳税人本年销售自主开发软件取得的收入。

36. 第37行"二十四、软件销售收入占企业年总收入比例"：填报第35÷34行的比例。

37. 第38行"二十五、自产软件收入占软件销售收入比例"：填报第36÷35行的比例。

38. 第39行"二十六、软件技术及产品的研究开发经费"：填报纳税人本年用于软件技术及产品的研究开发经费。

39. 第40行"二十七、软件技术及产品的研究开发经费占企业年软件收入比例"：填报第39÷35行的金额。

40. 第41行"减免税金额"：填报按照表A100000第23行应纳税所得额计算的免征、减征企业所得税金额。

（二）表内、表间关系

1. 表内关系。

（1）第9行=第7÷6行。

（2）第10行=第8÷6行。

（3）第13行=第12÷11行。

（4）第16行=第14÷11行。

（5）第17行=第15÷11行。

（6）第22行=第18÷11行。

（7）第23行=第19÷11行。

（8）第24行=第20÷11行。

（9）第25行=第21÷11行。

（10）第29行=第27÷26行。

（11）第33行=第32÷31行。

（12）第37行=第35÷34行。

（13）第38行=第36÷35行。

（14）第40行=第39÷35行。

2. 表间关系。

第41行=表A107040第18行或20行。

三、应关注的风险事项

（一）核查事项

核查手续完备性，会计记录完整性。

（二）税法相关规定

1. 软件生产企业。

（1）软件生产企业实行增值税即退政策所退还的税款，由企业用于研究开发软件产品和扩大再生产，不作为企业所得税应税收入，不予征收企业所得税。

（2）新办软件生产企业经认定后，自获利年度起，第一年和第二年免征企业所得税，第三年至第五年减半征收企业所得税。

（3）国家规划布局内的重点软件生产企业，如当年未享受免税优惠的，减按 10% 的税率征收企业所得税。

（4）软件生产企业的职工培训费用，可按实际发生额在计算应纳税所得额时扣除。

（5）企事业单位购进软件，凡符合固定资产或无形资产确认条件的，可以按照固定资产或无形资产进行核算，经主管税务机关核准，其折旧或摊销年限可以适当缩短，最短可为二年。

根据财税〔2009〕65 号文件规定，经认定的动漫企业自主开发、生产动漫产品，可申请享受国家现行鼓励软件产业发展的所得税优惠政策。

2. 集成电路企业。

（1）集成电路设计企业视同软件企业，享受上述软件企业的有关企业所得税政策。

（2）集成电路生产企业的生产性设备，经主管税务机关核准，其折旧年限可以适当缩短，最短可为三年。

（3）投资额超过 80 亿元人民币或集成电路线宽小于 0.25 微米的集成电路生产企业，可以减按 15% 的税率缴纳企业所得税，其中，经营期在十五年以上的，从开始获利的年度起，第一年至第五年免征企业所得税，第六年至第十年减半征收企业所得税。

（4）对生产线宽小于 0.8 微米（含）集成电路产品的生产企业，经认定后，自获利年度起，第一年和第二年免征企业所得税，第三年至第五年减半征收企业所得税。

已经享受自获利年度起企业所得税"两免三减半"政策的企业，不再重复执行本条规定。

第十一节 税额抵免优惠明细表填报

一、A107050 税额抵免优惠明细表

项目	行次	年度	本年抵免前应纳税额	本年允许抵免的专用设备投资额	本年可抵免税额	以前年度已抵免额						本年实际抵免的各年度税额	可结转以后年度抵免的税额
						前五年度	前四年度	前三年度	前二年度	前一年度	小计		
		1	2	3	$4=3×10\%$	5	6	7	8	9	$10(5+6+7+8+9)$	11	$12(4-10-11)$
前五年度	1												
前四年度	2					*							
前三年度	3					*	*						
前二年度	4					*	*	*					
前一年度	5					*	*	*	*				
本年度	6					*	*	*	*	*			
本年实际抵免税额合计	7												*
可结转以后年度抵免的税额合计	8											*	*
专用设备投资情况 本年允许抵免的环境保护专用设备投资额	9												
本年允许抵免的专用节能节水的专用设备投资额	10												
本年允许抵免的安全生产专用设备投资额	11												

二、A107050《税额抵免优惠明细表》填报说明

本表适用于享受专用设备投资额抵免优惠的纳税人填报。纳税人根据税法、《财政部 国家税务总局关于执行环境保护专用设备企业所得税优惠目录、节能节水专用设备企业所得税优惠目录和安全生产专用设备企业所得税优惠目录有关问题的通知》（财税〔2008〕48号）、《财政部 国家税务总局 国家发展改革委关于公布节能节水专用设备企业所得税优惠目录（2008年版）和环境保护专用设备企业所得税优惠目录（2008年版）的通知》（财税〔2008〕115号）、《财政部 国家税务总局 安全监管总局关于公布〈安全生产专用设备企业所得税优惠目录（2008年版）〉的通知》（财税〔2008〕118号）、《财政部 国家税务总局关于执行企业所得税优惠政策若干问题的通知》（财税〔2009〕69号）、《国家税务总局关于环境保护、节能节水、安全生产等专用设备投资抵免企业所得税有关问题的通知》（国税函〔2010〕256号）等相关税收政策规定，填报本年发生的专用设备投资额抵免优惠情况。

（一）有关项目填报说明

1. 第1列"年度"：填报公历年份。第6行为本年，第5行至第1行依次填报。

2. 第2列"本年抵免前应纳税额"：填报纳税人《中华人民共和国企业所得税年度纳税申报表（A类）》（A100000）第25行"应纳所得税额"减第26行"减免所得税额"后的金额。2009～2013年度的"当年抵免前应纳税额"：填报原《企业所得税年度纳税申报表（A类）》第27行"应纳所得税额"减第28行"减免所得税额"后的金额。

3. 第3列"本年允许抵免的专用设备投资额"：填报纳税人本年购置并实际使用《环境保护专用设备企业所得税优惠目录》、《节能节水专用设备企业所得税优惠目录》和《安全生产专用设备企业所得税优惠目录》规定的环境保护、节能节水、安全生产等专用设备的发票价税合计金额，但不包括允许抵扣的增值税进项税额、按有关规定退还的增值税税款以及设备运输、安装和调试等费用。

4. 第4列"本年可抵免税额"：填报第3列×10%的金额。

5. 第5列至第9列"以前年度已抵免额"：填报纳税人以前年度已抵免税额，其中前五年度、前四年度、前三年度、前二年度、前一年度与"项目"列中的前五年度、前四年度、前三年度、前二年度、前一年度相对应。

6. 第10列"以前年度已抵免额—小计"：填报第5+6+7+8+9列的金额。

7. 第11列"本年实际抵免的各年度税额"：第1行至第6行填报纳税人用于依次抵免前5年度及本年尚未抵免的税额，第11列小于等于第4列至第10列，且第11列第1行至6行合计数不得大于第6行第2列的金额。

8. 第12列"可结转以后年度抵免的税额":填报第4 – 10 – 11列的金额。

9. 第7行第11列"本年实际抵免税额合计":填报第11列第1 + 2 + … + 6行的金额。

10. 第8行第12列"可结转以后年度抵免的税额合计":填报第12列第2 + 3 + … + 6行的金额。

11. 第9行"本年允许抵免的环境保护专用设备投资额":填报纳税人本年购置并实际使用《环境保护专用设备企业所得税优惠目录》规定的环境保护专用设备的发票价税合计价格,但不包括允许抵扣的增值税进项税额、按有关规定退还的增值税税款以及设备运输、安装和调试等费用。

12. 第10行"本年允许抵免节能节水的专用设备投资额":填报纳税人本年购置并实际使用《节能节水专用设备企业所得税优惠目录》规定的节能节水等专用设备的发票价税合计价格,但不包括允许抵扣的增值税进项税额、按有关规定退还的增值税税款以及设备运输、安装和调试等费用。

13. 第11行"本年允许抵免的安全生产专用设备投资额":填报纳税人本年购置并实际使用《安全生产专用设备企业所得税优惠目录》规定的安全生产等专用设备的发票价税合计价格,但不包括允许抵扣的增值税进项税额、按有关规定退还的增值税税款以及设备运输、安装和调试等费用。

(二)表内、表间关系

1. 表内关系。

(1)第4列 = 第3列 × 10%。

(2)第10列 = 第5 + 6 + … + 9列。

(3)第11列 ≤ 第4 – 10列。

(4)第12列 = 第4 – 10 – 11列。

(5)第7行第11列 = 第11列第1 + 2 + … + 6行。

(6)第8行第12列 = 第12列第2 + 3 + … + 6行。

2. 表间关系。

(1)第7行第11列 ≤ 表A100000 第25 – 26行。

(2)第7行第11列 = 表A100000 第27行。

(3)第2列 = 表A100000 第25行 – 表A100000 第26行。

2009 ~ 2013年度:第2列 = 原《企业所得税年度纳税申报表(A类)》第27 – 28行。

三、应关注的风险事项

(一)核查事项

核查会计核算账户记录是否完整,是否符合优惠目录的有关要求及税法规定。

（二）税法相关规定

1. 企业购置并实际使用《环境保护专用设备企业所得税优惠目录》、《节能节水专用设备企业所得税优惠目录》和《安全生产专用设备企业所得税优惠目录》规定的环境保护、节能节水、安全生产等专用设备的，该专用设备的投资额的10%可以从企业当年的应纳税额中抵免的，可以在以后5个纳税年度结转抵免。

专用设备投资额是指购买专用设备发票价税合计价格，但不包括按有关规定退还的增值税税款以及设备运输、安装和调试等费用。

当年应纳税额是指企业当年的应纳税所得额乘以适用税率，扣除依照企业所得税法和国务院有关税收优惠规定以及税收过渡优惠规定减征、免征税额后的余额。

2. 企业利用自筹资金和银行贷款购置专用设备的投资额，可以按企业所得税法的规定抵免企业应纳所得税额；企业利用财政拨款购置专用设备的投资额，不得抵免企业应纳所得税额。

3. 企业购置并实际投入使用、已开始享受税收优惠的专用设备，如从购置之日起5个纳税年度内转让、出租的，应在该专用设备停止使用当月停止享受企业所得税优惠，并补缴已经抵免的企业所得税税款。转让的受让方可以按照该专用设备投资额的10%抵免当年企业所得税应纳税额；当年应纳税额不足抵免的，可以在以后5个纳税年度结转抵免。

4. 企业所得税优惠目录，见财政部、国家税务总局、国家发展改革委关于公布节能节水专用设备企业所得税优惠目录（2008年版）和环境保护专用设备企业所得税优惠目录（2008年版）的通知。

5. 企业同时从事适用不同企业所得税待遇的项目的，其优惠项目应当单独计算所得，并合理分摊企业的期间费用；没有单独计算的，不得享受企业所得税优惠。

6.《财政部　国家税务总局　国家发展改革委关于公布环境保护节能节水项目企业所得税优惠目录（试行）的通知》（财税〔2009〕166号）规定，公共污水处理、公共垃圾处理、沼气综合开发利用、节能减排技术改造、海水淡化，共5类17项环境保护、节能节水项目企业所得税优惠目录。

第六章　境外及跨地区企业所得税申报表填报

内容提要

《企业所得税法》第二十三条规定：居民企业来源于中国境外的应税所得；非居民企业在中国境内设立机构、场所，取得发生在中国境外但与该机构、场所有实际联系的应税所得，已在境外缴纳的所得税税额，可以从其当期应纳税额中抵免，抵免限额为该项所得依照本法规定计算的应纳税额；超过抵免限额的部分，可以在以后五个年度内，用每年度抵免限额抵免当年应抵税额后的余额进行抵补。企业须用3张表申请境外抵扣。

居民企业在中国境内跨地区（指跨省、自治区、直辖市和计划单列市，下同）设立不具有法人资格的营业机构、场所（以下称分支机构）的，该居民企业可适用汇总纳税企业。企业通过两张表申请汇总纳税。

风险提示

关注境外企业条件及相关手续是否符合规定、所在地与我国有无税收协定等，其支出凭证、抵免税额计算确认是否合规，要注意内容复杂性、地区特殊性。

汇总纳税手续、资料、计算比率等要求严格，涉及面广，所以要准备齐全，防止错报漏报产生。

第一节 境外所得税收抵免明细表填报

一、A108000 境外所得税收抵免明细表

行次	国家(地区)	境外税前所得	境外所得纳税调整后所得	弥补境外以前年度亏损	境外应纳税所得额	抵减境内亏损	抵减境内亏损后的境外应纳税所得额	税率	境外所得应纳税额	境外所得可抵免税额	境外所得抵免限额	本年可抵免境外所得税额	未超过境外所得税抵免限额的余额	本年可抵免以前年度未抵免境外所得税额	按简易办法计算 按低于12.5%的实际税率计算的抵免额	按12.5%计算的抵免额	按25%计算的抵免额	小计	境外所得抵免所得税额合计
	1	2	3	4	5 (3-4)	6	7 (5-6)	8	9 (7×8)	10	11	12	13 (11-12)	14	15	16	17	18 (15+16+17)	19 (12+14+18)
1																			
2																			
3																			
4																			
5																			
6																			
7																			
8																			
9																			
10																			
合计																			

二、A108000《境外所得税收抵免明细表》填报说明

本表适用于取得境外所得的纳税人填报。纳税人应根据税法、《财政部 国家税务总局关于企业境外所得税收抵免有关问题的通知》（财税〔2009〕125号）和《国家税务总局关于发布〈企业境外所得税收抵免操作指南〉的公告》（国家税务总局公告2010年第1号）规定，填报本年来源于或发生于不同国家、地区的所得按照税收规定计算应缴纳和应抵免的企业所得税。对于我国石油企业在境外从事油（气）资源开采的，其境外应纳税所得额、可抵免境外所得税额和抵免限额按照《财政部 国家税务总局关于我国石油企业从事油（气）资源开采所得税收抵免有关问题的通知》（财税〔2011〕23号）文件规定计算填报。

（一）有关项目填报说明

1. 第1列"国家（地区）"：填报纳税人境外所得来源的国家（地区）名称，来源于同一国家（地区）的境外所得合并到一行填报。

2. 第2列"境外税前所得"：填报《境外所得纳税调整后所得明细表》（A108010）第14列的金额。

3. 第3列"境外所得纳税调整后所得"：填报表A108010第18列的金额。

4. 第4列"弥补境外以前年度亏损"：填报《境外分支机构弥补亏损明细表》（A108020）第4列和第13列的合计金额。

5. 第5列"境外应纳税所得额"：填报第3列至第4列的金额。

6. 第6列"抵减境内亏损"：填报纳税人境外所得按照税法规定抵减境内的亏损额。

7. 第7列"抵减境内亏损后的境外应纳税所得额"：填报第5列至第6列的金额。

8. 第8列"税率"：填报法定税率25%。符合《财政部 国家税务总局关于高新技术企业境外所得适用税率及税收抵免问题的通知》（财税〔2011〕47号）第一条规定的高新技术企业填报15%。

9. 第9列"境外所得应纳税额"：填报第7×8列的金额。

10. 第10列"境外所得可抵免税额"：填报表A108010第13列的金额。

11. 第11列"境外所得抵免限额"：境外所得抵免限额按以下公式计算：

抵免限额＝中国境内、境外所得依照企业所得税法和条例的规定计算的应纳税总额×来源于某国（地区）的应纳税所得额÷中国境内、境外应纳税所得总额。

12. 第12列"本年可抵免境外所得税额"：填报纳税人本年来源于境外的

所得已缴纳所得税在本年度允许抵免的金额。填报第 10 列、第 11 列孰小的金额。

13. 第 13 列"未超过境外所得税抵免限额的余额"：填报纳税人本年在抵免限额内抵免完境外所得税后有余额的、可用于抵免以前年度结转的待抵免的所得税额。本列填报第 11 列至第 12 列的金额。

14. 第 14 列"本年可抵免以前年度未抵免境外所得税额"：填报纳税人本年可抵免以前年度未抵免、结转到本年度抵免的境外所得税额。填报第 13 列、《跨年度结转抵免境外所得税明细表》（A108030）第 7 列孰小的金额。

15. 第 15 列至第 18 列由选择简易办法计算抵免额的纳税人填报。

（1）第 15 列"按低于 12.5% 的实际税率计算的抵免额"：纳税人从境外取得营业利润所得以及符合境外税额间接抵免条件的股息所得，所得来源国（地区）的实际有效税率低于 12.5% 的，填报按照实际有效税率计算的抵免额。

（2）第 16 列"按 12.5% 计算的抵免额"：纳税人从境外取得营业利润所得以及符合境外税额间接抵免条件的股息所得，除第 15 列情形外，填报按照12.5% 计算的抵免额。

（3）第 17 列"按 25% 计算的抵免额"：纳税人从境外取得营业利润所得以及符合境外税额间接抵免条件的股息所得，所得来源国（地区）的实际有效税率高于 25% 的，填报按照 25% 计算的抵免额。

16. 第 19 列"境外所得抵免所得税额合计"：填报第 12 + 14 + 18 列的金额。

（二）表内、表间关系

1. 表内关系。

（1）第 5 列 = 第 3 – 4 列。

（2）第 7 列 = 第 5 – 6 列。

（3）第 9 列 = 第 7 × 8 列。

（4）第 12 列 = 第 10 列、第 11 列孰小。

（5）第 13 列 = 第 11 – 12 列。

（6）第 14 列 ≤ 第 13 列。

（7）第 18 列 = 第 15 + 16 + 17 列。

（8）第 19 列 = 第 12 + 14 + 18 列。

2. 表间关系。

（1）第 2 列各行 = 表 A108010 第 14 列相应行次。

（2）第 2 列合计 = 表 A108010 第 14 列合计。

（3）第 3 列各行 = 表 A108010 第 18 列相应行次。

（4）第 4 列各行 = 表 A108020 第 4 列相应行次 + 表 A108020 第 13 列相应行次。

（5）第 6 列合计 = 表 A100000 第 18 行。

（6）第 9 列合计 = 表 A100000 第 29 行。

（7）第 10 列各行 = 表 A108010 第 13 列相应行次。

（8）第 14 列各行 = 表 A108030 第 13 列相应行次。

（9）第 19 列合计 = 表 A100000 第 30 行。

三、应关注的风险事项

（一）核查事项

重点核查境内、境外会计事项有无混淆记录，根据制度要求区分清楚；发生的共同支出是否合理分摊；手续是否完善。分支机构所在国籍、地区、所占股份、相关证件是否齐全。

（二）税法相关规定

根据《财政部 国家税务总局关于企业境外所得税收抵免有关问题的通知》（财税〔2009〕125 号）通知和《企业所得税法》及其《实施细则》，自 2008 年 1 月 1 日起，就企业境外所得税收抵免有关问题执行如下规定：

1. 已在境外缴纳的所得税税额。

已在境外缴纳的所得税税额，是指企业来源于中国境外的所得依照中国境外税收法律以及相关规定，应当缴纳并已经实际缴纳的企业所得税性质的税款。计算规定如下：

（1）居民企业在境外投资设立不具有独立纳税地位的分支机构，其来源于境外的所得，以境外收入总额扣除与取得境外收入有关的各项合理支出后的余额为应纳税所得额。各项收入、支出按企业所得税法及实施条例的有关规定确定。

（2）居民企业应就其来源于境外的股息、红利等权益性投资收益，以及利息、租金、特许权使用费、转让财产等收入，扣除按照企业所得税法及实施条例等规定计算的与取得该项收入有关的各项合理支出后的余额为应纳税所得额。来源于境外的股息和红利等利息、租金、特许权使用费、转让财产等收入，就按有关合同约定应付交易对价款的日期确认收入实现。

（3）非居民企业在境内设立机构、场所的，应就其发生在境外但与境内所设机构、场所有实际联系的各项应税所得，比照上述第（2）项的规定计算相应的应纳税所得额。

（4）在计算境外应纳税所得额时，企业为取得境内、外所得而在境内、境外发生的共同支出，与取得境外应税所得有关的、合理的部分，应在境内、境外〔分国（地区）别，下同〕应税所得之间，按照合理比例进行分摊后扣除。

（5）在汇总计算境外应纳税所得额时，企业在境外同一国家（地区）设立不具有独立纳税地位的分支机构，按照企业所得税法及实施条例的有关规定计算的亏损，不得抵减其境内或他国（地区）的应纳税所得额，但可以用同一国家（地区）其他项目或以后年度的所得按规定弥补。

（6）居民企业从与我国政府订立税收协定（或安排）的国家（地区）取得的所得，按照该国（地区）税收法律享受了免税或减税待遇，且该免税或减税的数额按照税收协定规定应视同已缴税额在中国的应纳税额中抵免的，该免税或减税数额可作为企业实际缴纳的境外所得税额用于办理税收抵免。

2. 可抵免境外所得税税额。

可抵免境外所得税税额，是指企业来源于中国境外的所得依照中国境外税收法律以及相关规定应当缴纳并已实际缴纳的企业所得税性质的税款。但不包括：

（1）按照境外所得税法律及相关规定属于错缴或错征的境外所得税税款。

（2）按照税收协定规定不应征收的境外所得税税款。

（3）因少缴或迟缴境外所得税而追加的利息、滞纳金或罚款。

（4）境外所得税纳税人或者其利害关系人从境外征税主体得到实际返还或补偿的境外所得税税款。

（5）按照我国企业所得税法及其实施条例规定，已经免征我国企业所得税的境外所得负担的境外所得税税款。

（6）按照国务院财政、税务主管部门有关规定已经从企业境外应纳税所得额中扣除的境外所得税税款。

3. 抵免限额。

抵免限额，是指企业来源于中国境外的所得，依照企业所得税法和实施条例的规定计算的应纳税额。除国务院财政、税务主管部门另有规定外，该抵免限额应当分国（地区）不分项计算，计算公式如下：

某国（地区）所得税抵免限额＝中国境内、境外所得依照企业所得税法及实施条例的规定计算的应纳税总额×来源于某国（地区）的应纳税所得额÷中国境内、境外应纳税所得总额

据以计算上述公式中"中国境内、境外所得依照企业所得税法及实施条例的规定计算的应纳税总额"的税率，除国务院财政、税务主管部门另有规定外，应

为《企业所得税法》第四条第一款规定的税率（25%）。

企业按照企业所得税法及其实施条例和本通知的有关规定计算的当期境内、境外应纳税所得总额小于零的，应以零计算当期境内、境外应纳税所得总额，其当期境外所得税的抵免限额也为零。

4. 如何抵免。

在计算实际应抵免的境外已缴纳和间接负担的所得税税额时，企业在境外一国（地区）当年缴纳和间接负担的符合规定的所得税税额低于所计算的该国（地区）抵免限额的，应以该项税额作为境外所得税抵免额从企业应纳税总额中据实抵免；超过抵免限额的，当年应以抵免限额作为境外所得税抵免额进行抵免，超过抵免限额的余额允许从次年起在连续五个纳税年度内，用每年度抵免限额抵免当年应抵税额后的余额进行抵补。

属于下列情形的，经企业申请，主管税务机关核准，可以采取简易办法对境外所得已纳税额计算抵免：

（1）企业从境外取得营业利润所得以及符合境外税额间接抵免条件的股息所得，虽有所得来源国（地区）政府机关核发的具有纳税性质的凭证或证明，但因客观原因无法真实、准确地确认应当缴纳并已经实际缴纳的境外所得税税额的，除就该所得直接缴纳及间接负担的税额在所得来源国（地区）的实际有效税率低于我国《企业所得税法》第四条第一款规定税率50%以上的外，可按境外应纳税所得额的12.5%作为抵免限额，企业按该国（地区）税务机关或政府机关核发具有纳税性质凭证或证明的金额，其不超过抵免限额的部分，准予抵免；超过的部分不得抵免。

属于本款规定以外的股息、利息、租金、特许权使用费、转让财产等投资性所得，均应按本通知的其他规定计算境外税额抵免。

（2）企业从境外取得营业利润所得以及符合境外税额间接抵免条件的股息所得，凡就该所得缴纳及间接负担的税额在所得来源国（地区）的法定税率且其实际有效税率明显高于我国的，可直接以按本通知规定计算的境外应纳税所得额和我国企业所得税法规定的税率计算的抵免限额作为可抵免的已在境外实际缴纳的企业所得税税额。具体国家（地区）名单见附件。财政部、国家税务总局可根据实际情况适时对名单进行调整。

属于本款规定以外的股息、利息、租金、特许权使用费、转让财产等投资性所得，均应按本通知的其他规定计算境外税额抵免。

5. 境外投资收益实际间接负担的税额。

其计算公式如下：

本层企业所纳税额属于由一家上一层企业负担的税额 =（本层企业就利润和

投资收益所实际缴纳的税额+符合本通知规定的由本层企业间接负担的税额）×本层企业向一家上一层企业分配的股息（红利）÷本层企业所得税后利润额

6. 居民企业直接或者间接持有 20% 以上股份的外国企业。

除国务院财政、税务主管部门另有规定外，由居民企业直接或者间接持有 20% 以上股份的外国企业，限于符合以下持股方式的三层外国企业：

第一层：单一居民企业直接持有 20% 以上股份的外国企业；

第二层：单一第一层外国企业直接持有 20% 以上股份，且由单一居民企业直接持有或通过一个或多个符合本条规定持股条件的外国企业间接持有总和达到 20% 以上股份的外国企业；

第三层：单一第二层外国企业直接持有 20% 以上股份，且由单一居民企业直接持有或通过一个或多个符合本条规定持股条件的外国企业间接持有总和达到 20% 以上股份的外国企业。

7. 抵免年度。

企业依照企业所得税法的规定抵免企业所得税税额时，应当提供中国境外税务机关出具的税款所属年度的有关纳税凭证。

企业在境外投资设立不具有独立纳税地位的分支机构，其计算生产、经营所得的纳税年度与我国规定的纳税年度不一致的，与我国纳税年度当年度相对应的境外纳税年度，应为在我国有关纳税年度中任何一日结束的境外纳税年度。

企业取得上款以外的境外所得实际缴纳或间接负担的境外所得税，应在该项境外所得实现日所在的我国对应纳税年度的应纳税额中计算抵免。

8. 企业抵免境外所得税额后实际应纳所得税额的计算。

企业抵免境外所得税额后实际应纳所得税额的计算公式为：

企业实际应纳所得税额=企业境内外所得应纳税总额－企业所得税减免、抵免优惠税额－境外所得税抵免额

9. 所称不具有独立纳税地位，是指根据企业设立地法律不具有独立法人地位或者按照税收协定规定不认定为对方国家（地区）的税收居民。

10. 企业取得来源于中国香港、澳门、台湾地区的应税所得，参照上述规定执行。

11. 中华人民共和国政府同外国政府订立的有关税收的协定与上述规定有不同规定的，依照协定的规定办理。

注：法定税率明显高于我国的境外所得来源国（地区）名单：

美国、阿根廷、布隆迪、喀麦隆、古巴、法国、日本、摩洛哥、巴基斯坦、赞比亚、科威特、孟加拉国、叙利亚、约旦、老挝。

（三）非居民企业应纳税额的计算

对在中国境内未设立机构、场所的，或者虽设立机构、场所但取得的所得与其所设机构、场所没有实际联系的，应当就其来源于中国境内的所得缴纳企业所得税。按照下列方法计算其应纳税所得额，依适用税率为10%计算缴纳所得税。

（1）股息、红利等权益性投资收益和利息、租金、特许权使用费所得，以收入全额为应纳税所得额。

（2）转让财产所得，以收入全额减除财产净值后的余额为应纳税所得额。

（3）其他所得，参照前两项规定的方法计算应纳税所得额。

收入全额，是指非居民企业向支付人收取的全部价款和价外费用。

财产净值，是指有关资产、财产的计税基础减除已经按照规定扣除的折旧、折耗摊销、准备金等后的余额。

根据国家税务总局公告2011年第45号《境外注册中资控股居民企业所得税管理办法》（试行），自2011年9月1日起，境外注册中资控股居民企业所得税按以下办法管理。

所称境外注册中资控股企业（以下简称境外中资企业）是指由中国内地企业或者企业集团作为主要控股投资者，在中国内地以外国家或地区（含中国香港、澳门、台湾地区）注册成立的企业。境外注册中资控股居民企业（以下简称非境内注册居民企业）是指因实际管理机构在中国境内而被认定为中国居民企业的境外注册中资控股企业。

非境内注册居民企业应当按照企业所得税法及其实施条例和相关管理规定的要求，履行居民企业所得税纳税义务，并在向非居民企业支付《企业所得税法》第三条第三款规定的款项时，依法代扣代缴企业所得税。

第二节 境外所得纳税调整后所得明细表填报

一、A108010 境外所得纳税调整后所得明细表

行次	国家（地区）	境外税后所得								境外所得可抵免的所得税额				境外税前所得	境外分支机构收入与支出纳税调整额	境外分支机构调整扣除的有关成本费用	境外所得对应调整的相关成本费用支出	境外所得纳税调整后所得
		分支机构营业利润所得	股息、红利等权益性投资所得	利息所得	租金所得	特许权使用费所得	财产转让所得	其他所得	小计	直接缴纳的所得税额	间接负担的所得税额	享受税收饶让抵免税额	小计					
	1	2	3	4	5	6	7	8	9 (2+3+4+5+6+7+8)	10	11	12	13(10+11+12)	14(9+10+11)	15	16	17	18(14+15-16-17)
1																		
2																		
3																		
4																		
5																		
6																		
7																		
8																		
9																		
10	合计																	

二、A108010《境外所得纳税调整后所得明细表》填报说明

本表适用于取得境外所得的纳税人填报。纳税人应根据税法、《财政部 国家税务总局关于企业境外所得税收抵免有关问题的通知》（财税〔2009〕125号）和《国家税务总局关于发布〈企业境外所得税收抵免操作指南〉的公告》（国家税务总局公告2010年第1号）规定，填报本年来源于或发生于不同国家、地区的所得按照税法规定计算的境外所得纳税调整后所得。

（一）有关项目填报说明

1. 第1列"国家（地区）"：填报纳税人境外所得来源的国家（地区）名称，来源于同一个国家（地区）的境外所得可合并到一行填报。

2. 第2列至第9列"境外税后所得"：填报纳税人取得的来源于境外的税后所得，其中：第2列股息、红利等权益性投资所得包含通过《受控外国企业信息报告表》（国家税务总局公告2014年第38号附件2）计算的视同分配给企业的股息。

3. 第10列"直接缴纳的所得税额"：填报纳税人来源于境外的营业利润所得在境外所缴纳的企业所得税，以及就来源于或发生于境外的股息、红利等权益性投资所得、利息、租金、特许权使用费、财产转让等所得在境外被源泉扣缴的预提所得税。

4. 第11列"间接负担的所得税额"：填报纳税人从其直接或者间接控制的外国企业分得的来源于中国境外的股息、红利等权益性投资收益，外国企业在境外实际缴纳的所得税额中属于该项所得负担的部分。

5. 第12列"享受税收饶让抵免税额"：填报纳税人从与我国政府订立税收协定（或安排）的国家（地区）取得的所得，按照该国（地区）税收法律享受了免税或减税待遇，且该免税或减税的数额按照税收协定应视同已缴税额的金额。

6. 第15列"境外分支机构收入与支出纳税调整额"：填报纳税人境外分支机构收入、支出按照税法规定计算的纳税调整额。

7. 第16列"境外分支机构调整分摊扣除的有关成本费用"：填报纳税人境外分支机构应合理分摊的总部管理费等有关成本费用，同时在《纳税调整项目明细表》（A105000）进行纳税调增。

8. 第17列"境外所得对应调整的相关成本费用支出"：填报纳税人实际发生与取得境外所得有关但未直接计入境外所得应纳税所得的成本费用支出，同时在《纳税调整项目明细表》（A105000）进行纳税调增。

9. 第18列"境外所得纳税调整后所得"：填报第14＋15－16－17列的

金额。

（二）表内、表间关系

1. 表内关系。

（1）第 9 列 = 第 2 + 3 + … + 8 列。

（2）第 13 列 = 第 10 + 11 + 12 列。

（3）第 14 列 = 第 9 + 10 + 11 列。

（4）第 18 列 = 第 14 + 15 − 16 − 17 列。

2. 表间关系。

（1）第 13 列各行 = 表 A108000 第 10 列相应行次。

（2）第 14 列各行 = 表 A108000 第 2 列相应行次。

（3）第 14 − 11 列 = 主表 A100000 第 14 行。

（4）第 16 列合计 + 第 17 列合计 = 表 A105000 第 28 行第 3 列。

（5）第 18 列各行 = 表 A108000 第 3 列相应各行。

三、应关注的风险事项

见本章第一节"三"。

第三节 境外分支机构弥补亏损明细表填报

一、A108020 境外分支机构弥补亏损明细表

行次	国家（地区）	非实际亏损额的弥补				实际亏损额的弥补													
		以前年度结转尚未弥补的非实际亏损额	本年发生的非实际亏损额	本年弥补的以前年度非实际亏损额	结转以后年度弥补的非实际亏损额	以前年度结转尚未弥补的实际亏损额						本年发生的实际亏损额	本年弥补的以前年度实际亏损额	结转以后年度弥补的实际亏损额					
						前五年	前四年	前三年	前二年	前一年	小计			前四年	前三年	前二年	前一年	本年	小计
	1	2	3	4	5 (2+3－4)	6	7	8	9	10	11(6+7+8+9+10)	12	13	14	15	16	17	18	19(14+15+16+17+18)
1																			
2																			
3																			
4																			
5																			
6																			
7																			
8																			
9																			
10 合计																			

二、A108020《境外分支机构弥补亏损明细表》填报说明

本表适用于取得境外所得的纳税人填报。纳税人应根据税法、《财政部　国家税务总局关于企业境外所得税收抵免有关问题的通知》（财税〔2009〕125号）、《国家税务总局关于发布〈企业境外所得税收抵免操作指南〉的公告》（国家税务总局公告2010年第1号）规定，填报境外分支机构本年及以前年度发生的税前尚未弥补的非实际亏损额和实际亏损额、结转以后年度弥补的非实际亏损额和实际亏损额。

（一）有关项目填报说明

在汇总计算境外应纳税所得额时，企业在境外同一国家（地区）设立不具有独立纳税地位的分支机构，按照企业所得税法及实施条例的有关规定计算的亏损，不得抵减其境内或他国（地区）的应纳税所得额，但可以用同一国家（地区）其他项目或以后年度的所得按规定弥补。在填报本表时，应按照国家税务总局公告2010年第1号第13、14条有关规定，分析填报企业的境外分支机构发生的实际亏损额和非实际亏损额及其弥补、结转的金额。

1. 第2列至第5列"非实际亏损额的弥补"：填报纳税人境外分支机构非实际亏损额未弥补金额、本年发生的金额、本年弥补的金额、结转以后年度弥补的金额。

2. 第6列至第19列"实际亏损额的弥补"：填报纳税人境外分支机构实际亏损额弥补金额。

（二）表内、表间关系

1. 表内关系。

（1）第5列 = 第2 + 3 − 4列。

（2）第11列 = 第6 + 7 + … + 10列。

（3）第19列 = 第14 + 15 + … + 18列。

2. 表间关系。

第4列各行 + 第13列各行 = 表A108000第4列相应行次。

三、应关注的风险事项

见本章第一节"三"。

第四节 跨年度结转抵免境外所得税明细表填报

一、A108030 跨年度结转抵免境外所得税明细表

行次	国家(地区)	前五年境外所得已缴所得税未抵免余额						本年实际抵免以前年度未抵免的境外已缴所得税额						结转以后年度抵免的境外所得已缴所得税额					
		前五年	前四年	前三年	前二年	前一年	小计	前五年	前四年	前三年	前二年	前一年	小计	前四年	前三年	前二年	前一年	本年	小计
	1	2	3	4	5	6	7(2+3+4+5+6)	8	9	10	11	12	13(8+9+10+11+12)	14(3-9)	15(4-10)	16(5-11)	17(6-12)	18	19(14+15+16+17+18)
1																			
2																			
3																			
4																			
5																			
6																			
7																			
8																			
9																			
10	合计																		

二、A108030《跨年度结转抵免境外所得税明细表》填报说明

本表适用于取得境外所得的纳税人填报。纳税人应根据税法、《财政部 国家税务总局关于企业境外所得税收抵免有关问题的通知》（财税〔2009〕125号）、《国家税务总局关于发布〈企业境外所得税收抵免操作指南〉的公告》（国家税务总局公告2010年第1号）规定，填报本年发生的来源于不同国家或地区的境外所得按照我国税收法律、法规的规定可以抵免的所得税额。

（一）有关项目填报说明

1. 第2列至第7列"前五年境外所得已缴所得税未抵免余额"：填报纳税人前五年境外所得已缴纳的企业所得税尚未抵免的余额。

2. 第8列至第13列"本年实际抵免以前年度未抵免的境外已缴所得税额"：填报纳税人用本年未超过境外所得税款抵免限额的余额抵免以前年度未抵免的境外已缴所得税额。

3. 第14列至第19列"结转以后年度抵免的境外所得已缴所得税额"：填报纳税人以前年度和本年未能抵免并结转以后年度抵免的境外所得已缴所得税额。

（二）表内、表间关系

1. 表内关系。

（1）第7列 = 第2 + 3 + … + 6列。

（2）第13列 = 第8 + 9 + … + 12列。

（3）第19列 = 第14 + 15 + … + 18列。

2. 表间关系。

（1）第13列各行 = 表A108000第14列相应行次。

（2）第18列各行 = 表A108000第10列相应行次 - 表A108000第12列相应行次（当表A108000第10列相应行次大于表A108000第12列相应行次时填报）。

三、应关注的风险事项

见本章第一节"三"。

第五节　跨地区经营汇总纳税企业年度
分摊企业所得税明细表填报

一、A109000 跨地区经营汇总纳税企业年度分摊企业所得税明细表

行次	项　目	金额
1	一、总机构实际应纳所得税额	
2	减：境外所得应纳所得税额	
3	加：境外所得抵免所得税额	
4	二、总机构用于分摊的本年实际应纳所得税（1−2＋3）	
5	三、本年累计已预分、已分摊所得税（6＋7＋8＋9）	
6	（一）总机构向其直接管理的建筑项目部所在地预分的所得税额	
7	（二）总机构已分摊所得税额	
8	（三）财政集中已分配所得税额	
9	（四）总机构所属分支机构已分摊所得税额	
10	其中：总机构主体生产经营部门已分摊所得税额	
11	四、总机构本年度应分摊的应补（退）的所得税（4−5）	
12	（一）总机构分摊本年应补（退）的所得税额（11×25%）	
13	（二）财政集中分配本年应补（退）的所得税额（11×25%）	
14	（三）总机构所属分支机构分摊本年应补（退）的所得税额（11×50%）	
15	其中：总机构主体生产经营部门分摊本年应补（退）的所得税额	
16	五、总机构境外所得抵免后的应纳所得税额（2−3）	
17	六、总机构本年应补（退）的所得税额（12＋13＋15＋16）	

二、A109000《跨地区经营汇总纳税企业年度分摊企业
所得税明细表》填报说明

　　本表适用于跨地区经营汇总纳税的纳税人填报。纳税人应根据税法规定、《财政部 国家税务总局 中国人民银行关于印发〈跨省市总分机构企业所得税分配及预算管理办法〉的通知》（财预［2012］40 号）、《国家税务总局关于印发〈跨地区经营汇总纳税企业所得税征收管理办法〉的公告》（国家税务总局公告2012 年第 57 号）规定计算总分机构每一纳税年度应缴的企业所得税、总分机构应分摊的企业所得税。

　　（一）有关项目填报说明

　　1. 第 1 行"总机构实际应纳所得税额"：填报《企业所得税年度纳税申报

表》（A100000）第 31 行的金额。

2. 第 2 行"境外所得应纳所得税额"：填报表 A100000 第 29 行的金额。

3. 第 3 行"境外所得抵免所得税额"：填报表 A100000 第 30 行的金额。

4. 第 4 行"总机构用于分摊的本年实际应纳所得税"：填报第 1 − 2 + 3 行的金额。

5. 第 5 行"本年累计已预分、已分摊所得税"：填报总机构按照税收规定计算的跨地区分支机构本年累计已分摊的所得税额、建筑企业总机构直接管理的跨地区项目部本年累计已预分并就地预缴的所得税额。填报第 6 + 7 + 8 + 9 行的金额。

6. 第 6 行"总机构向其直接管理的建筑项目部所在地预分的所得税额"：填报建筑企业总机构按照规定在预缴纳税申报时，向其直接管理的项目部所在地按照项目收入的 0.2% 预分的所得税额。

7. 第 7 行"总机构已分摊所得税额"：填报总机构在预缴申报时已按照规定比例计算缴纳的由总机构分摊的所得税额。

8. 第 8 行"财政集中已分配所得税额"：填报总机构在预缴申报时已按照规定比例计算缴纳的由财政集中分配的所得税额。

9. 第 9 行"总机构所属分支机构已分摊所得税额"：填报总机构在预缴申报时已按照规定比例计算缴纳的由所属分支机构分摊的所得税额。

10. 第 10 行"总机构主体生产经营部门已分摊所得税额"：填报总机构在预缴申报时已按照规定比例计算缴纳的由总机构主体生产经营部门分摊的所得税额。

11. 第 11 行"总机构本年度应分摊的应补（退）的所得税"：填报总机构汇总计算本年度应补（退）的所得税额，不包括境外所得应纳所得税额。填报第 4 − 5 行的金额。

12. 第 12 行"总机构分摊本年应补（退）的所得税额"：填报第 11 行 × 25% 的金额。

13. 第 13 行"财政集中分配本年应补（退）的所得税额"：填报第 11 行 × 25% 的金额。

14. 第 14 行"总机构所属分支机构分摊本年应补（退）的所得税额"：填报第 11 行 × 50% 的金额。

15. 第 15 行"总机构主体生产经营部门分摊本年应补（退）的所得税额"：填报第 11 行 × 总机构主体生产经营部门分摊比例的金额。

16. 第 16 行"总机构境外所得抵免后的应纳所得税额"：填报第 2 − 3 行的金额。

17. 第 17 行"总机构本年应补（退）的所得税额"：填报第 12 + 13 + 15 + 16 行的金额。

（二）表内、表间关系

1. 表内关系。

（1）第4行＝第1－2＋3行。

（2）第5行＝第6＋7＋8＋9行。

（3）第11行＝第4－5行。

（4）第12行＝第11行×25%。

（5）第13行＝第11行×25%。

（6）第14行＝第11行×50%。

（7）第15行＝第11行×总机构主体生产经营部门分摊比例。

（8）第16行＝第2－3行。

（9）第17行＝第12＋13＋15＋16行。

2. 表间关系。

（1）第1行＝表A10000第31行。

（2）第2行＝表A10000第29行。

（3）第3行＝表A10000第30行。

（4）第5行＝表A10000第32行。

（5）第12＋16行＝表A10000第34行。

（6）第13行＝表A100000第35行。

（7）第15行＝表A10000第36行。

三、应关注的风险事项

（一）核查事项

注意核查所需手续是否完备、是否在税务机关备案、记录是否合规等。

（二）税法相关规定

主要依据：国家税务总局公告2012年第57号。

1. 适用范围。

居民企业在中国境内跨地区（指跨省、自治区、直辖市和计划单列市，下同）设立不具有法人资格分支机构的，该居民企业为跨地区经营汇总纳税企业（以下简称汇总纳税企业），除另有规定外，其企业所得税征收管理适用本办法。

（1）总机构和具有主体生产经营职能的二级分支机构，就地分摊缴纳企业所得税。

（2）二级分支机构是指汇总纳税企业依法设立并领取非法人营业执照（登记证书），且总机构对其财务、业务、人员等直接进行统一核算和管理的分支机构。

（3）以下二级分支机构不就地分摊缴纳企业所得税：

1）不具有主体生产经营职能，且在当地不缴纳增值税、营业税的产品售后服务、内部研发、仓储等汇总纳税企业，内部辅助性的二级分支机构，不就地分摊缴纳企业所得税。

2）上年度认定为小型微利企业的，其二级分支机构不就地分摊缴纳企业所得税。

3）新设立的二级分支机构，设立当年不就地分摊缴纳企业所得税。

4）当年撤销的二级分支机构，自办理注销税务登记之日所属企业所得税预缴期间起，不就地分摊缴纳企业所得税。

5）汇总纳税企业在中国境外设立的不具有法人资格的二级分支机构，不就地分摊缴纳企业所得税。

2. 征收管理办法。

汇总纳税企业实行"统一计算、分级管理、就地预缴、汇总清算、财政调库"的企业所得税征收管理办法：

（1）统一计算是指总机构统一计算包括汇总纳税企业所属各个不具有法人资格分支机构在内的全部应纳税所得额、应纳税额。

（2）分级管理是指总机构、分支机构所在地的主管税务机关都有对当地机构进行企业所得税管理的责任，总机构和分支机构应分别接受机构所在地主管税务机关的管理。

（3）就地预缴是指总机构、分支机构应按本办法的规定，分月或分季分别向所在地主管税务机关申报预缴企业所得税。

（4）汇总清算是指在年度终了后，总机构统一计算汇总纳税企业的年度应纳税所得额、应纳所得税额，抵减总机构、分支机构当年已就地分期预缴的企业所得税款后，多退少补。

（5）财政调库是指财政部定期将缴入中央国库的汇总纳税企业所得税待分配收入，按照核定的系数调整至地方国库。

3. 税款预缴和清算。

（1）税款预缴。

1）企业应按照《企业所得税法》规定汇总计算的企业所得税，包括预缴税款和汇算清缴应缴应退税款，50%在各分支机构间分摊，各分支机构根据分摊税款就地办理缴库或退库；50%由总机构分摊缴纳，其中25%就地办理缴库或退库，25%就地全额缴入中央国库或退库。具体的税款缴库或退库程序按照财预〔2012〕40号文件第五条等相关规定执行。

企业所得税分月或者分季预缴，由总机构所在地主管税务机关具体核定。

汇总纳税企业应根据当期实际利润额，按照本办法规定的预缴分摊方法计算总机构和分支机构的企业所得税预缴额，分别由总机构和分支机构就地预缴；在规定期限内按实际利润额预缴有困难的，也可以按照上一年度应纳税所得额的 1/12 或 1/4，按照本办法规定的预缴分摊方法计算总机构和分支机构的企业所得税预缴额，分别由总机构和分支机构就地预缴。预缴方法一经确定，当年度不得变更。

2）总机构应将本期企业应纳所得税额的 50% 部分，在每月或季度终了后 15 日内就地申报预缴。总机构应将本期企业应纳所得税额的另外 50% 部分，按照各分支机构应分摊的比例，在各分支机构之间进行分摊，并及时通知到各分支机构；各分支机构应在每月或季度终了之日起 15 日内，就其分摊的所得税额就地申报预缴。

3）汇总纳税企业预缴申报时，总机构除报送企业所得税预缴申报表和企业当期财务报表外，还应报送汇总纳税企业分支机构所得税分配表和各分支机构上一年度的年度财务报表（或年度财务状况和营业收支情况）；分支机构除报送企业所得税预缴申报表（只填列部分项目）外，还应报送经总机构所在地主管税务机关受理的汇总纳税企业分支机构所得税分配表。

在一个纳税年度内，各分支机构上一年度的年度财务报表（或年度财务状况和营业收支情况）原则上只需要报送一次。

（2）汇算清缴。

1）汇总纳税企业应当自年度终了之日起 5 个月内，由总机构汇总计算企业年度应纳所得税额，扣除总机构和各分支机构已预缴的税款，计算出应缴或应退税款，按照本办法规定的税款分摊方法计算总机构和分支机构的企业所得税应缴或应退税款，分别由总机构和分支机构就地办理税款缴库或退库。

汇总纳税企业在纳税年度内预缴企业所得税税款少于全年应缴企业所得税税款的，应在汇算清缴期内由总、分机构分别结清应缴的企业所得税税款；预缴税款超过应缴税款的，主管税务机关应及时按有关规定分别办理退税，或者经总、分机构同意后分别抵缴其下一年度应缴企业所得税税款。

2）汇总纳税企业汇算清缴时，总机构除报送企业所得税年度纳税申报表和年度财务报表外，还应报送汇总纳税企业分支机构所得税分配表、各分支机构的年度财务报表和各分支机构参与企业年度纳税调整情况的说明；分支机构除报送企业所得税年度纳税申报表（只填列部分项目）外，还应报送经总机构所在地主管税务机关受理的汇总纳税企业分支机构所得税分配表、分支机构的年度财务报表（或年度财务状况和营业收支情况）和分支机构参与企业年度纳税调整情况的说明。

分支机构参与企业年度纳税调整情况的说明，可参照企业所得税年度纳税申报表附表"纳税调整项目明细表"中列出的项目进行说明，涉及需由总机构统一计算调整的项目不进行说明。

3）分支机构未按规定报送经总机构所在地主管税务机关受理的汇总纳税企

业分支机构所得税分配表，分支机构所在地主管税务机关应责成该分支机构在申报期内报送，同时提请总机构所在地主管税务机关督促总机构按照规定提供上述分配表；分支机构在申报期内不提供的，由分支机构所在地主管税务机关对分支机构按照《征收管理法》的有关规定予以处罚；属于总机构未向分支机构提供分配表的，分支机构所在地主管税务机关还应提请总机构所在地主管税务机关对总机构按照《征收管理法》的有关规定予以处罚。

4. 总分机构分摊税款的计算。

(1) 总机构按以下公式计算分摊税款：

总机构分摊税款 = 汇总纳税企业当期应纳所得税额 × 50%

(2) 分支机构按以下公式计算分摊税款：

所有分支机构分摊税款总额 = 汇总纳税企业当期应纳所得税额 × 50%

某分支机构分摊税款 = 所有分支机构分摊税款总额 × 该分支机构分摊比例

(3) 总机构应按照上年度分支机构的营业收入、职工薪酬和资产总额三个因素计算各分支机构分摊所得税款的比例；三级及以下分支机构，其营业收入、职工薪酬和资产总额统一计入二级分支机构；三因素的权重依次为 0.35、0.35、0.30。

计算公式如下：

某分支机构分摊比例 = (该分支机构营业收入 ÷ 各分支机构营业收入之和) × 0.35 + (该分支机构职工薪酬 ÷ 各分支机构职工薪酬之和) × 0.35 + (该分支机构资产总额 ÷ 各分支机构资产总额之和) × 0.30

分支机构分摊比例按上述方法一经确定后，当年不作调整。

(4) 总机构设立具有主体生产经营职能的部门（非本办法第四条规定的二级分支机构），且该部门的营业收入、职工薪酬和资产总额与管理职能部门分开核算的，可将该部门视同一个二级分支机构，按本办法规定计算分摊并就地缴纳企业所得税；该部门与管理职能部门的营业收入、职工薪酬和资产总额不能分开核算的，该部门不得视同一个二级分支机构，不得按本办法规定计算分摊并就地缴纳企业所得税。

汇总纳税企业当年由于重组等原因从其他企业取得重组当年之前已存在的二级分支机构，并作为本企业二级分支机构管理的，该二级分支机构不视同当年新设立的二级分支机构，按本办法规定计算分摊并就地缴纳企业所得税。

汇总纳税企业内就地分摊缴纳企业所得税的总机构、二级分支机构之间，发生合并、分立、管理层级变更等形成的新设或存续的二级分支机构，不视同当年新设立的二级分支机构，按本办法规定计算分摊并就地缴纳企业所得税。

（5）本办法所称分支机构营业收入是指分支机构销售商品、提供劳务、让渡资产使用权等日常经营活动实现的全部收入。其中，生产经营企业分支机构营业收入是指生产经营企业分支机构销售商品、提供劳务、让渡资产使用权等取得的全部收入。金融企业分支机构营业收入是指金融企业分支机构取得的利息、手续费、佣金等全部收入。保险企业分支机构营业收入是指保险企业分支机构取得的保费等全部收入。

本办法所称分支机构职工薪酬是指分支机构为获得职工提供的服务而给予各种形式的报酬以及其他相关支出。

本办法所称分支机构资产总额是指分支机构在经营活动中实际使用的应归属于该分支机构的资产合计额。

本办法所称上年度分支机构的营业收入、职工薪酬和资产总额，是指分支机构上年度全年的营业收入、职工薪酬数据和上年度 12 月 31 日的资产总额数据，是依照国家统一企业会计制度的规定核算的数据。

一个纳税年度内，总机构首次计算分摊税款时采用的分支机构营业收入、职工薪酬和资产总额数据，与此后经过中国注册会计师审计确认的数据不一致的，不作调整。

（6）对于按照税收法律、法规和其他规定，总机构和分支机构处于不同税率地区的，先由总机构统一计算全部应纳税所得额，然后按本办法第六条规定的比例和按第十五条计算的分摊比例，计算划分不同税率地区机构的应纳税所得额，再分别按各自的适用税率计算应纳税额后加总计算出汇总纳税企业的应纳所得税总额，最后按本办法规定的比例和规定计算的分摊比例，向总机构和分支机构分摊就地缴纳的企业所得税款。

（7）分支机构所在地主管税务机关应根据经总机构所在地主管税务机关受理的汇总纳税企业分支机构所得税分配表、分支机构的年度财务报表（或年度财务状况和营业收支情况）等，对其主管分支机构计算分摊税款比例的三个因素、计算的分摊税款比例和应分摊缴纳的所得税税款进行查验核对；对查验项目有异议的，应于收到汇总纳税企业分支机构所得税分配表后 30 日内向企业总机构所在地主管税务机关提出书面复核建议，并附送相关数据资料。

总机构所在地主管税务机关必须于收到复核建议后 30 日内，对分摊税款的比例进行复核，作出调整或维持原比例的决定，并将复核结果函复分支机构所在地主管税务机关。分支机构所在地主管税务机关应执行总机构所在地主管税务机关的复核决定。

总机构所在地主管税务机关未在规定时间内复核并函复复核结果的，上级税务机关应对总机构所在地主管税务机关按照有关规定进行处理。

复核期间，分支机构应先按总机构确定的分摊比例申报缴纳税款。

（8）汇总纳税企业未按照规定准确计算分摊税款，造成总机构与分支机构之间同时存在一方（或几方）多缴另一方（或几方）少缴税款的，其总机构或分支机构分摊缴纳的企业所得税低于按本办法规定计算分摊的数额的，应在下一税款缴纳期内，由总机构将按本办法规定计算分摊的税款差额分摊到总机构或分支机构补缴；其总机构或分支机构就地缴纳的企业所得税高于按本办法规定计算分摊的数额的，应在下一税款缴纳期内，由总机构将按本办法规定计算分摊的税款差额从总机构或分支机构的分摊税款中扣减。

5. 日常管理。

汇总纳税企业总机构和分支机构应依法办理税务登记，接受所在地主管税务机关的监督和管理。

【事例】乐氏总机构的生产经营职能，适用税率25%，下属分支机构廊坊公司适用税率15%，保定公司适用税率25%。假设廊坊、保定的三因素完全相同。2014年一季度，总机构统一计算的应纳税所得额为600万元。请按三要素权重及分享比例进行分摊以及分摊预缴数。

第六节 企业所得税汇总纳税分支 机构所得税分配表填报

一、A109010 企业所得税汇总纳税分支机构所得税分配表

税款所属期间： 年 月 日至 年 月 日

总机构名称（盖章）： 金额单位：元（列至角分）

总机构纳税人识别号	应纳所得税额	总机构分摊所得税额	总机构财政集中分配所得税额	分支机构分摊所得税额

	分支机构纳税人识别号	分支机构名称	三项因素			分配比例	分配所得税额
			营业收入	职工薪酬	资产总额		
分支机构情况							
	合计	—					

二、A109010《企业所得税汇总纳税分支机构所得税分配表》填报说明

本表适用于跨地区经营汇总纳税的总机构填报。纳税人应根据税法规定、《财政部 国家税务总局 中国人民银行关于印发〈跨省市总分机构企业所得税分配及预算管理办法〉的通知》（财预〔2012〕40号）、《国家税务总局关于印发〈跨地区经营汇总纳税企业所得税征收管理办法〉的公告》（国家税务总局公告2012年第57号）规定计算总分机构每一纳税年度应缴的企业所得税、总分机构应分摊的企业所得税。

（一）具体项目填报说明

1. "税款所属时期"：填报公历1月1日至12月31日。

2. "总机构名称"、"分支机构名称"：填报税务机关核发的税务登记证记载的纳税人全称。

3. "总机构纳税人识别号"、"分支机构纳税人识别号"：填报税务机关核发的税务登记证件号码（15位）。

4. "应纳所得税额"：填报总机构按照汇总计算的且不包括境外所得应纳所得税额的本年应补（退）的所得税额。数据来源于《跨地区经营汇总纳税企业年度分摊企业所得税明细表》（A109000）第11行"总机构本年度应分摊的应补（退）的所得税"。

5. "总机构分摊所得税额"：填报总机构统一计算的本年应补（退）的所得税额的25%。

6. "总机构财政集中分配所得税额"：填报总机构统一计算的本年应补（退）的所得税额的25%。

7. "分支机构分摊所得税额"：填报总机构根据税务机关确定的分摊方法计算，由各分支机构进行分摊的本年应补（退）的所得税额。

8. "营业收入"：填报上一年度各分支机构销售商品、提供劳务、让渡资产使用权等日常经营活动实现的全部收入的合计额。

9. "职工薪酬"：填报上一年度各分支机构为获得职工提供的服务而给予的各种形式的报酬以及其他相关支出的合计额。

10. "资产总额"：填报上一年度各分支机构在经营活动中实际使用的应归属于该分支机构的资产合计额。

11. "分配比例"：填报经总机构所在地主管税务机关审核确认的各分支机构分配比例，分配比例应保留小数点后四位。

12. "分配所得税额"：填报分支机构按照分支机构分摊所得税额乘以相应的分配比例的金额。

13. "合计"：填报上一年度各分支机构的营业收入总额、职工薪酬总额和资产总额三项因素的合计数及本年各分支机构分配比例和分配税额的合计数。

（二）表内、表间关系

1. 表内关系。

（1）总机构分摊所得税额＝应纳所得税额×25%。

（2）总机构财政集中分配所得税额＝应纳所得税额×25%。

（3）分支机构分摊所得税额＝应纳所得税额×50%

（4）分支机构分配比例＝（该分支机构营业收入÷分支机构营业收入合计）×35%＋（该分支机构职工薪酬÷分支机构职工薪酬合计）×35%＋（该分支机构资产总额÷分支机构资产总额）×30%。

（5）分支机构分配所得税额＝该分支机构分配比例×分支机构分摊所得税额。

2. 表间关系。

应纳所得税额＝表A109000第11行。

三、应关注的风险事项

本章第五节"三"。

附件　个体工商户个人所得税计税办法

国家税务总局

个体工商户个人所得税计税办法

国家税务总局令第 35 号

《个体工商户个人所得税计税办法》已经 2014 年 12 月 19 日国家税务总局
2014 年度第 4 次局务会议审议通过，现予公布，自 2015 年 1 月 1 日起施行。

国家税务总局局长：王军

2014 年 12 月 27 日

个体工商户个人所得税计税办法

第一章　总则

第一条　为了规范和加强个体工商户个人所得税征收管理，根据个人所得税
法等有关税收法律、法规和政策规定，制定本办法。

第二条　实行查账征收的个体工商户应当按照本办法的规定，计算并申报缴
纳个人所得税。

第三条　本办法所称个体工商户包括：

（一）依法取得个体工商户营业执照，从事生产经营的个体工商户；

（二）经政府有关部门批准，从事办学、医疗、咨询等有偿服务活动的个人；

（三）其他从事个体生产、经营的个人。

第四条　个体工商户以业主为个人所得税纳税义务人。

第五条　个体工商户应纳税所得额的计算，以权责发生制为原则，属于当期
的收入和费用，不论款项是否收付，均作为当期的收入和费用；不属于当期的收

入和费用，即使款项已经在当期收付，均不作为当期收入和费用。本办法和财政部、国家税务总局另有规定的除外。

第六条 在计算应纳税所得额时，个体工商户会计处理办法与本办法和财政部、国家税务总局相关规定不一致的，应当依照本办法和财政部、国家税务总局的相关规定计算。

第二章 计税基本规定

第七条 个体工商户的生产、经营所得，以每一纳税年度的收入总额，减除成本、费用、税金、损失、其他支出以及允许弥补的以前年度亏损后的余额，为应纳税所得额。

第八条 个体工商户从事生产经营以及与生产经营有关的活动（以下简称生产经营）取得的货币形式和非货币形式的各项收入，为收入总额。包括：销售货物收入、提供劳务收入、转让财产收入、利息收入、租金收入、接受捐赠收入、其他收入。

前款所称其他收入包括个体工商户资产溢余收入、逾期一年以上的未退包装物押金收入、确实无法偿付的应付款项、已作坏账损失处理后又收回的应收款项、债务重组收入、补贴收入、违约金收入、汇兑收益等。

第九条 成本是指个体工商户在生产经营活动中发生的销售成本、销货成本、业务支出以及其他耗费。

第十条 费用是指个体工商户在生产经营活动中发生的销售费用、管理费用和财务费用，已经计入成本的有关费用除外。

第十一条 税金是指个体工商户在生产经营活动中发生的除个人所得税和允许抵扣的增值税以外的各项税金及其附加。

第十二条 损失是指个体工商户在生产经营活动中发生的固定资产和存货的盘亏、毁损、报废损失，转让财产损失，坏账损失，自然灾害等不可抗力因素造成的损失以及其他损失。

个体工商户发生的损失，减除责任人赔偿和保险赔款后的余额，参照财政部、国家税务总局有关企业资产损失税前扣除的规定扣除。

个体工商户已经作为损失处理的资产，在以后纳税年度又全部收回或者部分收回时，应当计入收回当期的收入。

第十三条 其他支出是指除成本、费用、税金、损失外，个体工商户在生产经营活动中发生的与生产经营活动有关的、合理的支出。

第十四条 个体工商户发生的支出应当区分收益性支出和资本性支出。收益性支出在发生当期直接扣除；资本性支出应当分期扣除或者计入有关资产成本，不得在发生当期直接扣除。

前款所称支出，是指与取得收入直接相关的支出。

除税收法律法规另有规定外，个体工商户实际发生的成本、费用、税金、损失和其他支出，不得重复扣除。

第十五条 个体工商户下列支出不得扣除：

（一）个人所得税税款；

（二）税收滞纳金；

（三）罚金、罚款和被没收财物的损失；

（四）不符合扣除规定的捐赠支出；

（五）赞助支出；

（六）用于个人和家庭的支出；

（七）与取得生产经营收入无关的其他支出；

（八）国家税务总局规定不准扣除的支出。

第十六条 个体工商户生产经营活动中，应当分别核算生产经营费用和个人、家庭费用。对于生产经营与个人、家庭生活混用难以分清的费用，其40%视为与生产经营有关费用，准予扣除。

第十七条 个体工商户纳税年度发生的亏损，准予向以后年度结转，用以后年度的生产经营所得弥补，但结转年限最长不得超过五年。

第十八条 个体工商户使用或者销售存货，按照规定计算的存货成本，准予在计算应纳税所得额时扣除。

第十九条 个体工商户转让资产，该项资产的净值，准予在计算应纳税所得额时扣除。

第二十条 本办法所称亏损，是指个体工商户依照本办法规定计算的应纳税所得额小于零的数额。

第三章　扣除项目及标准

第二十一条 个体工商户实际支付给从业人员的、合理的工资薪金支出，准予扣除。

个体工商户业主的费用扣除标准，依照相关法律、法规和政策规定执行。

个体工商户业主的工资薪金支出不得税前扣除。

第二十二条 个体工商户按照国务院有关主管部门或者省级人民政府规定的范围和标准为其业主和从业人员缴纳的基本养老保险费、基本医疗保险费、失业保险费、生育保险费、工伤保险费和住房公积金，准予扣除。

个体工商户为从业人员缴纳的补充养老保险费、补充医疗保险费，分别在不超过从业人员工资总额5%标准内的部分据实扣除；超过部分，不得扣除。

个体工商户业主本人缴纳的补充养老保险费、补充医疗保险费，以当地（地级市）上年度社会平均工资的3倍为计算基数，分别在不超过该计算基数5%标准内的部分据实扣除；超过部分，不得扣除。

第二十三条　除个体工商户依照国家有关规定为特殊工种从业人员支付的人身安全保险费和财政部、国家税务总局规定可以扣除的其他商业保险费外，个体工商户业主本人或者为从业人员支付的商业保险费，不得扣除。

第二十四条　个体工商户在生产经营活动中发生的合理的不需要资本化的借款费用，准予扣除。

个体工商户为购置、建造固定资产、无形资产和经过12个月以上的建造才能达到预定可销售状态的存货发生借款的，在有关资产购置、建造期间发生的合理的借款费用，应当作为资本性支出计入有关资产的成本，并依照本办法的规定扣除。

第二十五条　个体工商户在生产经营活动中发生的下列利息支出，准予扣除：

（一）向金融企业借款的利息支出；

（二）向非金融企业和个人借款的利息支出，不超过按照金融企业同期同类贷款利率计算的数额的部分。

第二十六条　个体工商户在货币交易中，以及纳税年度终了时将人民币以外的货币性资产、负债按照期末即期人民币汇率中间价折算为人民币时产生的汇兑损失，除已经计入有关资产成本部分外，准予扣除。

第二十七条　个体工商户向当地工会组织拨缴的工会经费、实际发生的职工福利费支出、职工教育经费支出分别在工资薪金总额的2%、14%、2.5%的标准内据实扣除。

工资薪金总额是指允许在当期税前扣除的工资薪金支出数额。

职工教育经费的实际发生数额超出规定比例当期不能扣除的数额，准予在以后纳税年度结转扣除。

个体工商户业主本人向当地工会组织缴纳的工会经费、实际发生的职工福利费支出、职工教育经费支出，以当地（地级市）上年度社会平均工资的3倍为计算基数，在本条第一款规定比例内据实扣除。

第二十八条　个体工商户发生的与生产经营活动有关的业务招待费，按照实际发生额的60%扣除，但最高不得超过当年销售（营业）收入的5‰。

业主自申请营业执照之日起至开始生产经营之日止所发生的业务招待费，按照实际发生额的60%计入个体工商户的开办费。

第二十九条 个体工商户每一纳税年度发生的与其生产经营活动直接相关的广告费和业务宣传费不超过当年销售（营业）收入15%的部分，可以据实扣除；超过部分，准予在以后纳税年度结转扣除。

第三十条 个体工商户代其从业人员或者他人负担的税款，不得税前扣除。

第三十一条 个体工商户按照规定缴纳的摊位费、行政性收费、协会会费等，按实际发生数额扣除。

第三十二条 个体工商户根据生产经营活动的需要租入固定资产支付的租赁费，按照以下方法扣除：

（一）以经营租赁方式租入固定资产发生的租赁费支出，按照租赁期限均匀扣除；

（二）以融资租赁方式租入固定资产发生的租赁费支出，按照规定构成融资租入固定资产价值的部分应当提取折旧费用，分期扣除。

第三十三条 个体工商户参加财产保险，按照规定缴纳的保险费，准予扣除。

第三十四条 个体工商户发生的合理的劳动保护支出，准予扣除。

第三十五条 个体工商户自申请营业执照之日起至开始生产经营之日止所发生符合本办法规定的费用，除为取得固定资产、无形资产的支出，以及应计入资产价值的汇兑损益、利息支出外，作为开办费，个体工商户可以选择在开始生产经营的当年一次性扣除，也可自生产经营月份起在不短于3年期限内摊销扣除，但一经选定，不得改变。

开始生产经营之日为个体工商户取得第一笔销售（营业）收入的日期。

第三十六条 个体工商户通过公益性社会团体或者县级以上人民政府及其部门，用于《中华人民共和国公益事业捐赠法》规定的公益事业的捐赠，捐赠额不超过其应纳税所得额30%的部分可以据实扣除。

财政部、国家税务总局规定可以全额在税前扣除的捐赠支出项目，按有关规定执行。

个体工商户直接对受益人的捐赠不得扣除。

公益性社会团体的认定，按照财政部、国家税务总局、民政部有关规定执行。

第三十七条 本办法所称赞助支出，是指个体工商户发生的与生产经营活动无关的各种非广告性质支出。

第三十八条 个体工商户研究开发新产品、新技术、新工艺所发生的开发费用，以及研究开发新产品、新技术而购置单台价值在10万元以下的测试仪器和试验性装置的购置费准予直接扣除；单台价值在10万元以上（含10万元）的测试仪器和试验性装置，按固定资产管理，不得在当期直接扣除。

第四章 附则

第三十九条 个体工商户资产的税务处理，参照企业所得税相关法律、法规和政策规定执行。

第四十条 个体工商户有两处或两处以上经营机构的，选择并固定向其中一处经营机构所在地主管税务机关申报缴纳个人所得税。

第四十一条 个体工商户终止生产经营的，应当在注销工商登记或者向政府有关部门办理注销前向主管税务机关结清有关纳税事宜。

第四十二条 各省、自治区、直辖市和计划单列市地方税务局可以结合本地实际，制定具体实施办法。

第四十三条 本办法自 2015 年 1 月 1 日起施行。国家税务总局 1997 年 3 月 26 日发布的《国家税务总局关于印发〈个体工商户个人所得税计税办法（试行）〉的通知》（国税发〔1997〕43 号）同时废止。